できたよ★シート

べんきょうが おわった ページの ばんごうに
「できたよシール」を はろう!

名前

1 2 3 4 5

＼かくにんテスト／

10 9 8 7 6

その ちょうし!

＼かくにんテスト／

11 12 13 14 15

もうすぐ はんぶん!

20 19 18 17 16

＼かくにんテスト／

21 22 23 24 25 26

＼全漢字テスト／ ＼全漢字テスト／ ＼かくにんテスト／

31 30 29 28 27

あと ちょっと!

＼全漢字テスト／ ＼全漢字テスト／

32 33 34 35 36 37

＼先どりテスト／

41 40

8

学研 毎日のドリルの特長

やりきれるから自信がつく！

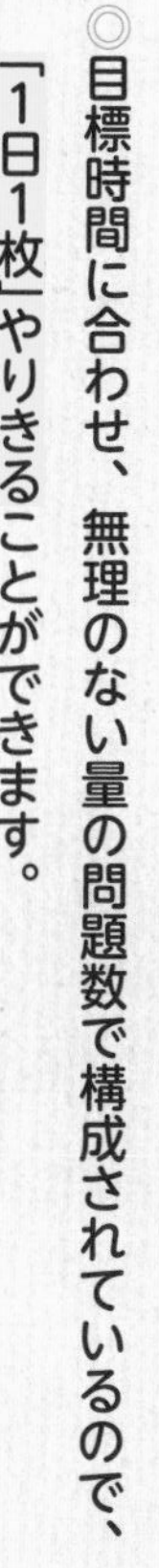

✓ 1日1枚の勉強で、学習習慣が定着！

◎目標時間に合わせ、無理のない量の問題数で構成されているので、「1日1枚」やりきることができます。

◎解説が丁寧なので、まだ学校で習っていない内容でも勉強を進めることができます。

✓ すべての学習の土台となる「基礎力」が身につく！

◎スモールステップで構成され、1冊の中でも繰り返し練習していくので、確実に「基礎力」を身につけることができます。「基礎」が身につくことで、発展的な内容に進むことができるのです。

◎教科書の学習ポイントをおさえられ、言葉の力や表現力も身につけられます。

✓ 勉強管理アプリの活用で、楽しく勉強できる！

◎設定した勉強時間にアラームが鳴るので、学習習慣がしっかりと身につきます。

◎時間や点数などを登録していくと、成績がグラフ化されたり、賞状をもらえたりするので、達成感を得られます。

◎勉強をがんばると、キャラクターとコミュニケーションを取ることができるので、日々のモチベーションが上がります。

学研 毎日のドリルの使い方

1 1日1枚、集中して解きましょう。

◎1回分は、1枚（表と裏）です。
1枚ずつはがして使うこともできます。

◎目標時間を意識して解きましょう。
アプリのストップウォッチなどで、かかった時間を計るとよいでしょう。

・「かくにんテスト」　ここまでの内容が身についたかを確認しましょう。

・「全漢字テスト」　二年で学習する全漢字を総復習しましょう。

・「先どりテスト」　三年で学習する重要漢字の問題に挑戦しましょう。

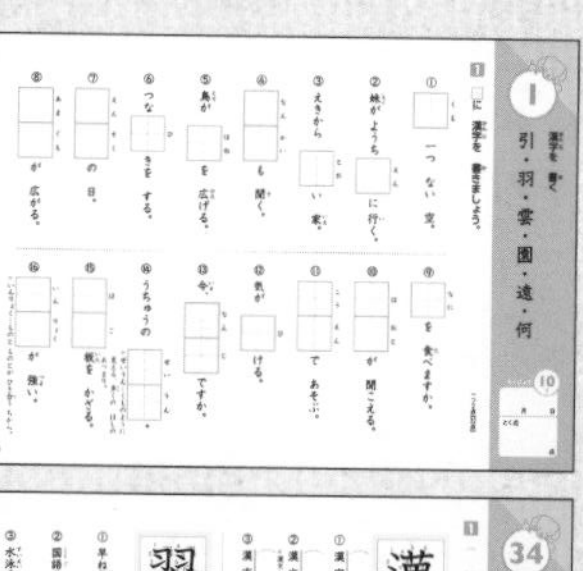

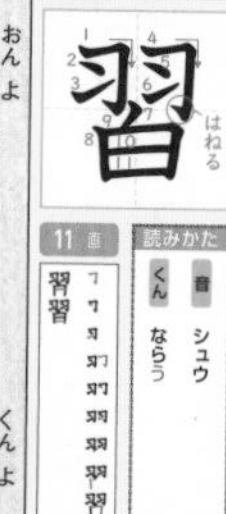

・音読みはカタカナ、訓読みはひらがなで示しています。
・赤い字は送りがなです。
・（　）は、小学校では学習しない読みです。

2 おうちの方に、答え合わせをしてもらいましょう。

・本の最後に、「答えとアドバイス」があります。
・答え合わせをして、点数をつけてもらいましょう。

3 「できたよシート」に、「できたよシール」をはりましょう。

・勉強した回の番号に、好きなシールをはりましょう。

4 アプリに得点を登録しましょう。

・アプリに得点を登録すると、成績がグラフ化されます。
・勉強すると、キャラクターが育ちます。

できなかった問題を解き直すと、より力がつくよ！

※本書では、一般的な教育用の漢字書体を使用しています。

無料ダウンロード
毎日のドリル
勉強管理アプリ
アプリといっしょだと，ドリルが楽しく進む!?
コンコン
ぼくのへや
今日の分の毎ドリ終わった?
今やってるところー
うそはいけないっきゅ!
わっ!?
だれ!?どこから来たの!?
キミの毎ドリが進むようにすばらしいものを持ってきたっきゅ
なになに?
とりあえずやってみるっきゅ
ストップウォッチスタート!!
おっ!
時間をはかってくれるんだ!
0分21秒
よーしっ!!
できたーっ!!
いつもよりどんどん解けた気がする!
時間を意識してるから集中できるんだっきゅ!
さらに!
得点をアプリに入力するとグラフになるんだ!
すつげー!!
この「1」ってなんだろ?
タッチしてみるっきゅ
ポン
一回終わるごとにぼくがエサを食べられるんだっきゅ
ドリルを進めるとかっこいいわざをおぼえたりすてきな部屋が手に入ったりするよ
よーしっ
あしたもがんばるぞ!
二か月後
よっしゃー!
ドリルが終わったぞ!
一冊やりきったら賞状とメダルがもらえたよ!
次はどのドリルに挑戦しようかな!
賞状 ぼくどの
あなたは、3年「かけ算」をしゅうりょうしましたので、ここにこれをしょうします。たいへん、すばらしいです!

毎日のドリル 勉強管理アプリ

「毎日のドリル」シリーズ専用，スマートフォン・タブレットで使える無料アプリです。
1つのアプリでシリーズすべてを管理でき，学習習慣が楽しく身につきます。

1 「毎日のドリル」の学習を徹底サポート！

毎日の勉強タイムをお知らせする「タイマー」

かかった時間を計る「ストップウォッチ」

勉強した日を記録する「カレンダー」

入力した得点を「グラフ化」

2 キャラクターと楽しく学べる！

好きなキャラクターを選ぶことができます。勉強をがんばるとキャラクターが育ち，「ひみつ」や「ワザ」が増えます。

3 1冊終わると，ごほうびがもらえる！

ドリルが1冊終わるごとに，賞状やメダル，称号がもらえます。

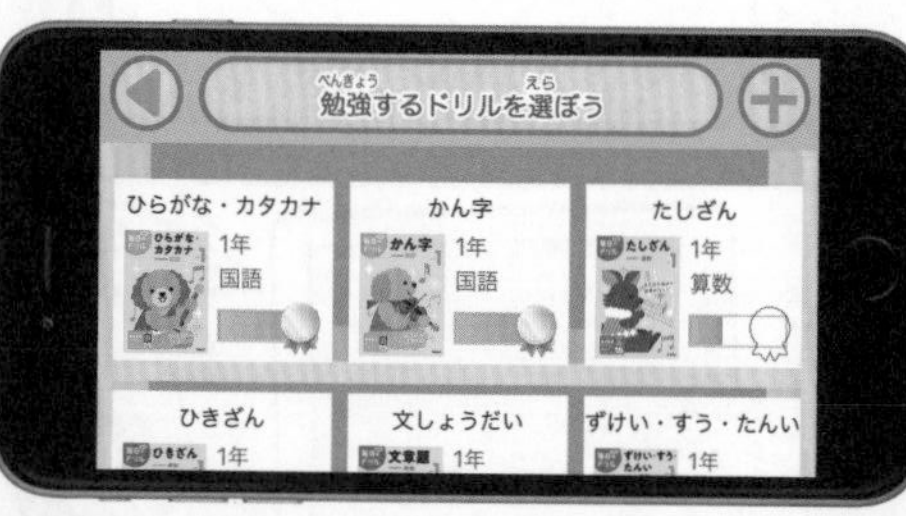

4 漢字と英単語のゲームにチャレンジ！

ゲームで，どこでも手軽に，楽しく勉強できます。漢字は学年別，英単語はレベル別に構成されており，ドリルで勉強した内容の確認にもなります。

アプリの無料ダウンロードはこちらから！

https://gakken-ep.jp/extra/maidori/

【推奨環境】
- 各種Android端末：対応OS Android6.0以上　※対応OSであっても，Intel CPU（x86 Atom）搭載の端末では正しく動作しない場合があります。
- 各種iOS（iPadOS）端末：対応OS iOS10以上　※対応OS や対応機種については，各ストアでご確認ください。

※お客様のネット環境および携帯端末によりアプリをご利用できない場合，当社は責任を負いかねます。
また，事前の予告なく，サービスの提供を中止する場合があります。ご理解，ご了承いただきますよう，お願いいたします。

1 引・羽・雲・園・遠・何

もくひょう 10分

月　日

とく点　　点

1 □に 漢字(かんじ)を 書(か)きましょう。　一つ2点【32点】

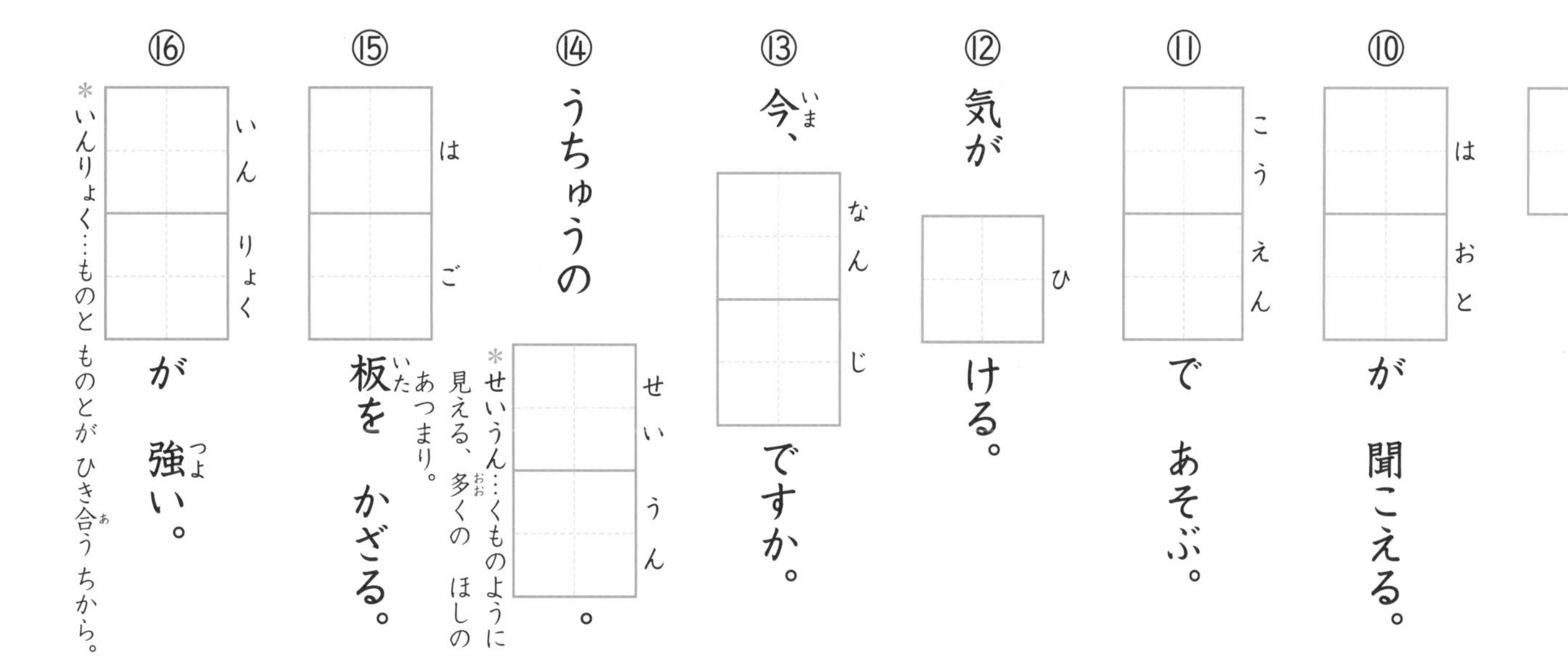

① □(くも) 一つ ない 空。

② 妹(いもうと)が ようち□(えん)に 行(い)く。

③ えきから □(とお)い 家(いえ)。

④ □□(なんかい)も 聞(き)く。

⑤ 鳥(とり)が □(はね)を 広(ひろ)げる。

⑥ つな□(ひ)きを する。

⑦ □□(えんそく)の 日。

⑧ □□(あまぐも)が 広がる。

⑨ □(なに)を 食(た)べますか。

⑩ □□(はおと)が 聞こえる。

⑪ □□(こうえん)で あそぶ。

⑫ 気が □(ひ)ける。

⑬ 今(いま)、□□(なんじ)ですか。

⑭ うちゅうの □□(せいうん)。

＊せいうん…くものように 見える、多(おお)くの ほしの あつまり。

⑮ □□(はご)板(いた)を かざる。

⑯ □□(いんりょく)が 強(つよ)い。

＊いんりょく…ものと ものとが ひき合(あ)う ちから。

2 □に漢字を書きましょう。

一つ4点【68点】

① 弟の手を□(ひ)く。

② 動物□(えん)に行く。

③ 車で□□(とおで)する。

④ □(は)おりをきる。
＊はおり…わふくの上にきる、みじかい上着。

⑤ □□(なんばん)目かを聞く。

⑥ □□(うんかい)をながめる。
＊うんかい…うみのように広がって見えるくも。

⑦ □□(いちわ)のすずめ。

⑧ あの人は□(なに)者だろう。

⑨ ゆめの□□(らくえん)。

⑩ □□(えんぽう)へ旅行する。
＊えんぽう…とおいところ。

⑪ □(なに)事もがんばる。

⑫ つくえの□(ひ)き出し。

⑬ □□(えんちょう)先生が話す。

⑭ □□(とおまわ)りして帰る。

⑮ よこづなが□(いん)たいする。

⑯ えい□(えん)につづく時間。

⑰ 夏の□□□(にゅうどうぐも)。
＊にゅうどうぐも…もり上がった夏のくも。

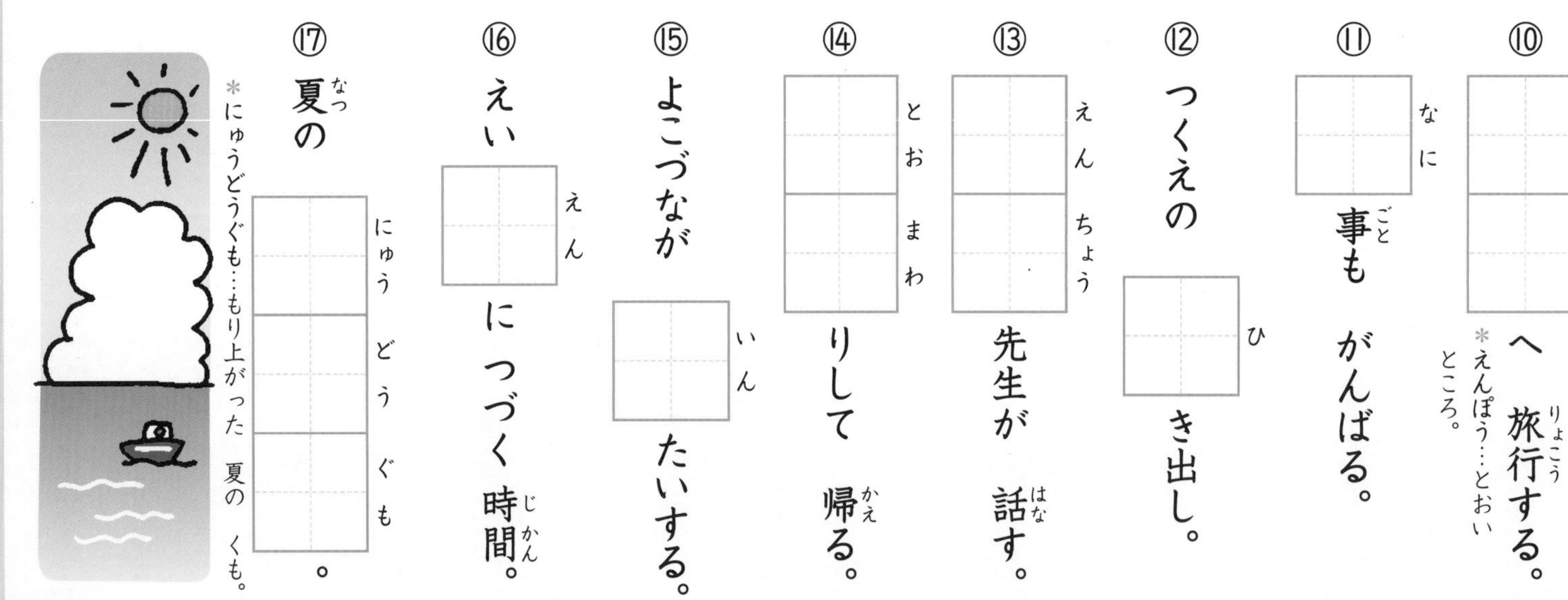

クイズ

「羽」を「ば」と読むのは、どれかな？

①一羽　②二羽　③三羽

答え ▶ 87ページ

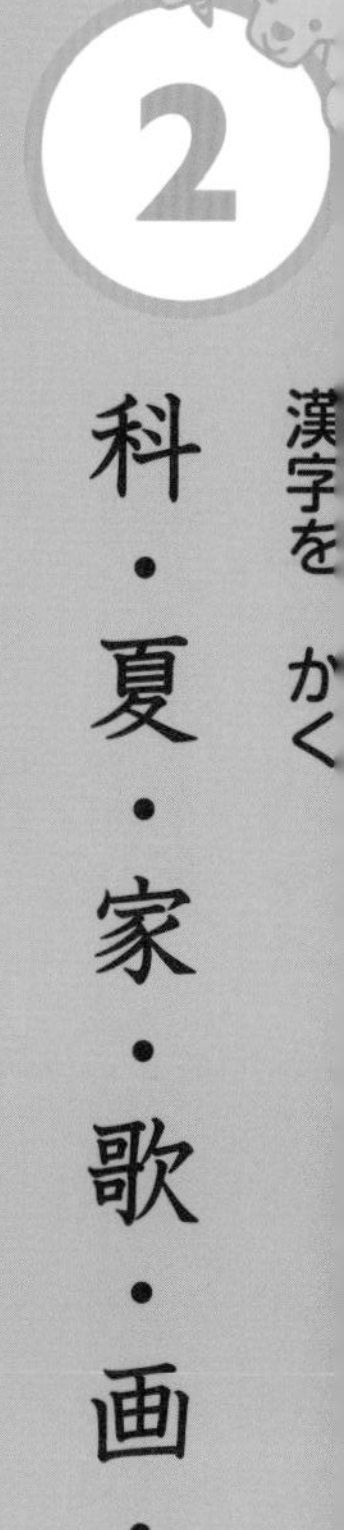

2 漢字を かく
科・夏・家・歌・画・回

もくひょう 10分　月　日　とく点　点

1 □に 漢字(かんじ)を かきましょう。　一つ2点【32点】

① □□(いえ)を たてる。

② □□(なつ)が 近(ちか)づく。

③ 目が □(まわ)る。

④ □□(りか)の 勉強(べんきょう)。

⑤ 外国(がいこく)の □(うた)を 聞(き)く。

⑥ □□(かいが)の てんらん会(かい)。
＊かいが…えの こと。

⑦ こまを □(まわ)す。

⑧ □□(さっか)の 話(はなし)を 聞く。

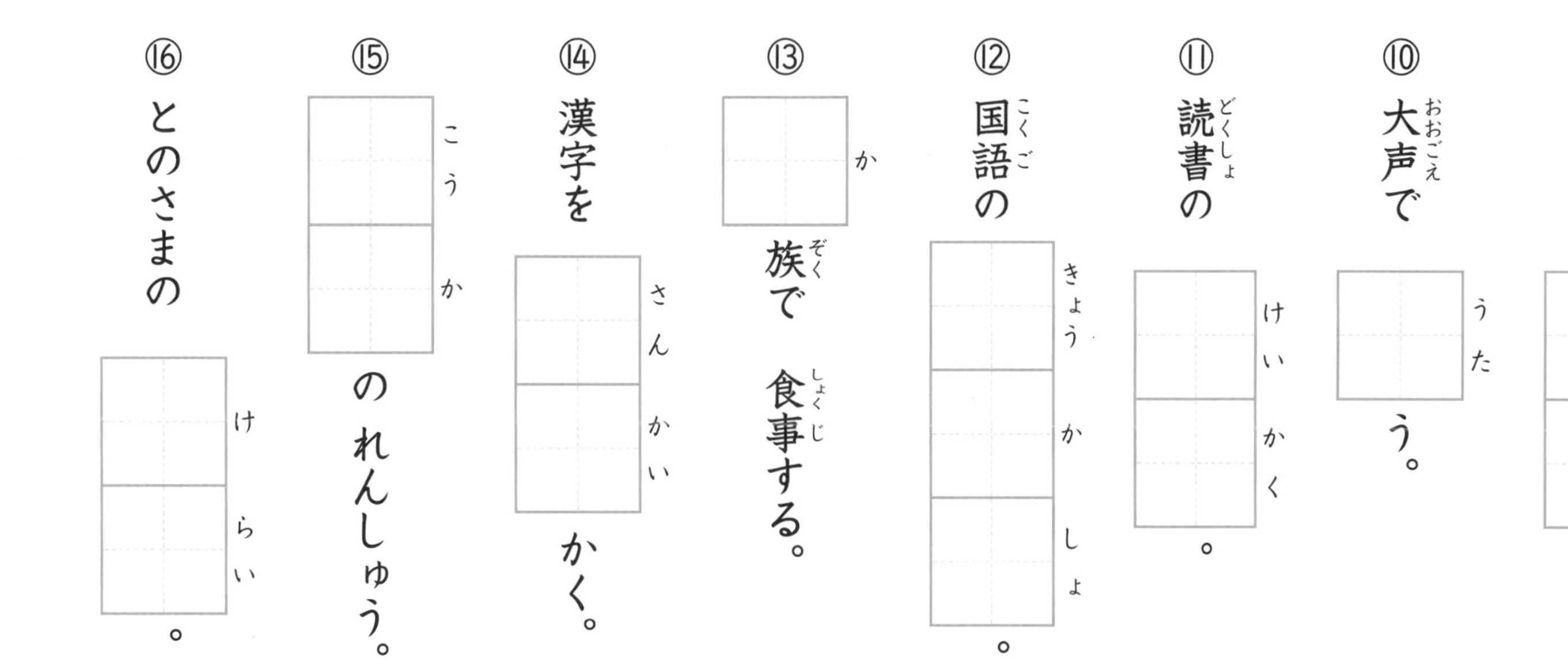

⑨ 楽(たの)しい □□(なつやす)み。

⑩ 大声(おおごえ)で □(うた)う。

⑪ 読書(どくしょ)の □□(けいかく)。

⑫ 国語(こくご)の □□□(きょうかしょ)。

⑬ □(か)族(ぞく)で 食事(しょくじ)する。

⑭ 漢字を □□(さんかい) かく。

⑮ □□(こうか)の れんしゅう。

⑯ とのさまの □□(けらい)。

2 □に　漢字(かんじ)を　書(か)きましょう。

一つ4点【68点】

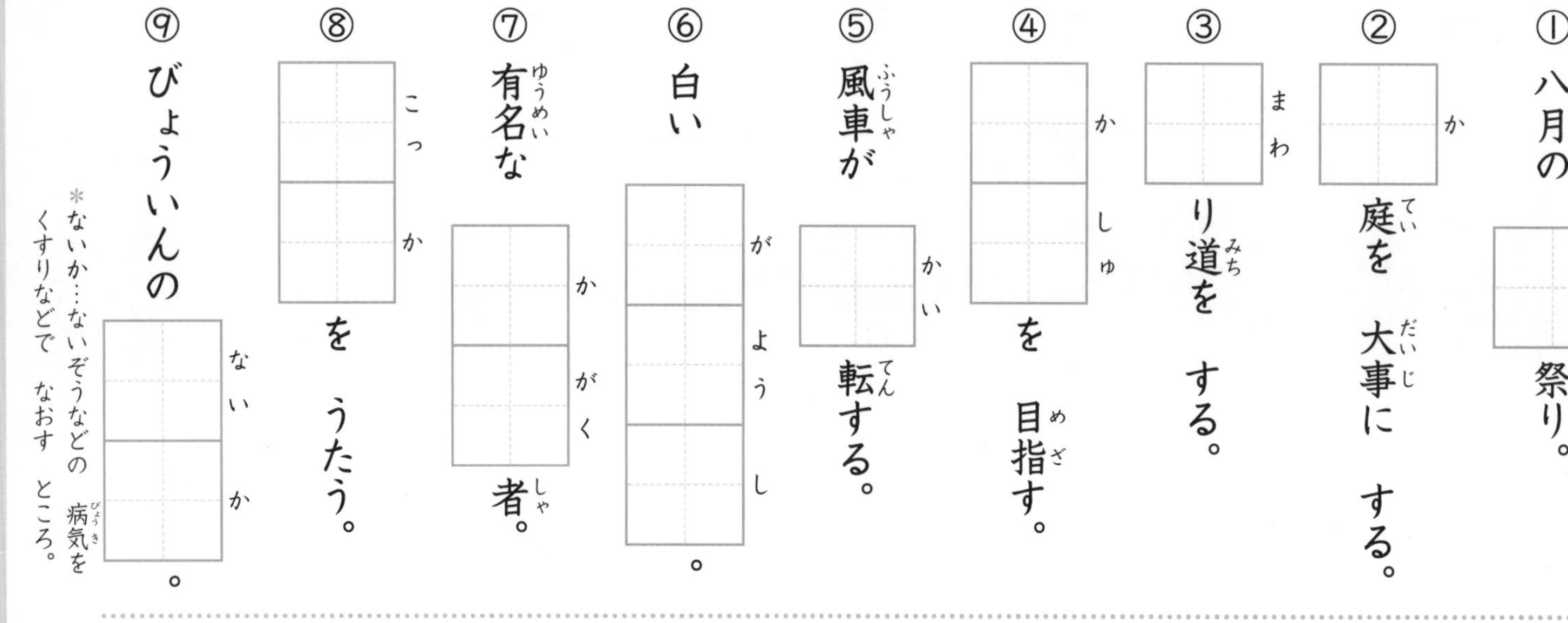

① 八月の ［なつ］ 祭(まつ)り。

② ［か］ 庭(てい)を　大事(だいじ)に　する。

③ ［まわ］ り道(みち)を　する。

④ ［かしゅ］ を　目指(めざ)す。

⑤ 風車(ふうしゃ)が ［かい］ 転(てん)する。

⑥ 白い ［がようし］。

⑦ 有名(ゆうめい)な ［かがく］ 者(しゃ)。

⑧ ［こっか］ を　うたう。

⑨ びょういんの ［ないか］。

＊ないか…ないぞうなどの　病気(びょうき)を　くすりなどで　なおす　ところ。

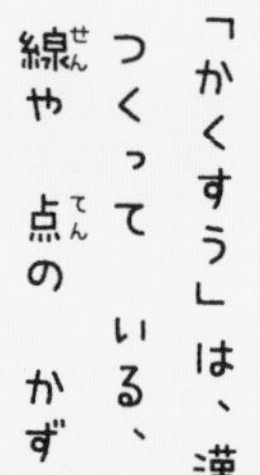

⑩ 真(ま) ［なつ］ の　海(うみ)で　およぐ。

⑪ 空(あ)き ［や］ が　ある。

⑫ ［ずがこうさく］

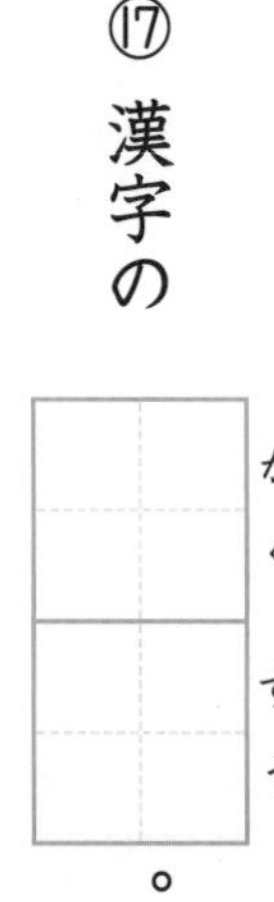

⑬ さわやかな　しょ ［か］。

＊しょか…なつの　はじめごろ。

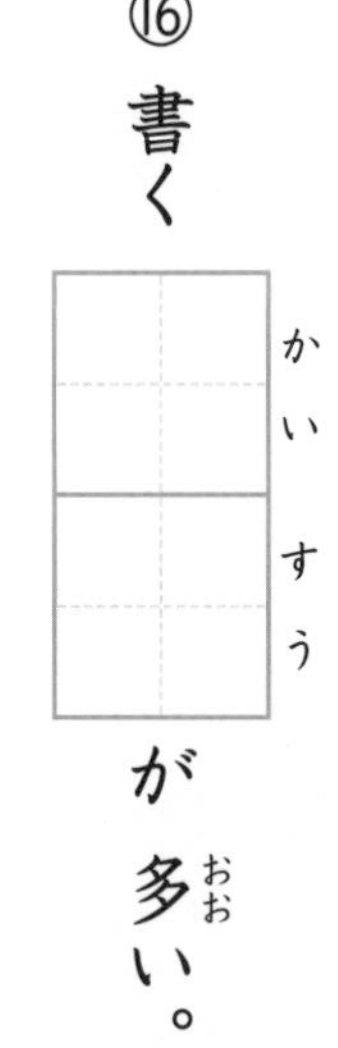

⑭ ［うたごえ］ が　ひびく。

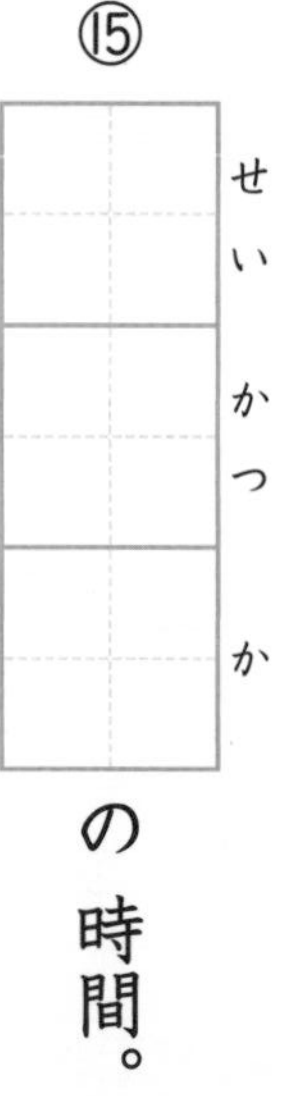

⑮ ［せいかつか］ の　時間。

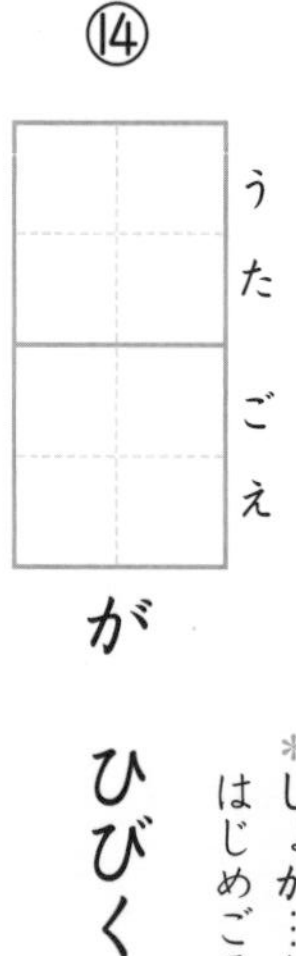

⑯ 書く ［かいすう］ が　多(おお)い。

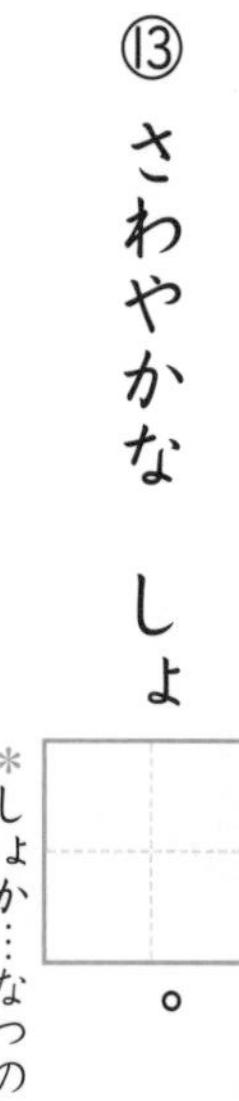

⑰ 漢字の ［かくすう］。

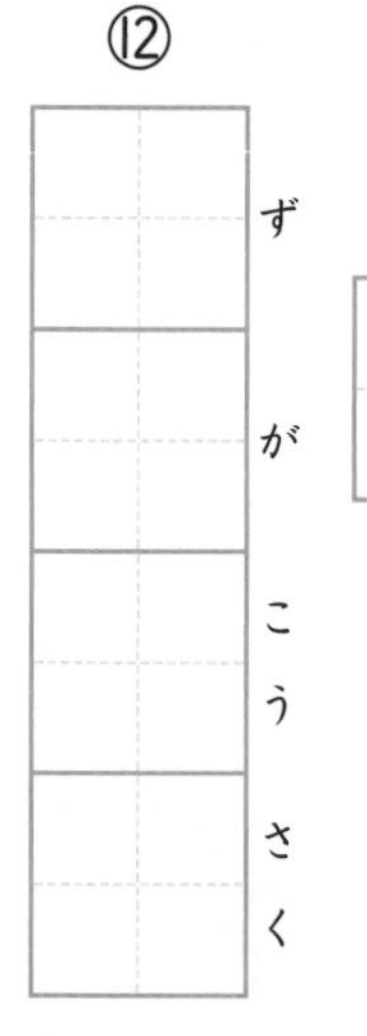

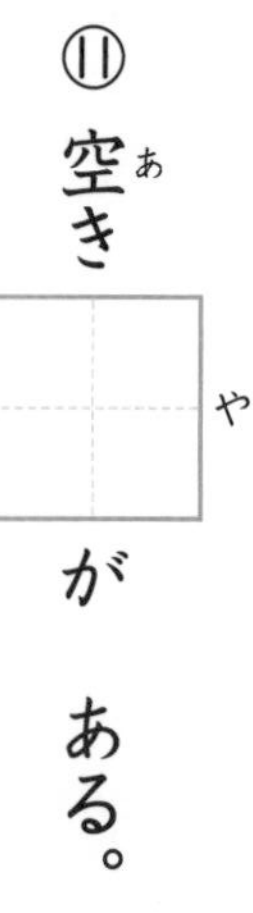

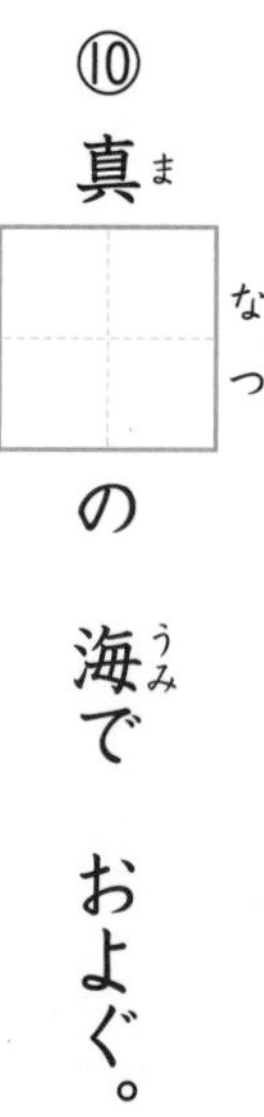

クイズ

「画」は　何画(なんかく)で　書くかな？

①７画　②８画　③９画

答え ▶ 87ページ

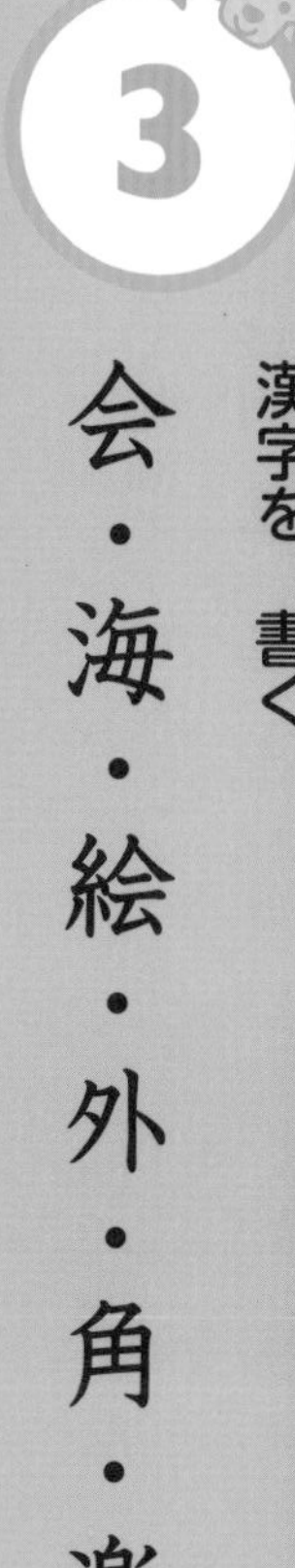

3 漢字を 書く

会・海・絵・外・角・楽

もくひょう 10分

月　日

とく点　　点

1 □に 漢字(かんじ)を 書(か)きましょう。　一つ2点【32点】

① □(うみ)の 生(い)き物(もの)。

② 友(とも)だちに □(あ)う。

③ □(え)を かく。

④ □(たの)しい ゲーム。

⑤ □□(さんかく)の やね。

⑥ 家(いえ)の □(そと)で あそぶ。

⑦ 野球(やきゅう)の □□(たいかい)。

⑧ 有名(ゆうめい)な □□(かいが)。

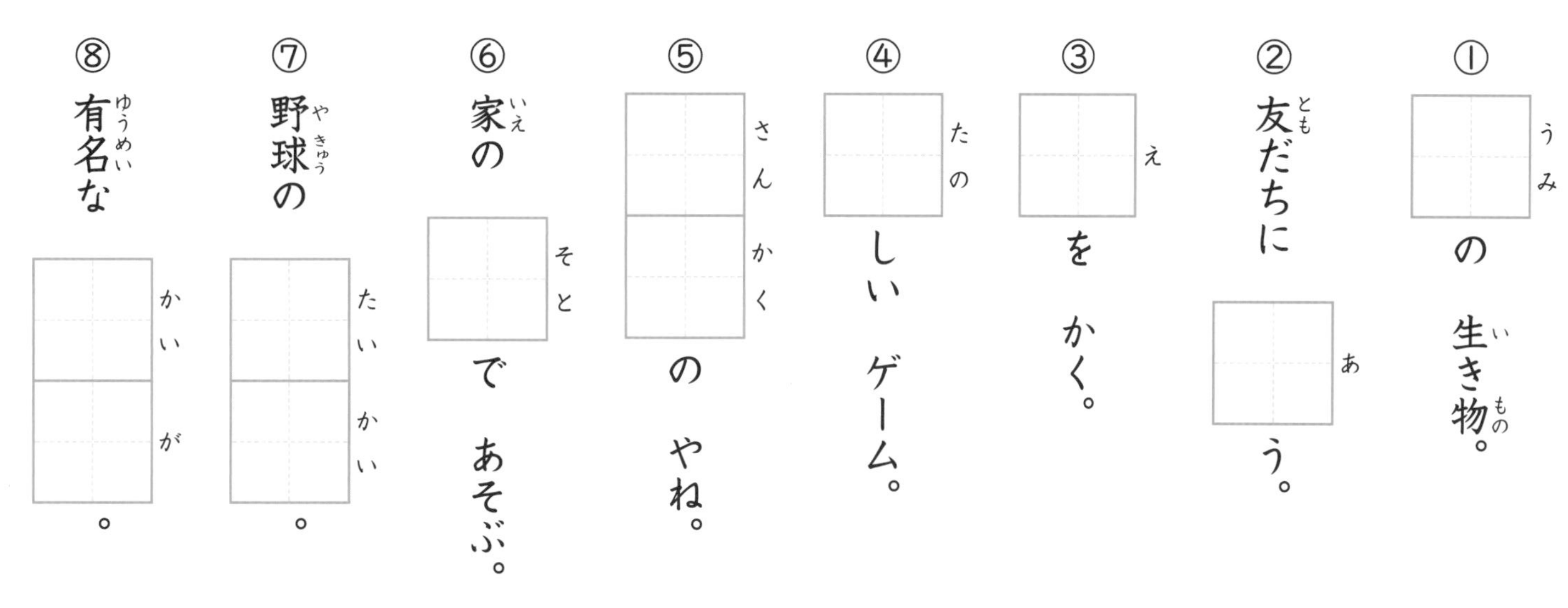

⑨ めがねを □(はず)す。

⑩ □□(おんがく)の 時間(じかん)。

⑪ 牛(うし)の □(つの)。

⑫ □(かい)岸(がん)に 近(ちか)づく。

⑬ 気が □(らく)に なる。

⑭ ことの □(ほか) かんたんだ。

＊ことのほか…いがいに。思(おも)いのほか。

⑮ □(かど)を 右に まがる。

⑯ □□□(がいこくじん)の 先生。

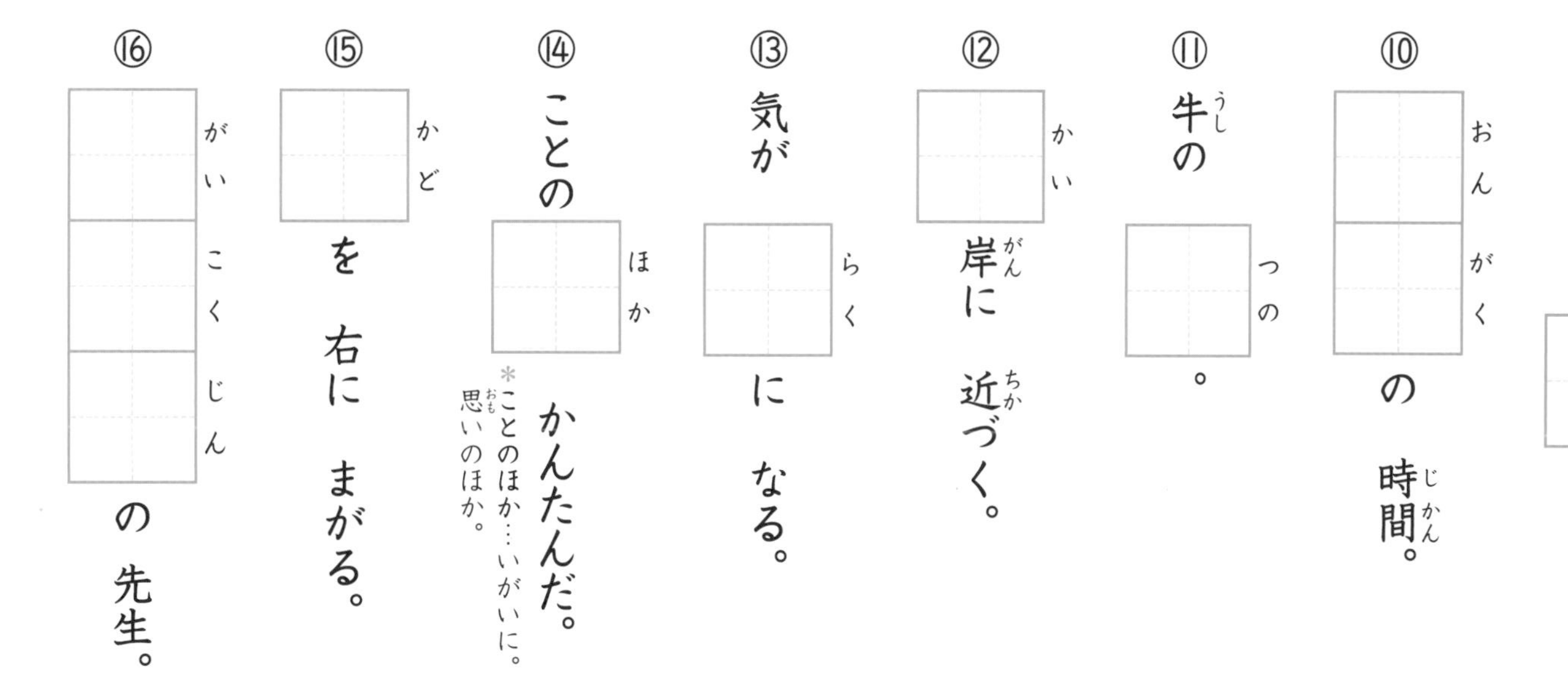

2 □に漢字（かんじ）を書（か）きましょう。

一つ4点【68点】

① 図書館（としょかん）の［えほん］。

② 曲（ま）がり［かど］にある店（みせ）。

③ 親子（おやこ）の［かいわ］。

④ ［かいすい］よくに行（い）く。

⑤ 母（はは）が［がいしゅつ］する。

＊がいしゅつ…そとにでかけること。

⑥ 遠足（えんそく）が［たの］しみだ。

⑦ 先生との［であ］い。

⑧ しかのりっぱな［つの］。

⑨ ［がっ］きをえんそうする。

⑩ ［うみ］べを歩（ある）く。

⑪ 妹（いもうと）がぬり［え］をする。

⑫ ［まちはず］れの家（いえ）。

⑬ 父（ちち）は［かいしゃ］員（いん）だ。

⑭ ［きらく］に話（はな）す。

⑮ ［かいがい］旅行（りょこう）。

⑯ ［えにっき］をかく。

⑰ 南（みなみ）の［ほうがく］をさす。

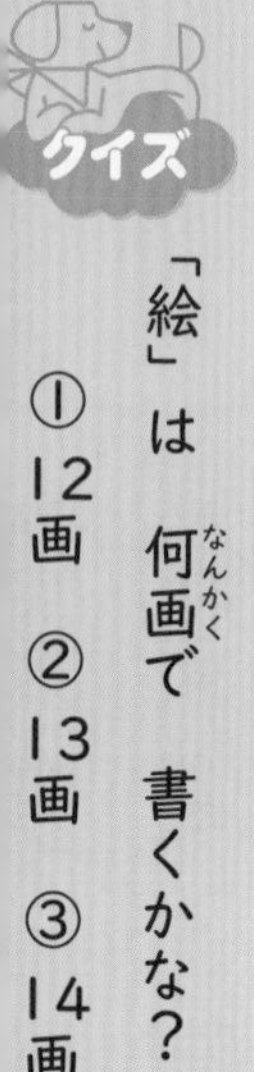

「絵」は何画（なんかく）で書くかな？

① 12画　② 13画　③ 14画

答え ▶ 87ページ

4 漢字を 書く
活・間・丸・岩・顔・汽

もくひょう 10分　月　日　とく点　点

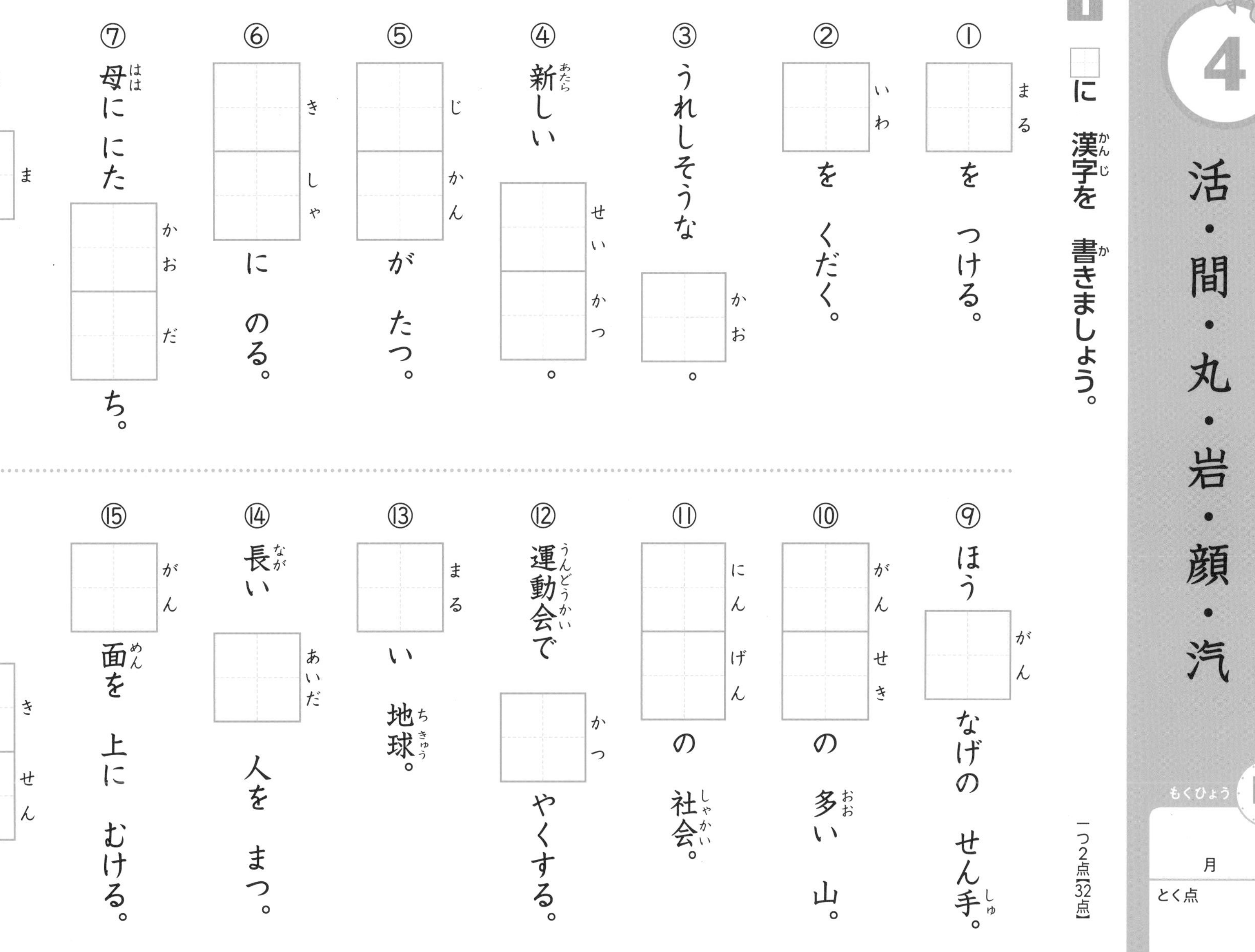

1 □に 漢字を 書きましょう。　一つ2点【32点】

① □(まる)を つける。

② □(いわ)を くだく。

③ うれしそうな □(かお)。

④ 新しい □□(せいかつ)。

⑤ □□(じかん)が たつ。

⑥ □□(きしゃ)に のる。

⑦ 母に にた □□(かおだ)ち。

⑧ 茶の □(ま)に あつまる。
＊茶のま…家族が くつろぐ へや。

⑨ ほう □(がん) なげの せん手。

⑩ □□(がんせき)の 多い 山。

⑪ □□(にんげん)の 社会。

⑫ 運動会で □(かつ)やくする。

⑬ □(まる)い 地球。

⑭ 長い □(あいだ) 人を まつ。

⑮ □(がん)面を 上に むける。

⑯ 大きな □□(きせん)。
＊きせん…じょう気の 力で うごく（大きな）ふね。

クイズ

「間」を「けん」と 読むのは、どれかな？

① 間食　② 世間　③ 広間

答え ▶ 87ページ

2 □に 漢字を 書きましょう。

一つ4点【68点】

① 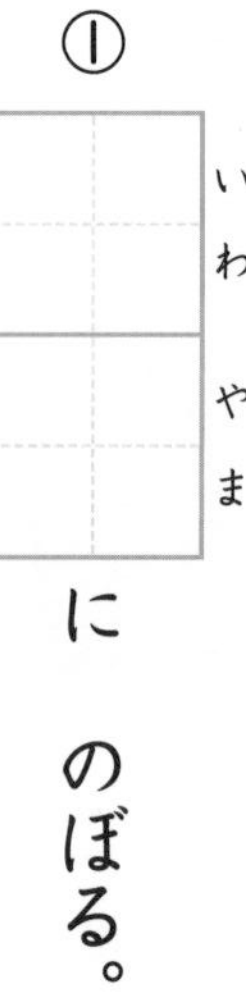（いわやま）に のぼる。

② うちゅうの 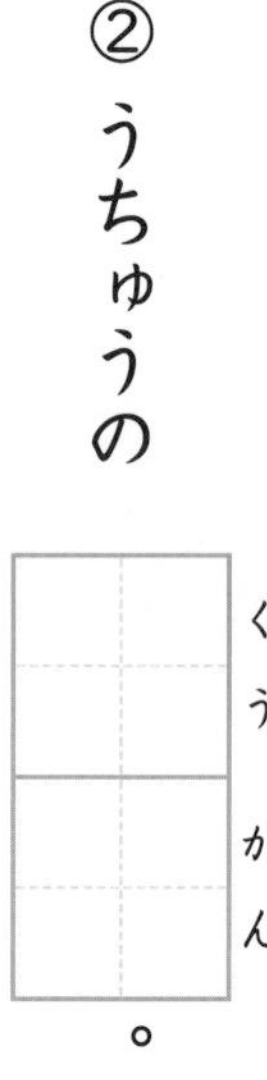（くうかん）。

③ りんごを 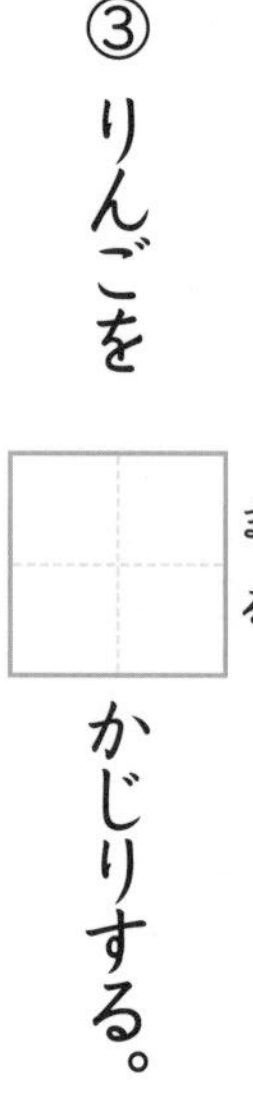（まる）かじりする。

④ 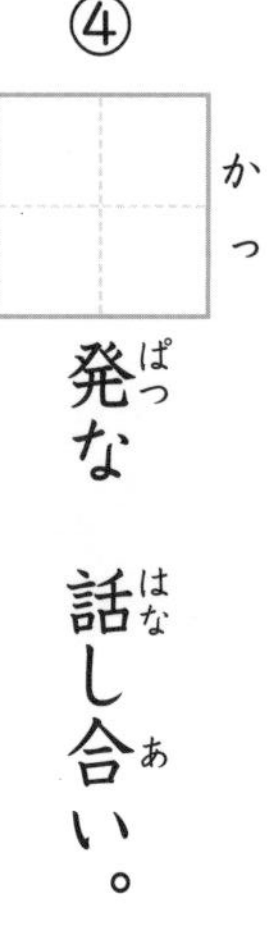（かっ）発な 話し合い。

⑤ 妹は え （がお）が かわいい。

⑥ 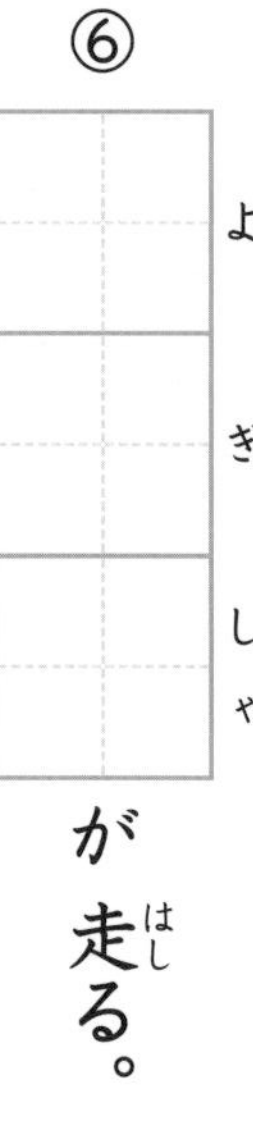（よぎしゃ）が 走る。

⑦ けわしい 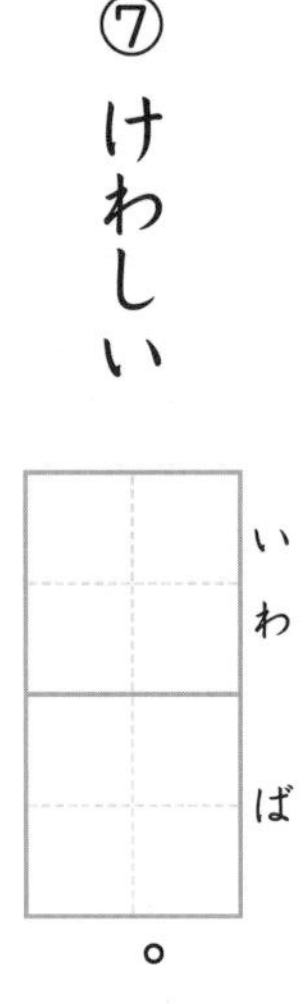（いわば）。

⑧ （き）笛が 鳴りひびく。

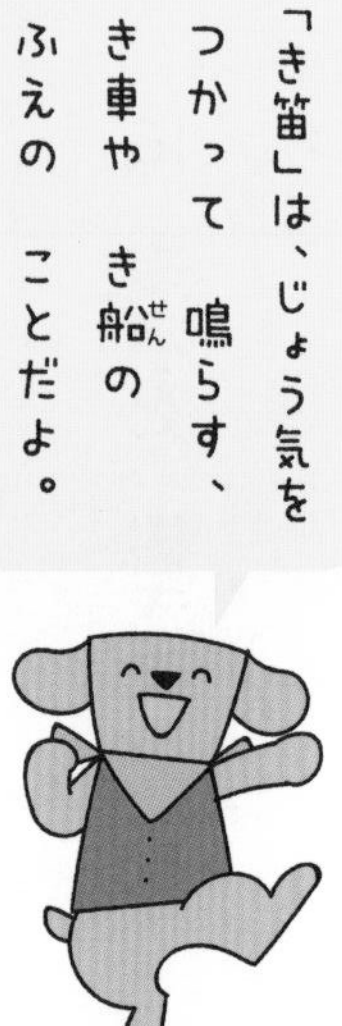

⑨ せ中を 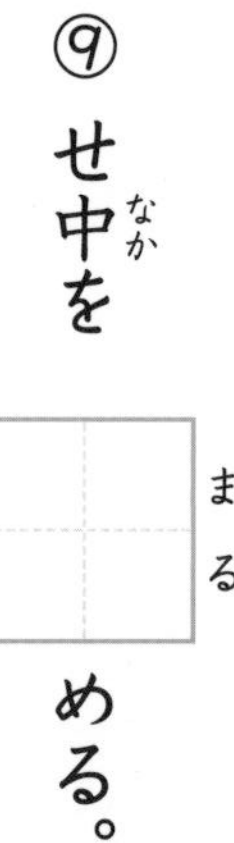（まる）める。

⑩ 二人は 親しい 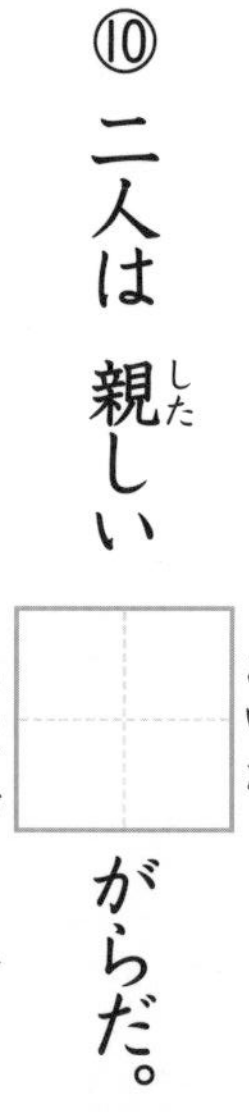（あいだ）がらだ。

＊あいだがら…人と人との かんけい。

⑪ 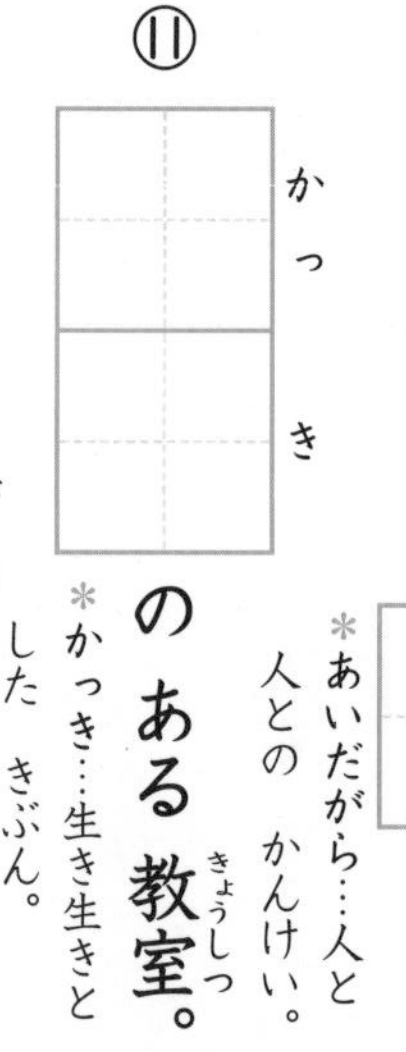（かっき）の ある 教室。

＊かっき…生き生きと した きぶん。

⑫ 母の 横 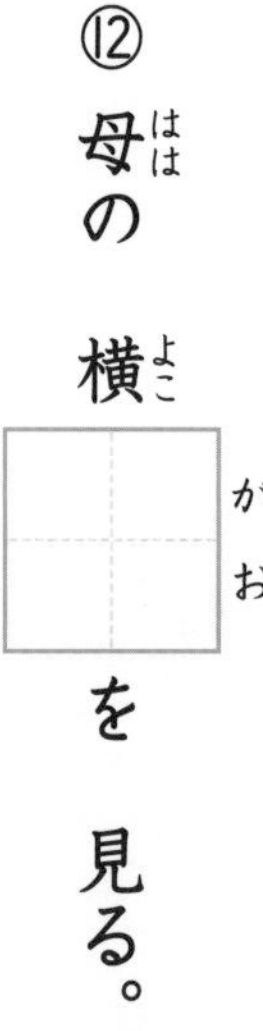（がお）を 見る。

⑬ 町内会で 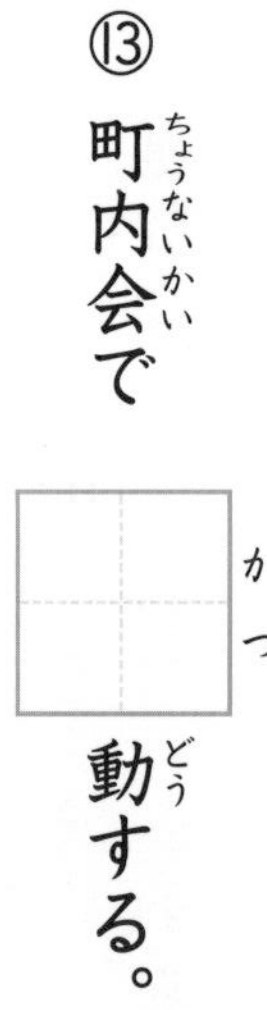（かつ）動する。

⑭ 朝は、まず せん （がん）する。

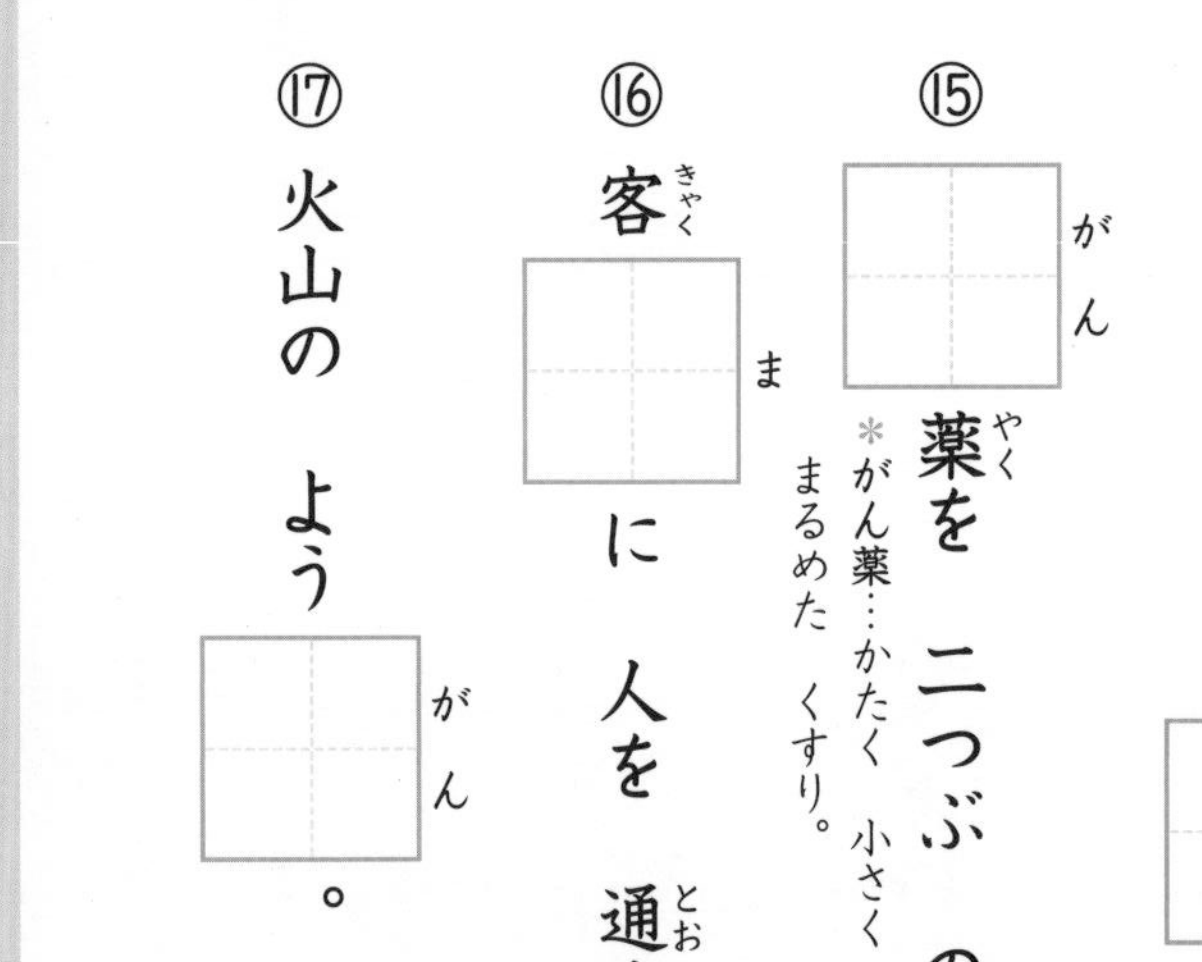

⑮ □（がん）薬を 二つぶ のむ。

＊がん薬…かたく 小さく まるめた くすり。

⑯ 客 □（ま）に 人を 通す。

⑰ 火山の よう □（がん）。

5 漢字を 書く
記・帰・弓・牛・魚・京

もくひょう 10分　月　日　とく点　点

1 □に 漢字を 書きましょう。　一つ2点【32点】

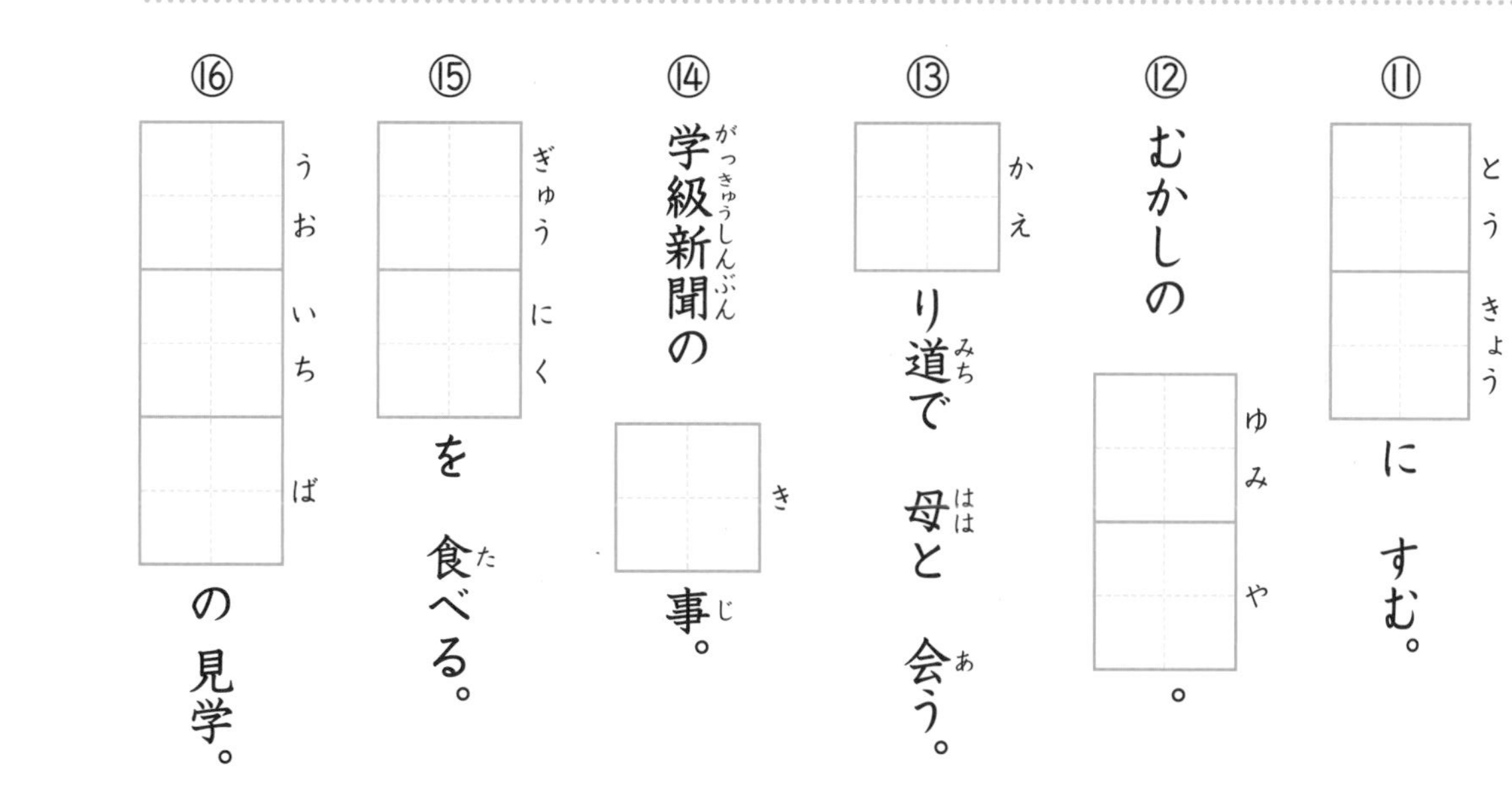

① □（さかな）が およぐ。

② 黒い 毛の □（うし）。

③ 学校から 家に □（かえ）る。

④ □□（にっき）を 書く。

⑤ 強く □（ゆみ）を 引く。

⑥ □（きょう）都に 旅行する。

⑦ □□（こうし）が 生まれる。

⑧ 父が □□（きこく）する。

⑨ 名前を □（しる）す。

⑩ □□（にんぎょ）の 物語。

⑪ □□（とうきょう）に すむ。

⑫ むかしの □□（ゆみや）。

⑬ □（かえ）り道で 母と 会う。

⑭ 学級新聞の □（き）事。

⑮ □□（ぎゅうにく）を 食べる。

⑯ □□□（うおいちば）の 見学。

2 □に漢字を書きましょう。

一つ4点【68点】

① □(ぎゅう)にゅうを のむ。

② □□(こざかな)を 食べる。

③ 大会で 新□(き)ろくが 出る。

④ 弟を 先に 家に □(かえ)す。

⑤ おじが □□(じょうきょう)する。

＊じょうきょう…地方から とうきょうに 行く こと。

⑥ 体を □(ゆみ)なりに そらす。

⑦ □□(きんぎょ)を 家で かう。

⑧ □(き)ねん品を おくる。

⑨ 大ずもうの □(ゆみ)取り式。

＊ゆみ取り式…大ずもうで、むすびの 一番の 後に 力しが ゆみを もって 行う 式。

⑩ 夜おそく □(き)たくする。

＊きたく…家に かえる こと。

⑪ 地図に □(き)号を 書く。

⑫ 姉の □□□(きょうにんぎょう)。

⑬ 名前を □□(きにゅう)する。

＊きにゅう…字を 書きいれる こと。

⑭ □(さかな)つりが しゅみだ。

⑮ 村の □□(うしご)屋。

⑯ □□(ひがえ)りの 旅行。

⑰ 南の しまの □□(すいぎゅう)。

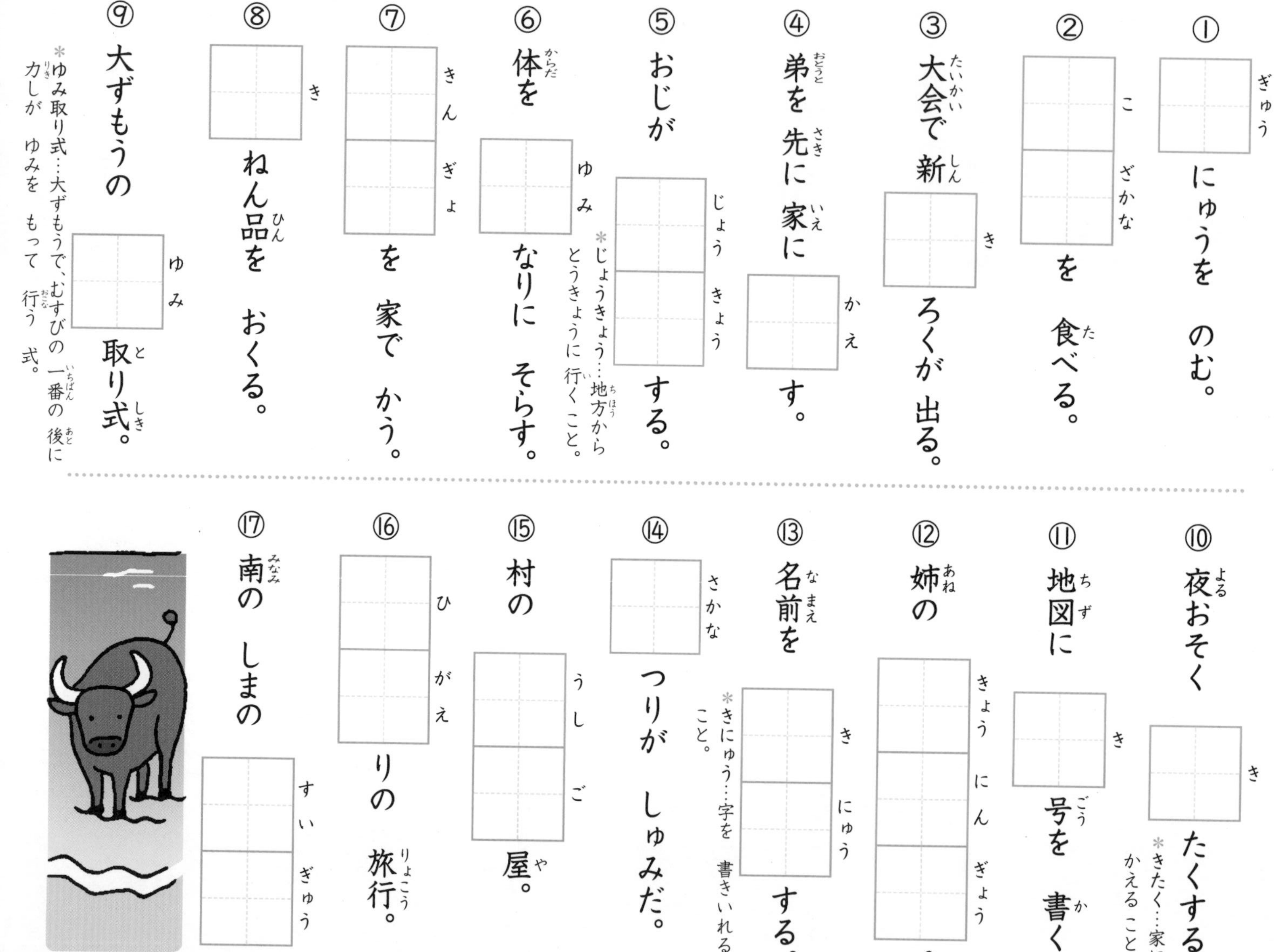

クイズ

「魚」を 「ぎょ」と 読むのは、どれかな？

① 白魚 ② 小魚 ③ 人魚

答え ▶ 87ページ

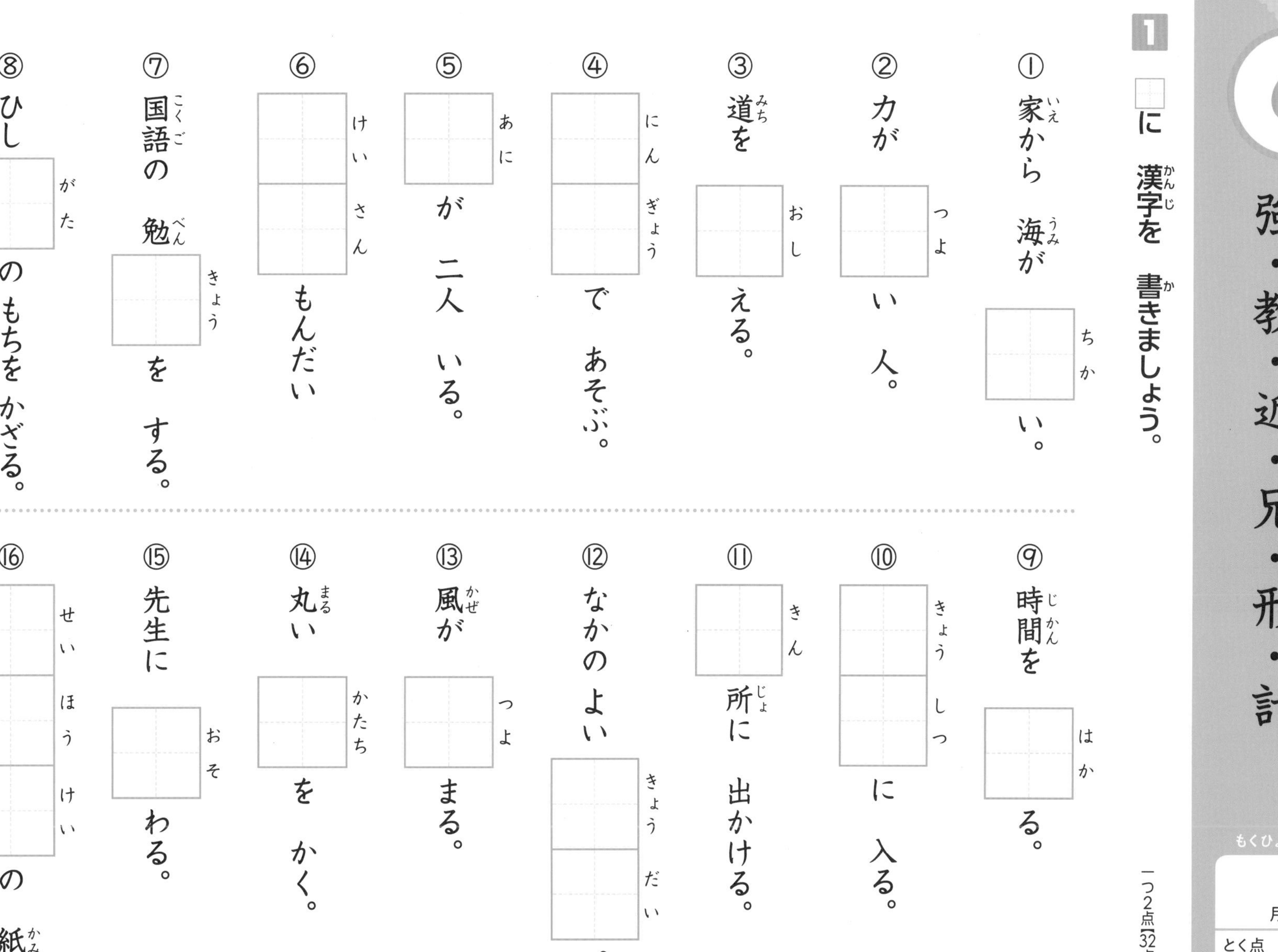

漢字を　書く

6 強・教・近・兄・形・計

もくひょう 10分

月　日

とく点　　点

1 □に　漢字（かんじ）を　書（か）きましょう。　一つ2点【32点】

① 家（いえ）から　海（うみ）が　□（ちか）い。

② 力が　□（つよ）い　人。

③ 道（みち）を　□（おし）える。

④ □□（にんぎょう）で　あそぶ。

⑤ □（あに）が　二人　いる。

⑥ □□（けいさん）もんだい

⑦ 国語（こくご）の　勉（べん）□（きょう）を　する。

⑧ ひし□（がた）の　もちを　かざる。

⑨ 時間（じかん）を　□（はか）る。

⑩ □□（きょうしつ）に　入る。

⑪ □（きん）所（じょ）に　出かける。

⑫ なかの　よい　□□（きょうだい）。

⑬ 風（かぜ）が　□（つよ）まる。

⑭ 丸（まる）い　□（かたち）を　かく。

⑮ 先生に　□（おそ）わる。

⑯ □□□（せいほうけい）の　紙（かみ）。

2 □に 漢字(かんじ)を 書(か)きましょう。

一つ4点【68点】

① □(あに)に そうだんする。

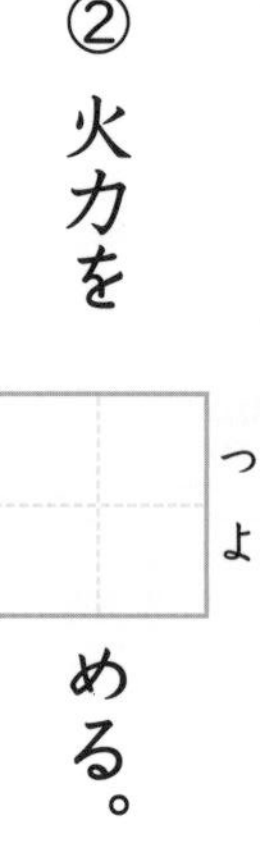

② 火力を □(つよ)める。

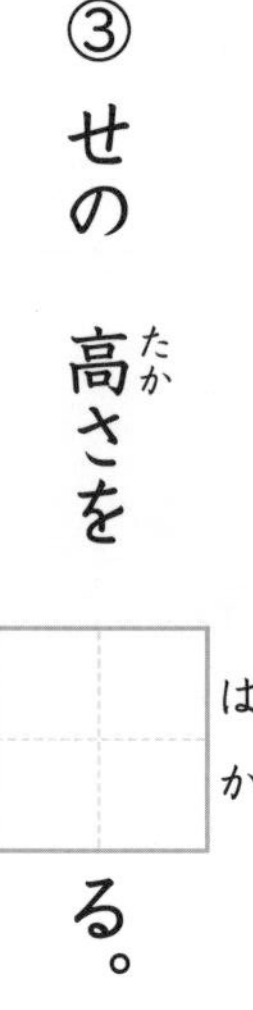

③ せの 高(たか)さを □(はか)る。

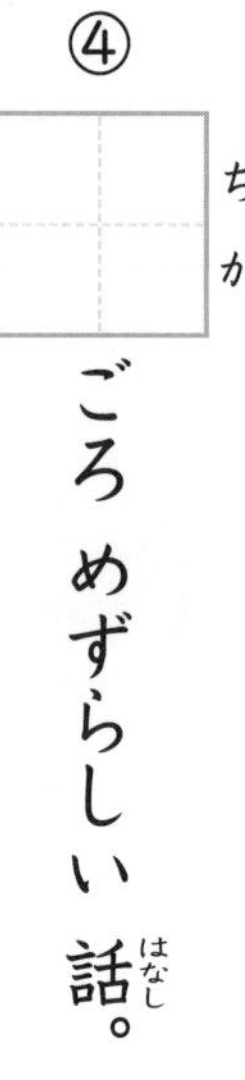

④ □(ちか)ごろ めずらしい 話(はなし)。

⑤ 小学校の □(きょう)育(いく)。

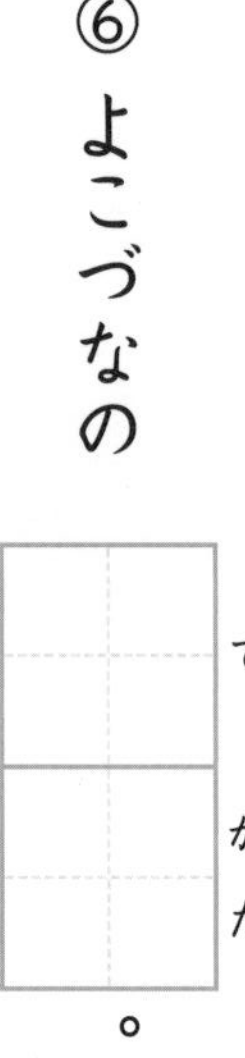

⑥ よこづなの □□(てがた)。

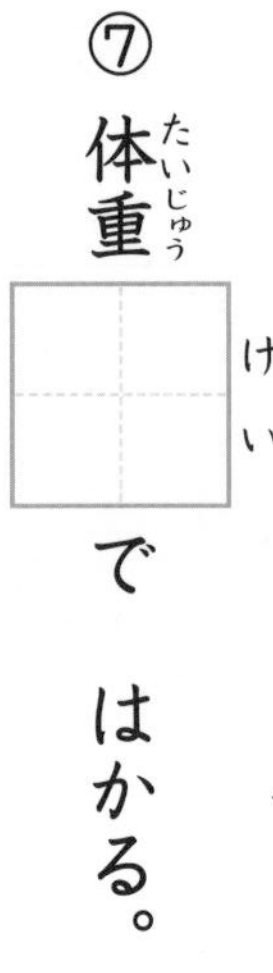

⑦ 体重(たいじゅう) □(けい)で はかる。

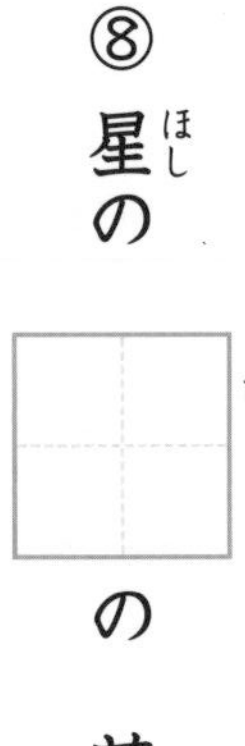

⑧ 星(ほし)の □(かたち)の 花。

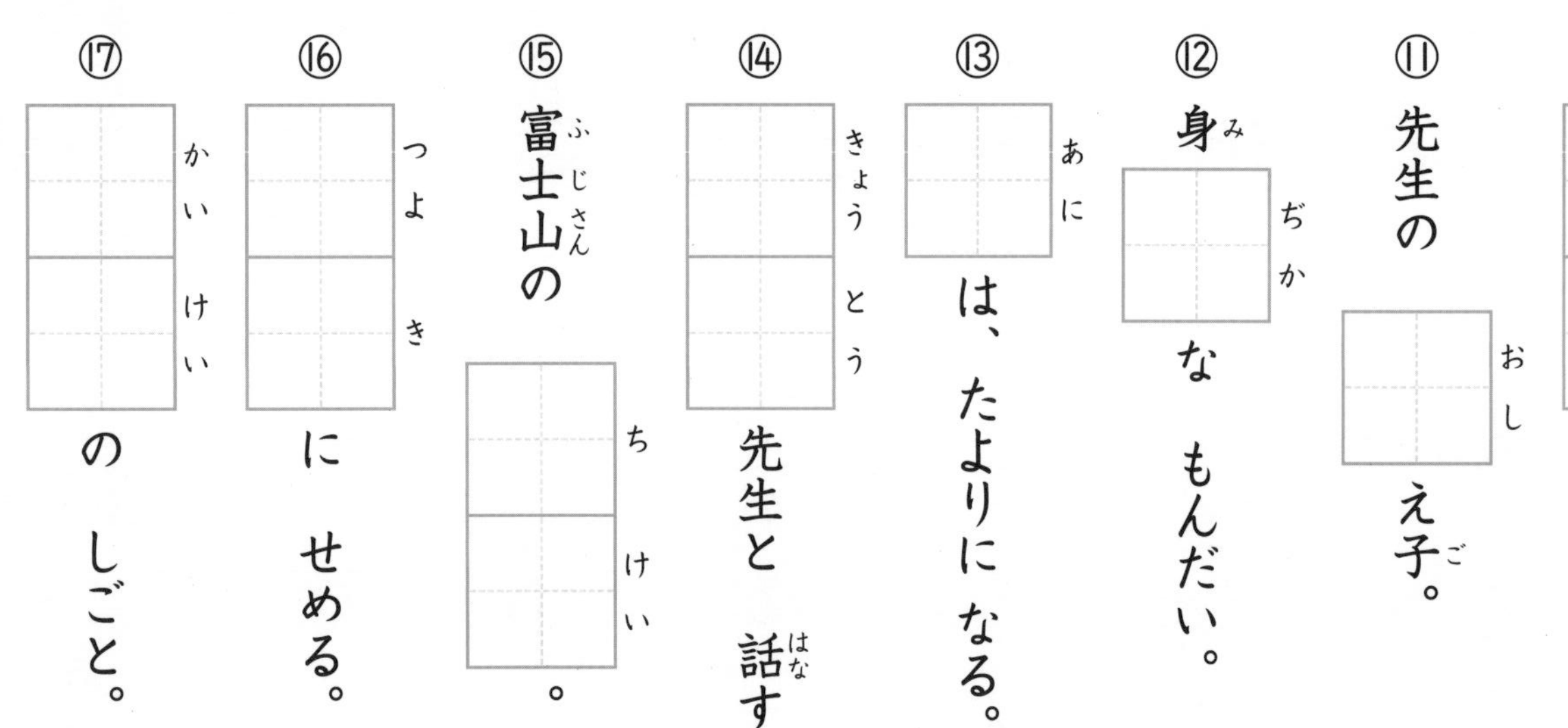

⑨ さい□(きん)の できごと。

⑩ □□(きょうりょく)な エンジン。

⑪ 先生の □(おし)え子(ご)。

⑫ 身(み)□(ぢか)な もんだい。

⑬ □(あに)は、たよりに なる。

⑭ □□(きょうとう)先生と 話(はな)す。

⑮ 富士山(ふじさん)の □□(ちけい)。

⑯ □□(つよき)に せめる。

⑰ □□(かいけい)の しごと。

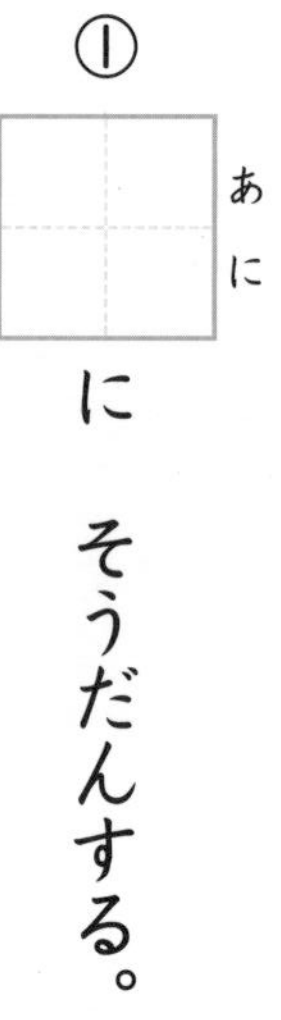

クイズ

つぎの □に 「形」が 入らないのは、どれかな？

①手□　②目□　③人□

答え ▶ 88ページ

7 かくにんテスト①

名前

もくひょう 15分

月

とく点

1 □に あてはまる 漢字(かんじ)を 書(か)きましょう。

一つ3点【30点】

① 十から 三を □(ひ)く。

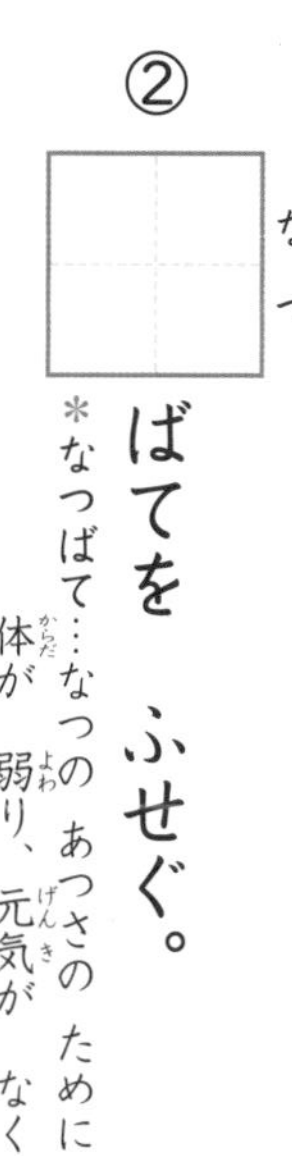

② □(なつ)ばてを ふせぐ。

＊なつばて…なつの あつさの ために 体(からだ)が 弱(よわ)り、元気(げんき)が なく なる こと。

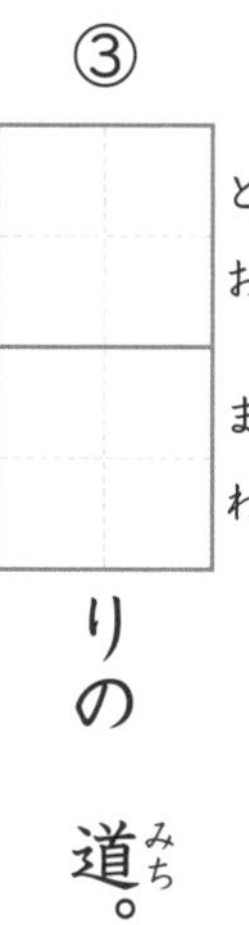

③ □□(とおまわ)りの 道(みち)。

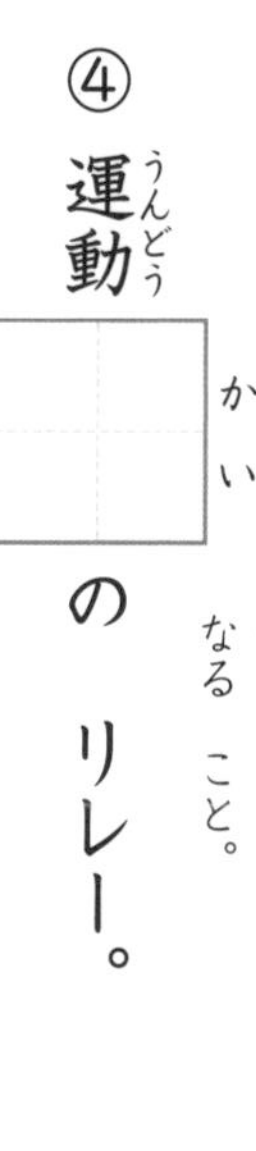

④ 運動(うんどう)□(かい)の リレー。

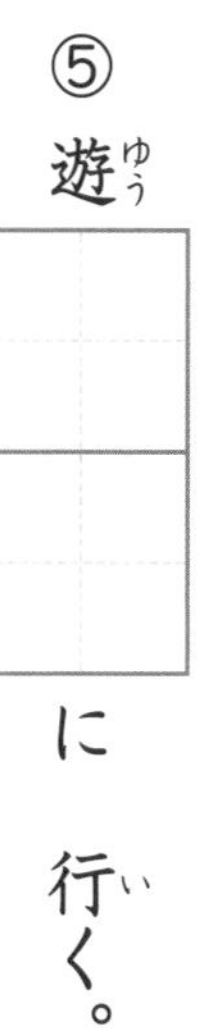

⑤ 遊(ゆう)□□(えんち)に 行(い)く。

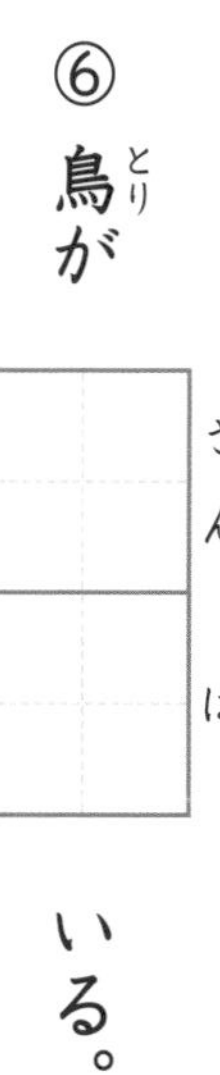

⑥ 鳥(とり)が □□(さんば) いる。

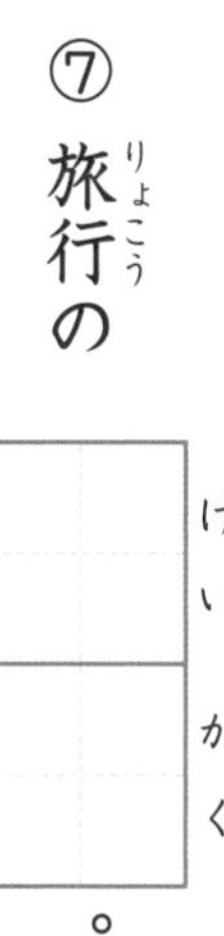

⑦ 旅行(りょこう)の □□(けいかく)。

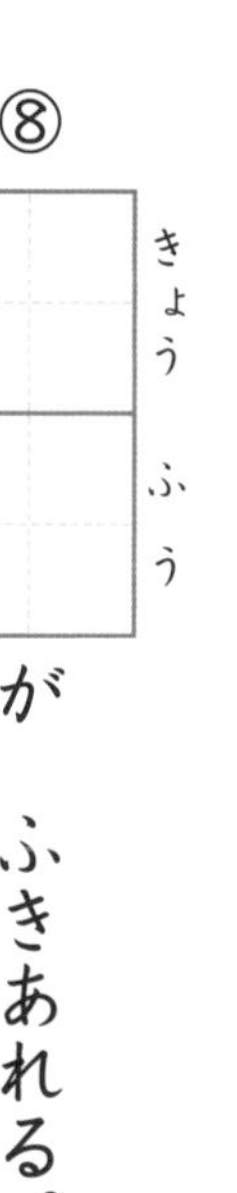

⑧ □□(きょうふう)が ふきあれる。

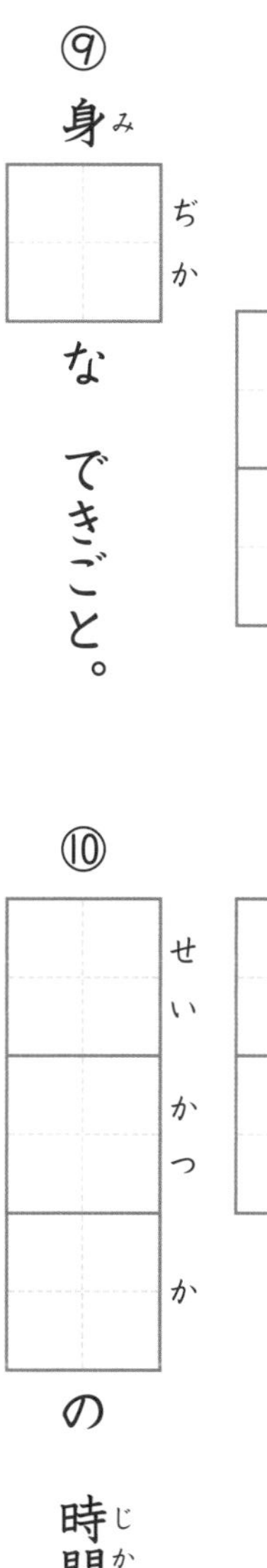

⑨ 身(み)□(ぢか)な できごと。

⑩ □□□(せいかつか)の 時間(じかん)。

2 ――の 言葉(ことば)を、漢字と おくりがなで （　）に 書きましょう。

一つ6点【18点】

① 読書(どくしょ)を たのしむ。（　　）

② ボタンが はずれる。（　　）

③ パソコンの つかい方(かた)を おしえる。（　　）

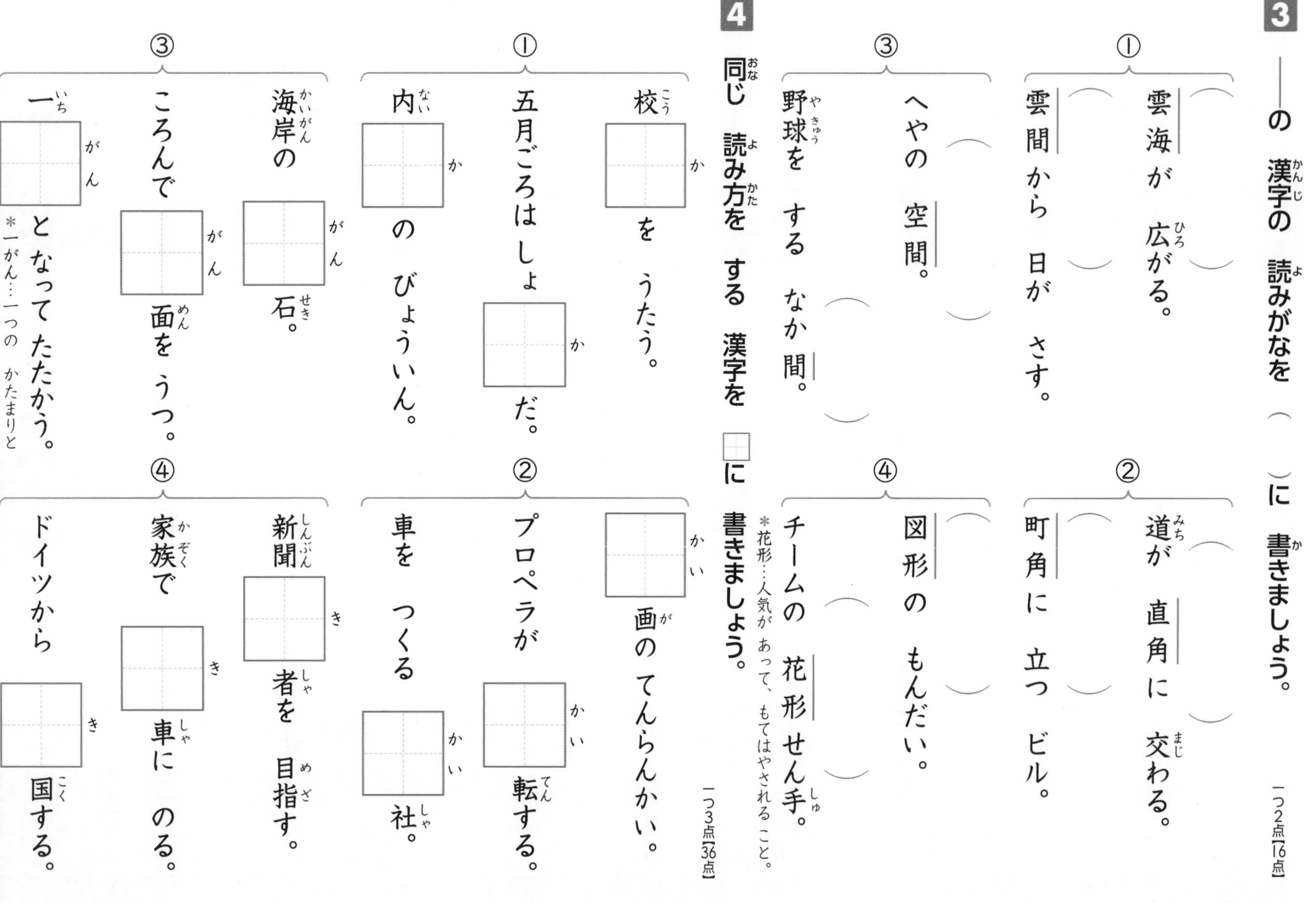

3 ——の漢字の読みがなを（　）に書きましょう。　一つ2点【16点】

①
雲海が広がる。（　）
雲間から日がさす。（　）

②
道が直角に交わる。（　）
町角に立つビル。（　）

③
へやの空間。（　）
野球をするなか間。（　）

④
図形のもんだい。（　）
チームの花形せん手。（　）

＊花形…人気があって、もてはやされること。

4 同じ読み方をする漢字を□に書きましょう。　一つ3点【36点】

①
校□（か）をうたう。
五月ごろはしょ□（か）だ。
内□（か）のびょういん。

②
□（かい）画のてんらんかい。
プロペラが□（かい）転する。
車をつくる□（かい）社。

③
海岸の□（がん）石。
ころんで□（がん）面をうつ。
一□（がん）となってたたかう。

＊一がん…一つのかたまりと

④
新聞□（き）者を目指す。
家族で□（き）車にのる。
ドイツから□（き）国する。

答え ▶ 88ページ

8 漢字を 書く

元・言・原・戸・古・午

もくひょう 10分　月　日　とく点　点

1 □に 漢字を 書きましょう。　一つ2点【32点】

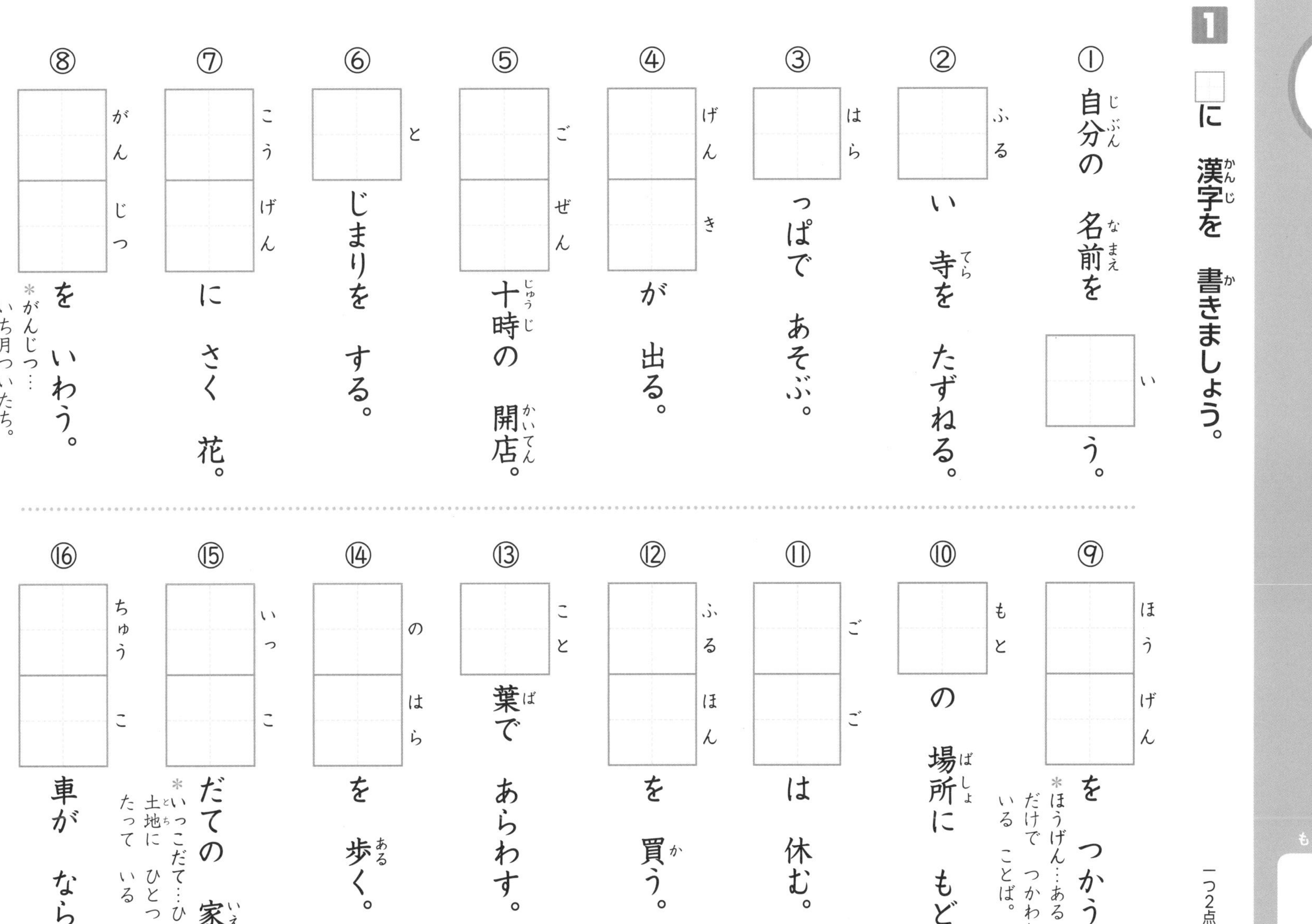

① 自分の 名前を □(い)う。

② □(ふる)い 寺を たずねる。

③ □(はら)っぱで あそぶ。

④ □□(げんき)が 出る。

⑤ □□(ごぜん)十時の 開店。

⑥ □(と)じまりを する。

⑦ □□(こうげん)に さく 花。

⑧ □□(がんじつ)を いわう。
＊がんじつ…いち月ついたち。

⑨ □□(ほうげん)を つかう。
＊ほうげん…ある 地ほうだけで つかわれて いる ことば。

⑩ □(もと)の 場所に もどす。

⑪ □□(ごご)は 休む。

⑫ □□(ふるほん)を 買う。

⑬ □(こと)葉で あらわす。

⑭ □□(のはら)を 歩く。

⑮ □□(いっこ)だての 家。
＊いっこだて…ひとつの 土地に ひとつの 家が たって いる こと。

⑯ □□(ちゅうこ)車が ならぶ。

2 □に 漢字(かんじ)を 書(か)きましょう。

一つ4点【68点】

① つかい□(ふる)した かばん。

② 台所(だいどころ)の□(と)だな。

③ じこの□(げん)いんを さぐる。

④ □□(しょうご)の かねの 音。

⑤ □□(あしもと)を 見る。

⑥ ちこくの□(い)いわけ。

⑦ □□(あまど)を しめる。

⑧ 火の□(もと)に 気を つける。

＊火のもと…火の ある 場所(ばしょ)。

⑨ 先生からの でん□(ごん)。

⑩ □□(こがい)で あそぶ。

＊こがい…家(いえ)や たてものの そと。

⑪ □□□(ごぜんちゅう)に 会(あ)う。

⑫ □□(じもと)の チーム。

⑬ む□(ごん)で うなずく。

⑭ □(こ)代(だい)の れきし。

＊こ代…大むかし。

⑮ 多(おお)くの 人が 発(はっ)□(げん)する。

⑯ □□□(ふるしんぶん)の たば。

⑰ □□(くさはら)で 虫を とる。

「くさはら」の 漢字は、「そうげん」とも 読(よ)むんだよ。

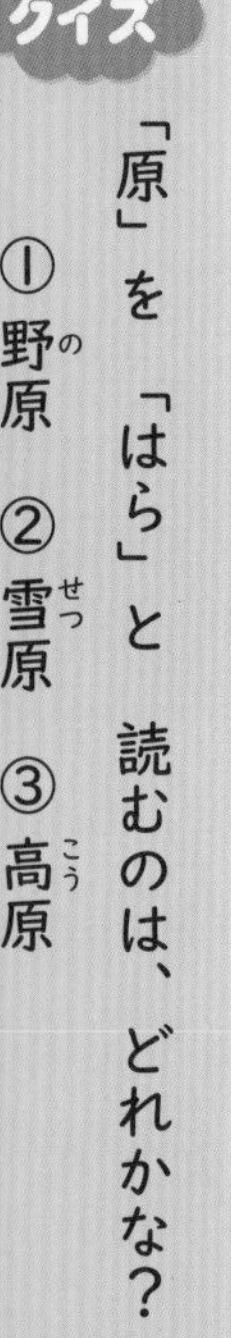

クイズ

「原」を 「はら」と 読むのは、どれかな？

① 野(の)原 ② 雪(せっ)原 ③ 高(こう)原

答え ▶ 88ページ

9 漢字を 書く
後・語・工・公・広・交

もくひょう 10分　月　日　とく点　点

1 □に 漢字(かんじ)を 書(か)きましょう。　一つ2点【32点】

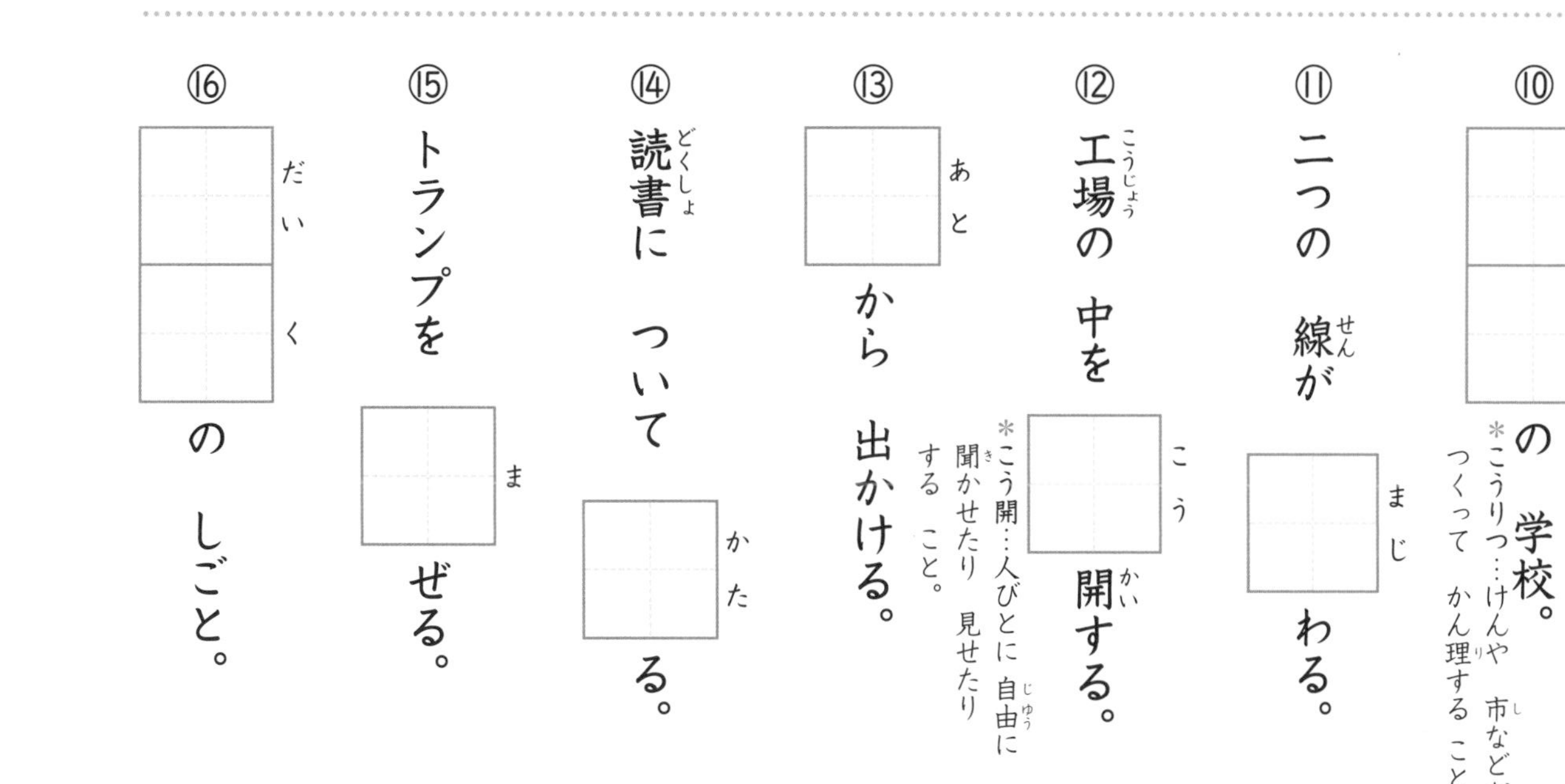

① □(ひろ)い 海(うみ)を ながめる。

② □□(こくご)を 学ぶ。

③ □(うし)ろを むく。

④ □□(こうさく)が とくいだ。

⑤ □(こう)みん館(かん)へ 行(い)く。

⑥ □□(こうつう)あんぜん

⑦ うわさが □(ひろ)まる。

⑧ せかいの □□(げんご)。
＊げんご…ことば。

⑨ □□(しょくご)に 休む。

⑩ □□(こうりつ)の 学校。
＊こうりつ…けんや 市(し)などが つくって かん理(り)する こと。

⑪ 二つの 線(せん)が □(まじ)わる。

⑫ 工場(こうじょう)の 中を □(こう)開(かい)する。
＊こう開…人びとに 自由(じゆう)に 聞(き)かせたり 見せたり する こと。

⑬ □(あと)から 出かける。

⑭ 読書(どくしょ)に ついて □(かた)る。

⑮ トランプを □(ま)ぜる。

⑯ □□(だいく)の しごと。

2 □に漢字を書きましょう。

一つ4点【68点】

① 水道（すいどう）の□（こう）事（じ）。

② 木がえだを□（ひろ）げる。

③ 車が□（こう）さ点（てん）で止（と）まる。

④ 母（はは）がえい□（ご）で話（はな）す。

⑤ 晴（は）れ□（のち）雨。

⑥ お話（はなし）の主（しゅ）□□（じんこう）。

⑦ 駅前（えきまえ）の□□（こうばん）。

⑧ 新聞（しんぶん）の□（こう）こくを見る。

⑨ 物（もの）□（がたり）の本を買（か）う。

⑩ □□（こうせい）なさいばん。
＊こうせい…かたよりがなくてただしいこと。

⑪ □□（ひろば）にあつまる。

⑫ 昔話（むかしばなし）の□（かた）り手。

⑬ □（く）ふうをこらした作品（さくひん）。
＊くふうをこらす…一生けんめいくふうする。

⑭ □（こう）平（へい）に分（わ）ける。

⑮ かな□（ま）じりの文。

⑯ 物がたりの□□（こうはん）。

⑰ □□（じんこう）えい星（せい）

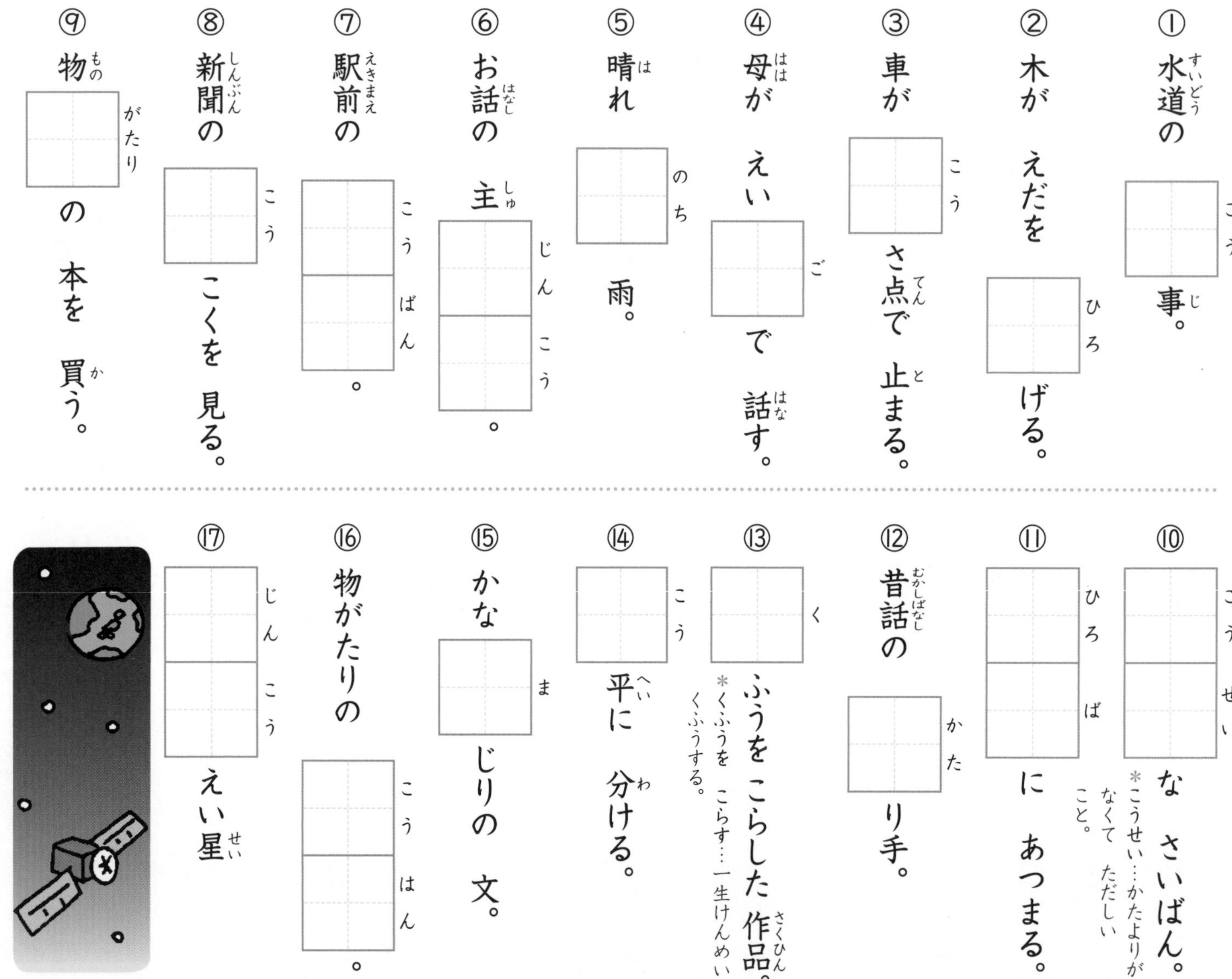

クイズ
「□エ」の□にあてはまるのは、どれかな？
①小　②中　③大

答え ▶ 88ページ

10 漢字を かく
光・考・行・高・黄・合

もくひょう 10分

月　日

とく点　　点

1 □に 漢字（かんじ）を かきましょう。　一つ2点【32点】

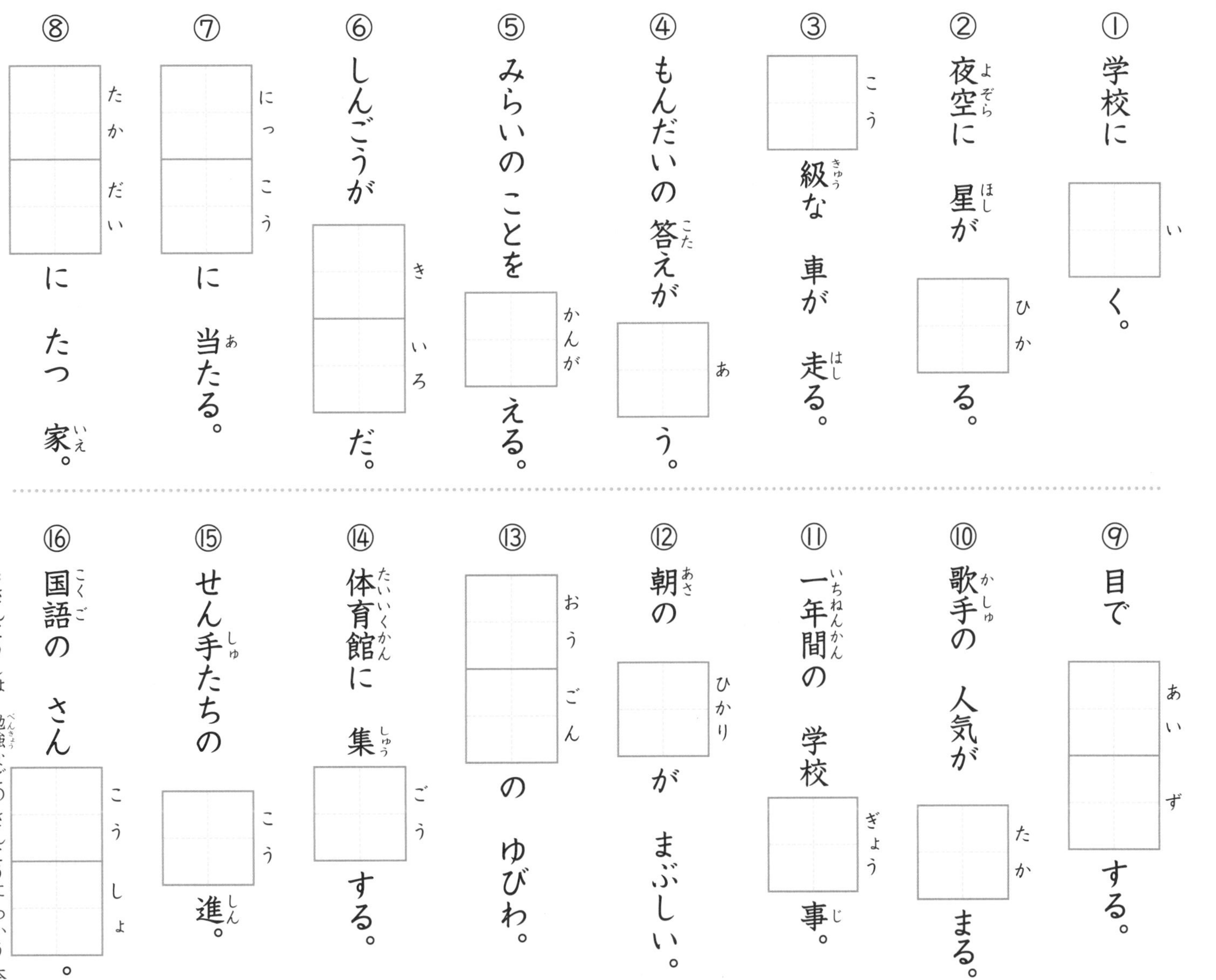

① 学校に □（い）く。
② 夜空（よぞら）に 星（ほし）が □（ひか）る。
③ □（こう）級（きゅう）な 車が 走（はし）る。
④ もんだいの 答（こた）えが □（あ）う。
⑤ みらいの ことを □（かんが）える。
⑥ しんごうが □□（きいろ）だ。
⑦ □□（にっこう）に 当（あ）たる。
⑧ □□（たかだい）に たつ 家（いえ）。
⑨ 目で □□（あいず）する。
⑩ 歌手（かしゅ）の 人気が □（たか）まる。
⑪ 一年間（いちねんかん）の 学校 □（ぎょう）事（じ）。
⑫ 朝（あさ）の □（ひかり）が まぶしい。
⑬ □□（おうごん）の ゆびわ。
⑭ 体育館（たいいくかん）に 集（しゅう）□（ごう）する。
⑮ せん手（しゅ）たちの □（こう）進（しん）。
⑯ 国語（こくご）の さん□□（こうしょ）。

＊さんこうしょ…勉強（べんきょう）などの さんこうに つかう 本。

2 □に 漢字(かんじ)を 書(か)きましょう。

一つ4点【68点】

① 手を 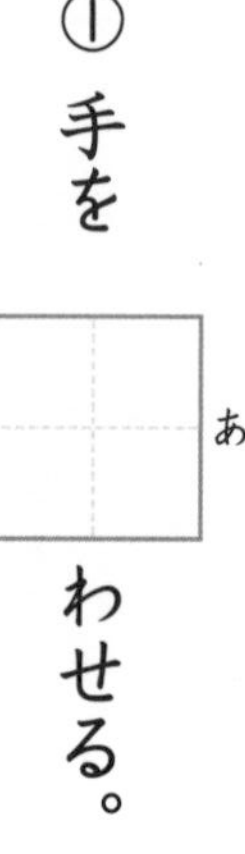（あ）わせる。

② 今(いま)、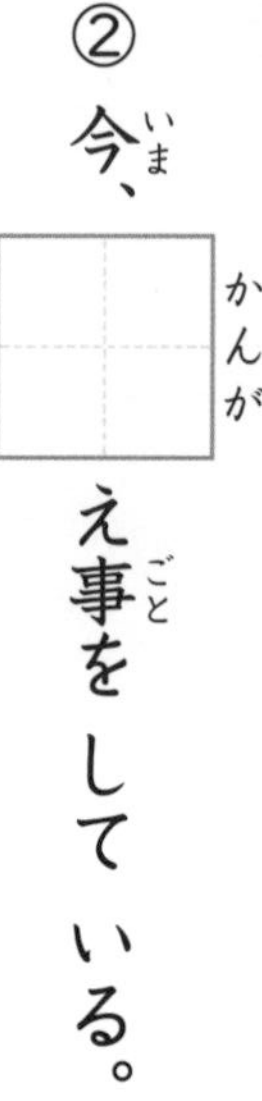（かんが）え事(ごと)をして いる。

③ 兄(あに)は、せが （たか）い。

④ 強(つよ)い 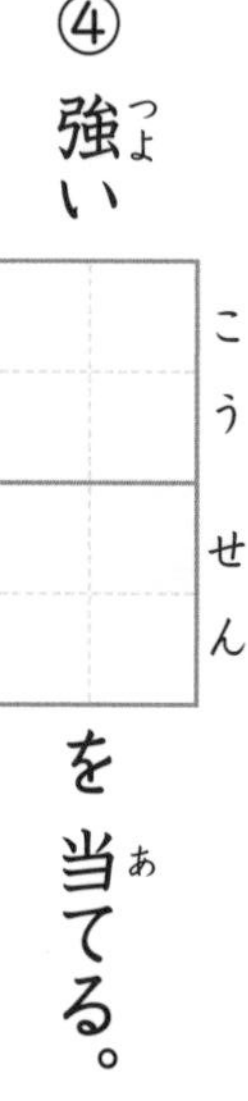（こうせん）を当(あ)てる。

⑤ 開会式(かいかいしき)を 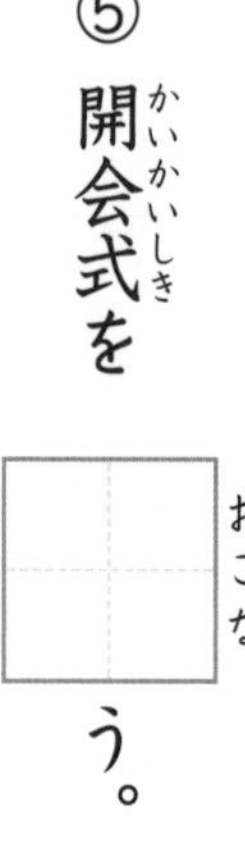（おこな）う。

⑥ 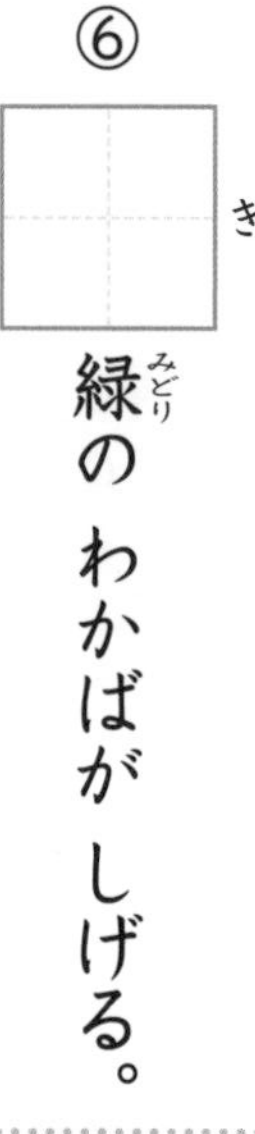（き）緑(みどり)の わかばが しげる。

⑦ 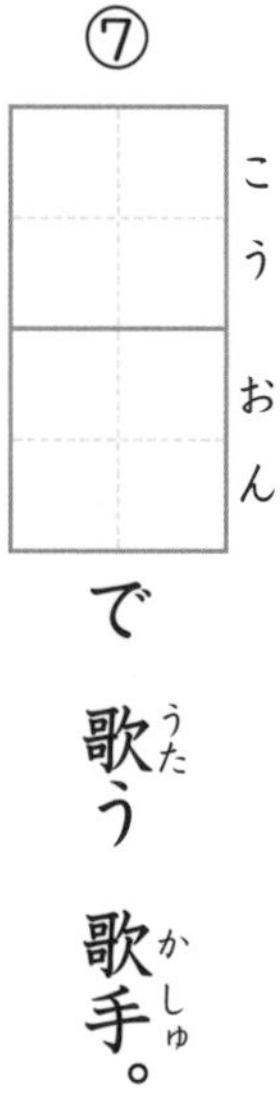（こうおん）で 歌(うた)う 歌手(かしゅ)。

⑧ 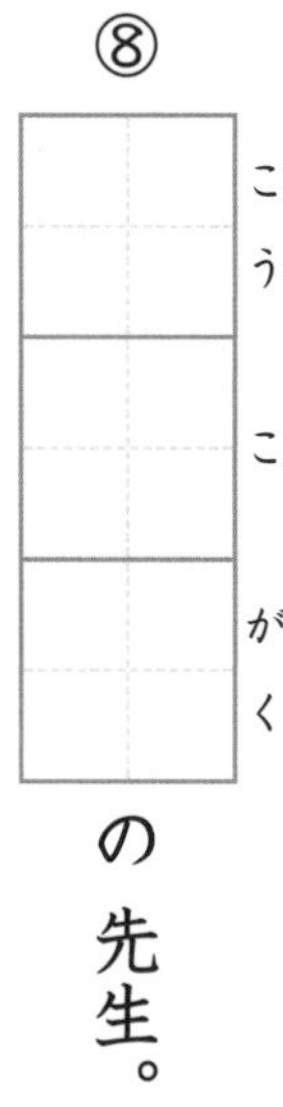（こうこがく）の 先生。

⑨ 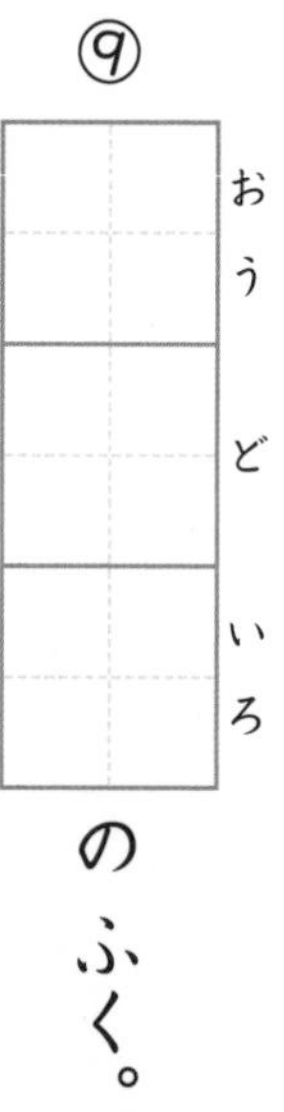（おうどいろ）の ふく。

⑩ 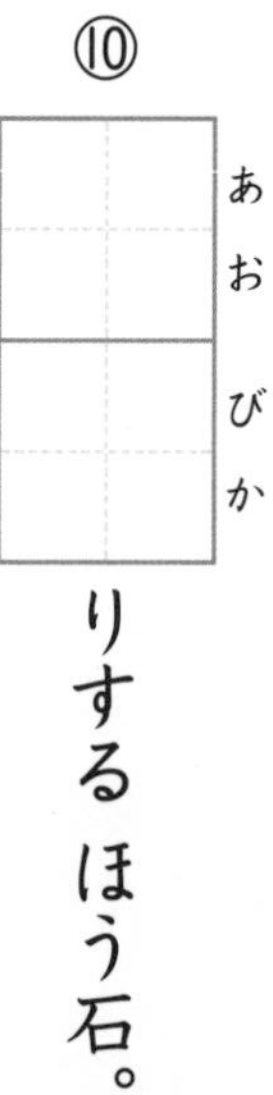（あおびか）りする ほう石。

⑪ 父(ちち)の 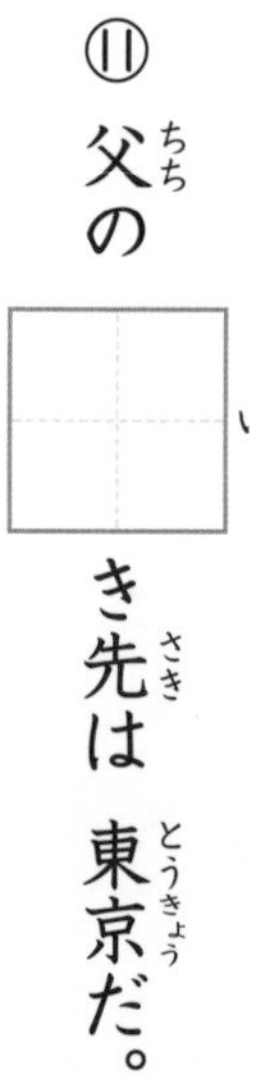（い）き先(さき)は 東京(とうきょう)だ。

⑫ 新商品(しんしょうひん)を 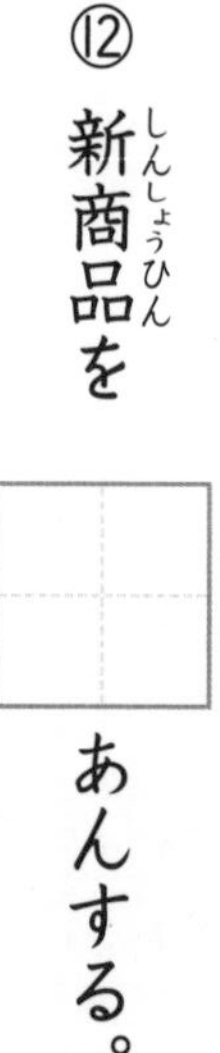（こう）あんする。

＊こうあん…くふうして かんがえ出す こと。

⑬ 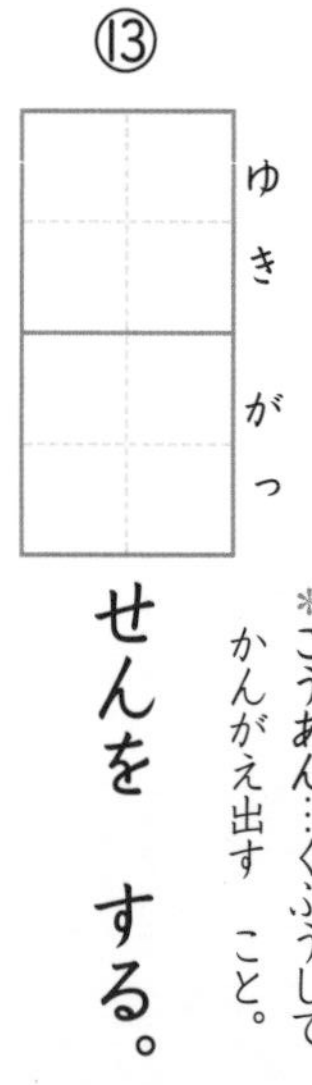（ゆきがっ）せんを する。

⑭ たまごの 白身(しろみ)と （き）身。

⑮ 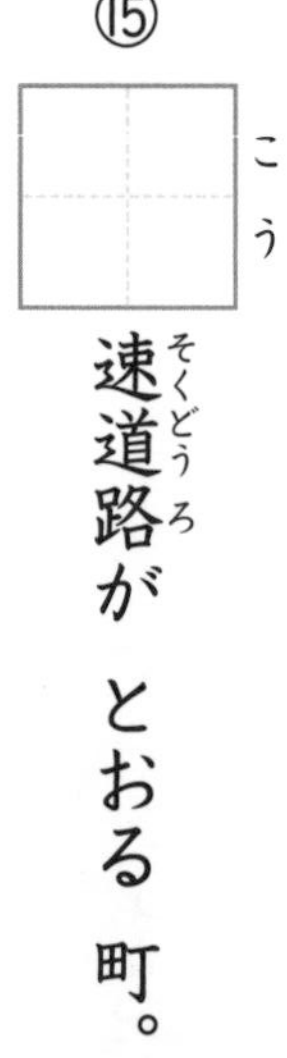（こう）速道路(そくどうろ)が とおる 町。

⑯ 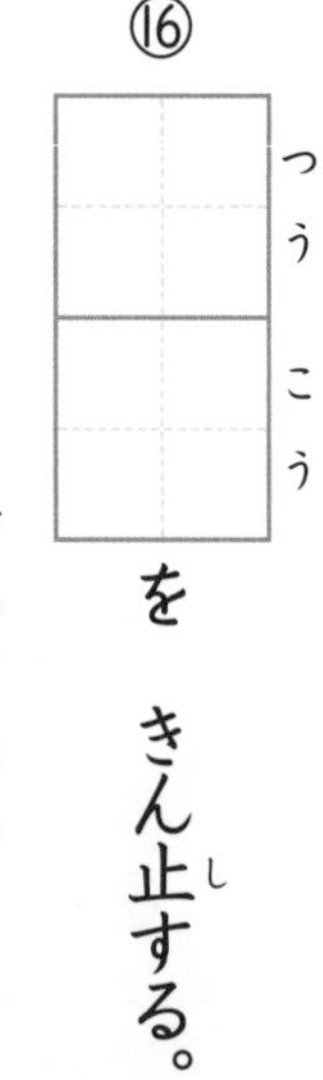（つうこう）を きん止(し)する。

⑰ ロボットが □□（がったい）する。

クイズ

「考」は、何画(なんかく)で 書くかな？

① 5画　② 6画　③ 7画

答え ▶ 88ページ

11 谷・国・黒・今・才・細

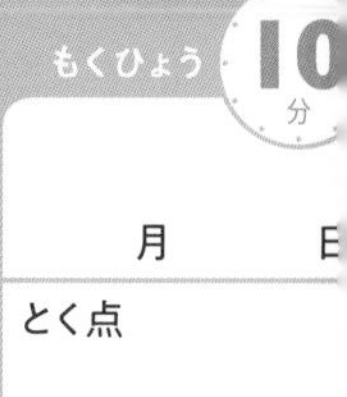

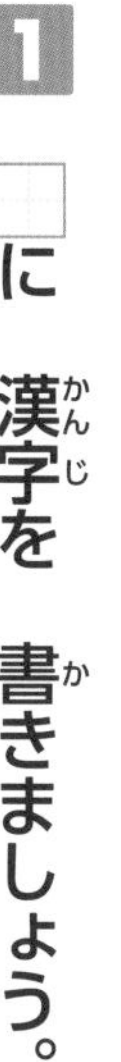

1 □に 漢字を 書きましょう。　一つ2点【32点】

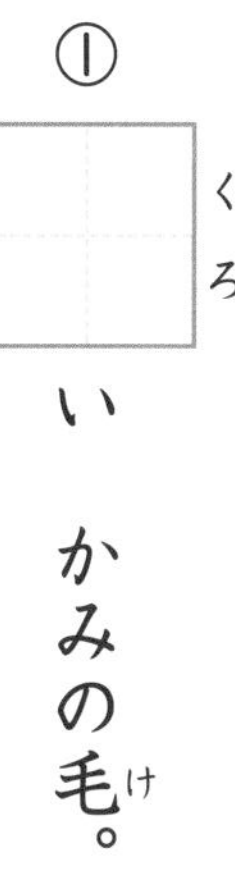

① □(くろ)い かみの毛。

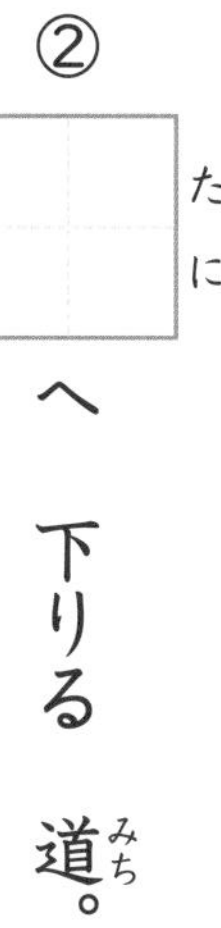

② □(たに)へ 下りる 道。

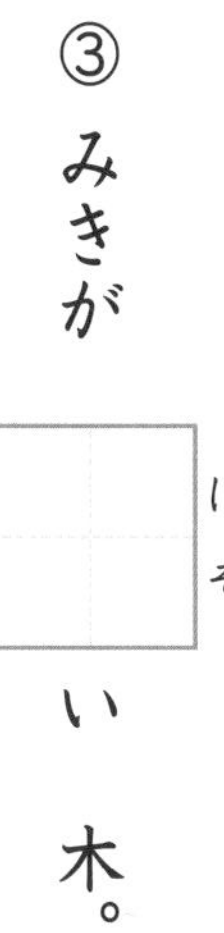

③ みきが □(ほそ)い 木。

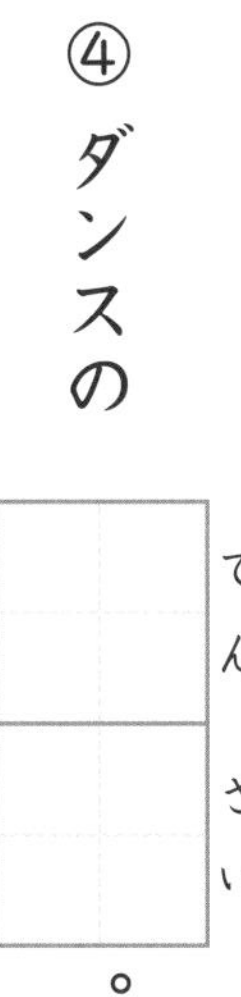

④ ダンスの □□(てんさい)。

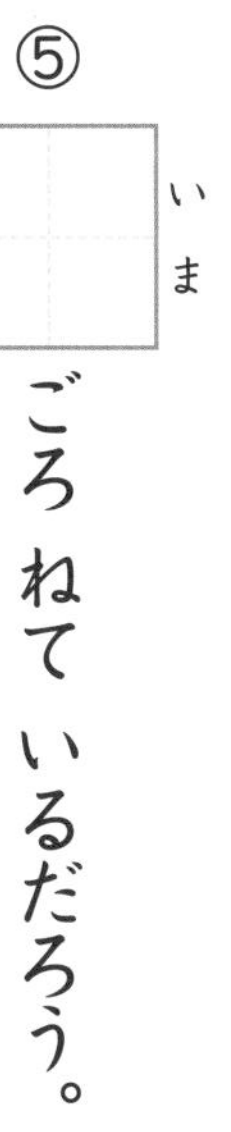

⑤ □(いま)ごろ ねて いるだろう。

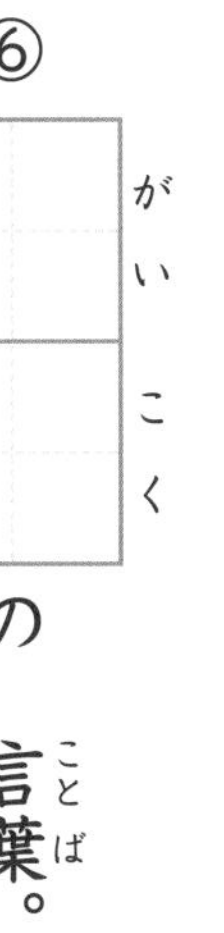

⑥ □□(がいこく)の 言葉。

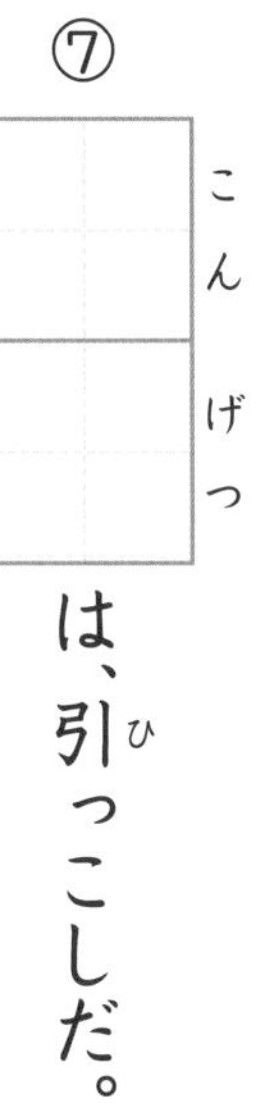

⑦ □□(こんげつ)は、引っこしだ。

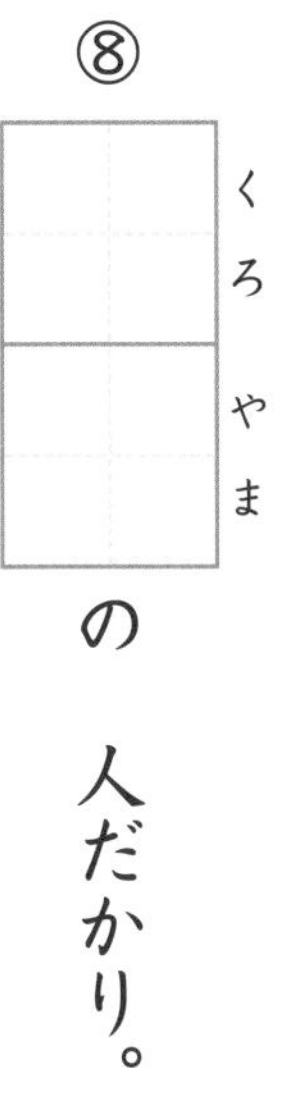

⑧ □□(くろやま)の 人だかり。

＊くろやま…人が 多く あつまって いる ようす。

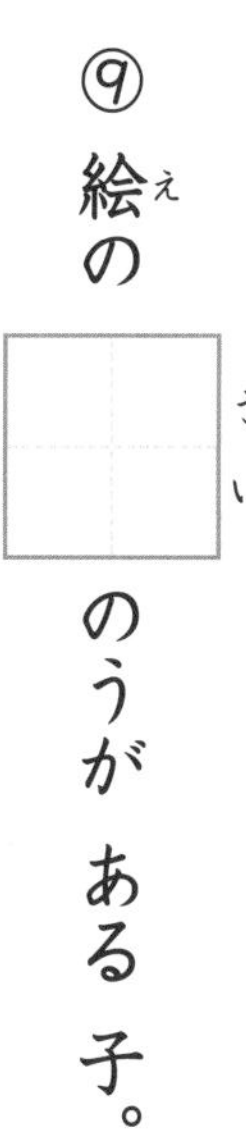

⑨ 絵の □(さい)のうが ある 子。

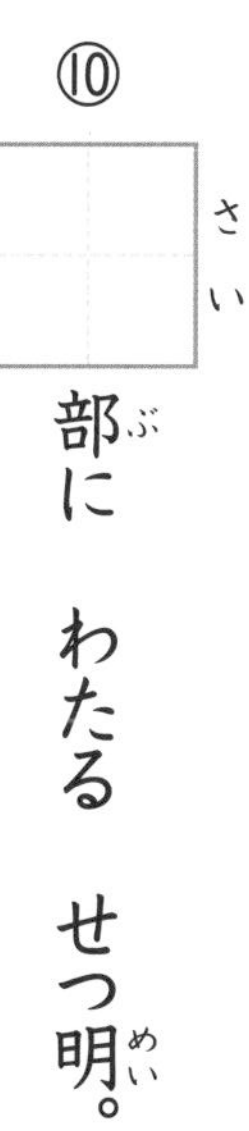

⑩ □(さい)部に わたる せつ明。

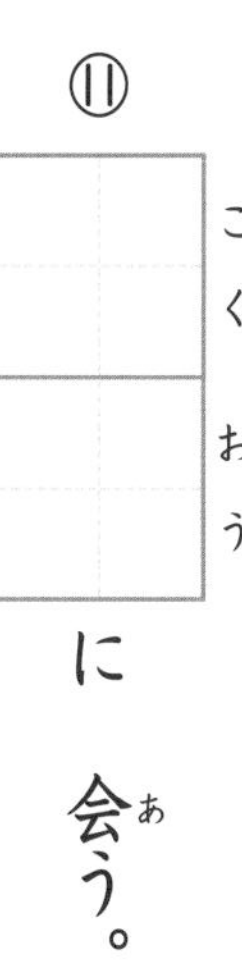

⑪ □□(こくおう)に 会う。

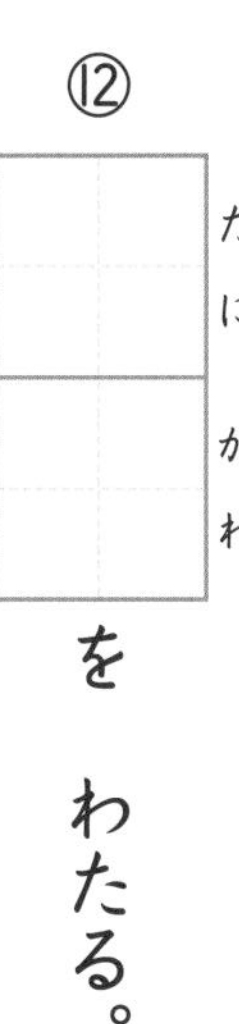

⑫ □□(たにがわ)を わたる。

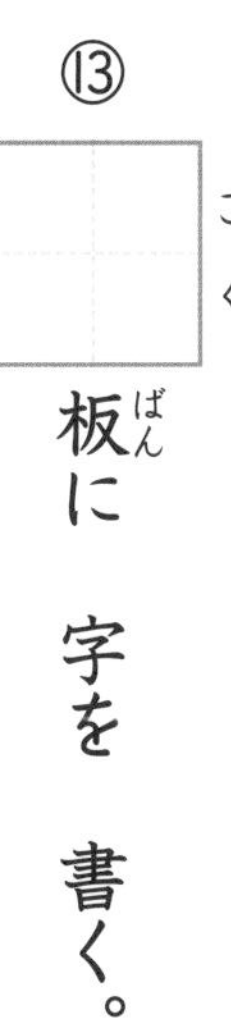

⑬ □(こく)板に 字を 書く。

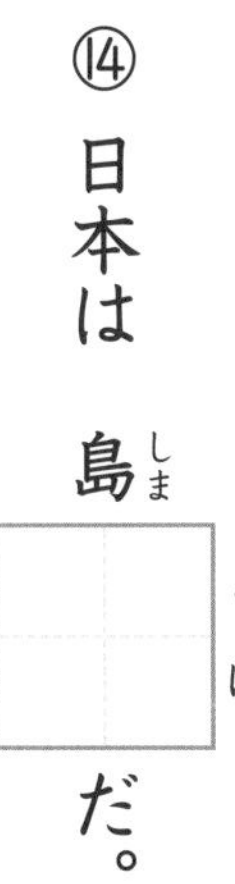

⑭ 日本は 島□(ぐに)だ。

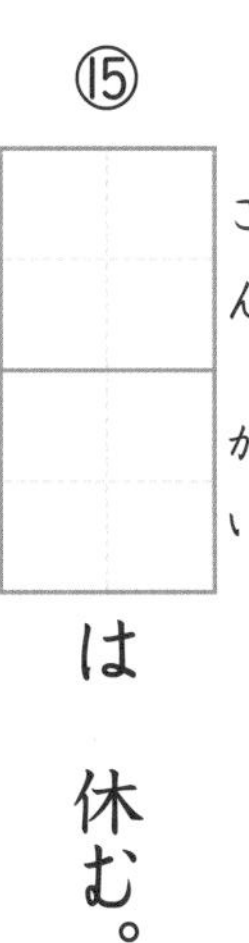

⑮ □□(こんかい)は 休む。

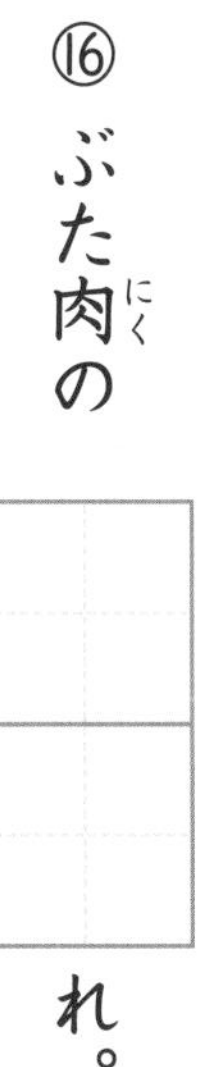

⑯ ぶた肉の □□(こまぎ)れ。

2 □に漢字を書きましょう。

一つ4点【68点】

① □□（ゆきぐに）で　くらす。

② ふかい　□（たに）そこ。

③ 姉は、□□（ぶんさい）がある。
＊ぶんさい…ぶんの　さいのう。

④ 真っ□（くろ）に　日やけする。

⑤ □□（ほそみち）を　通る。

⑥ □□（こんしゅう）発売される　本。

⑦ □□（こくど）が　広い　くに。

⑧ □□□（たけざいく）の　かご。

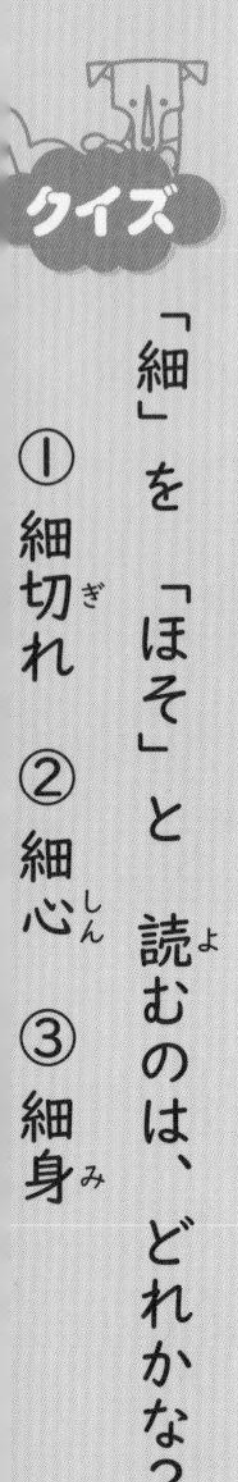

⑨ 暗□（こく）の　うちゅう。
＊暗こく…まっくらな　こと。くらやみ。

⑩ □□（いまどき）の　子どもたち。

⑪ かれは、しゅう□（さい）だ。

⑫ □（くろ）豆を　食べる。

⑬ □□（たにま）に　ながれる　川。

⑭ □（さい）きんは、目に　見えない。
＊さいきん…一つの　さいぼうから　できている　とても　小さな　生きもの。

⑮ □□（こんご）の　よてい。

⑯ □□（こくない）を　旅行する。

⑰ 紙を　□（たに）おりに　する。

答え ▶ 89ページ

クイズ
「細」を「ほそ」と読むのは、どれかな？
① 細切れ　② 細心　③ 細身

12 漢字を 書く

作・算・止・市・矢・姉

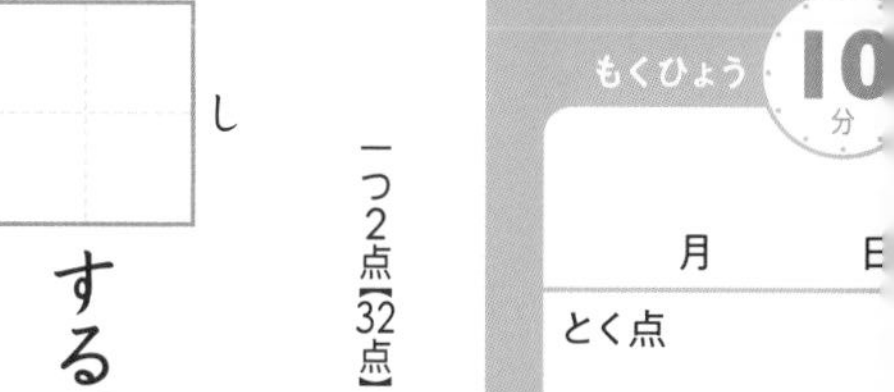

1 □に 漢字(かんじ)を 書(か)きましょう。　一つ2点【32点】

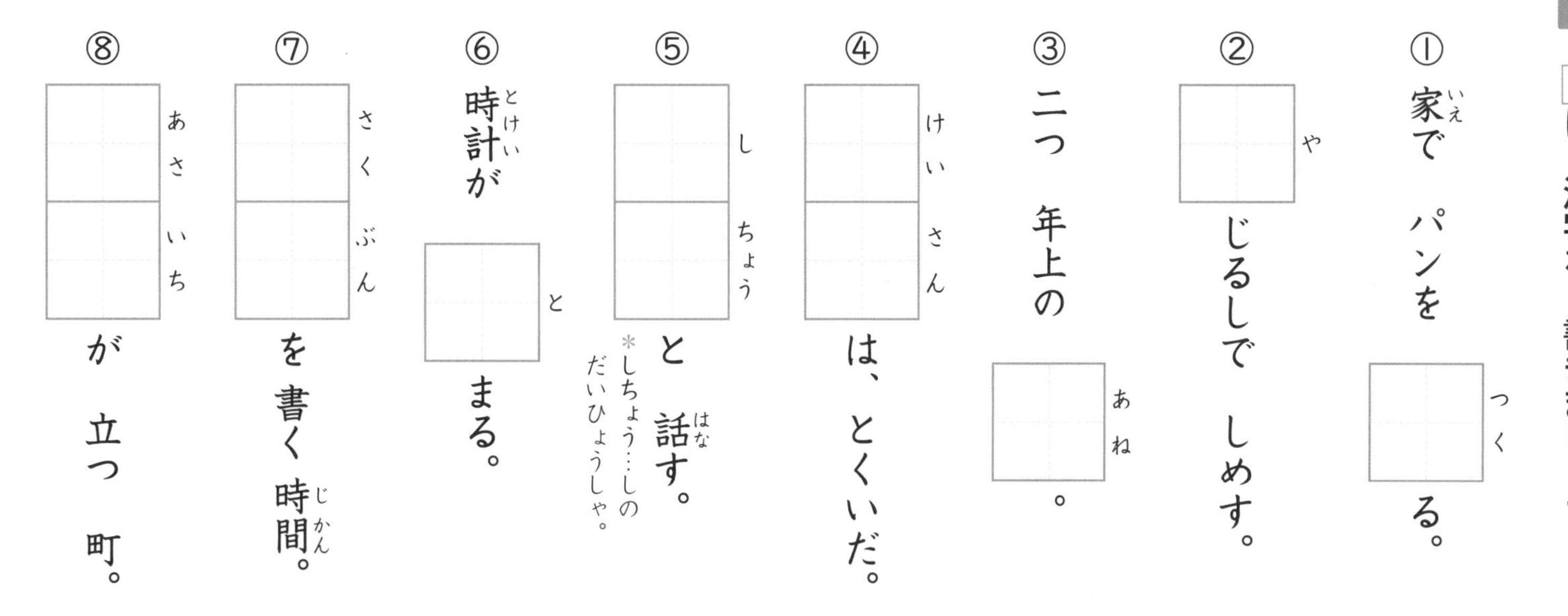

① 家(いえ)で パンを □(つく)る。

② □(や)じるしで しめす。

③ 二つ 年上の □(あね)。

④ □□(けいさん)は、とくいだ。

⑤ □□(しちょう)と 話(はな)す。
＊しちょう…しの だいひょうしゃ。

⑥ 時計(とけい)が □(と)まる。

⑦ □□(さくぶん)を 書く 時間(じかん)。

⑧ □□(あさいち)が 立つ 町。

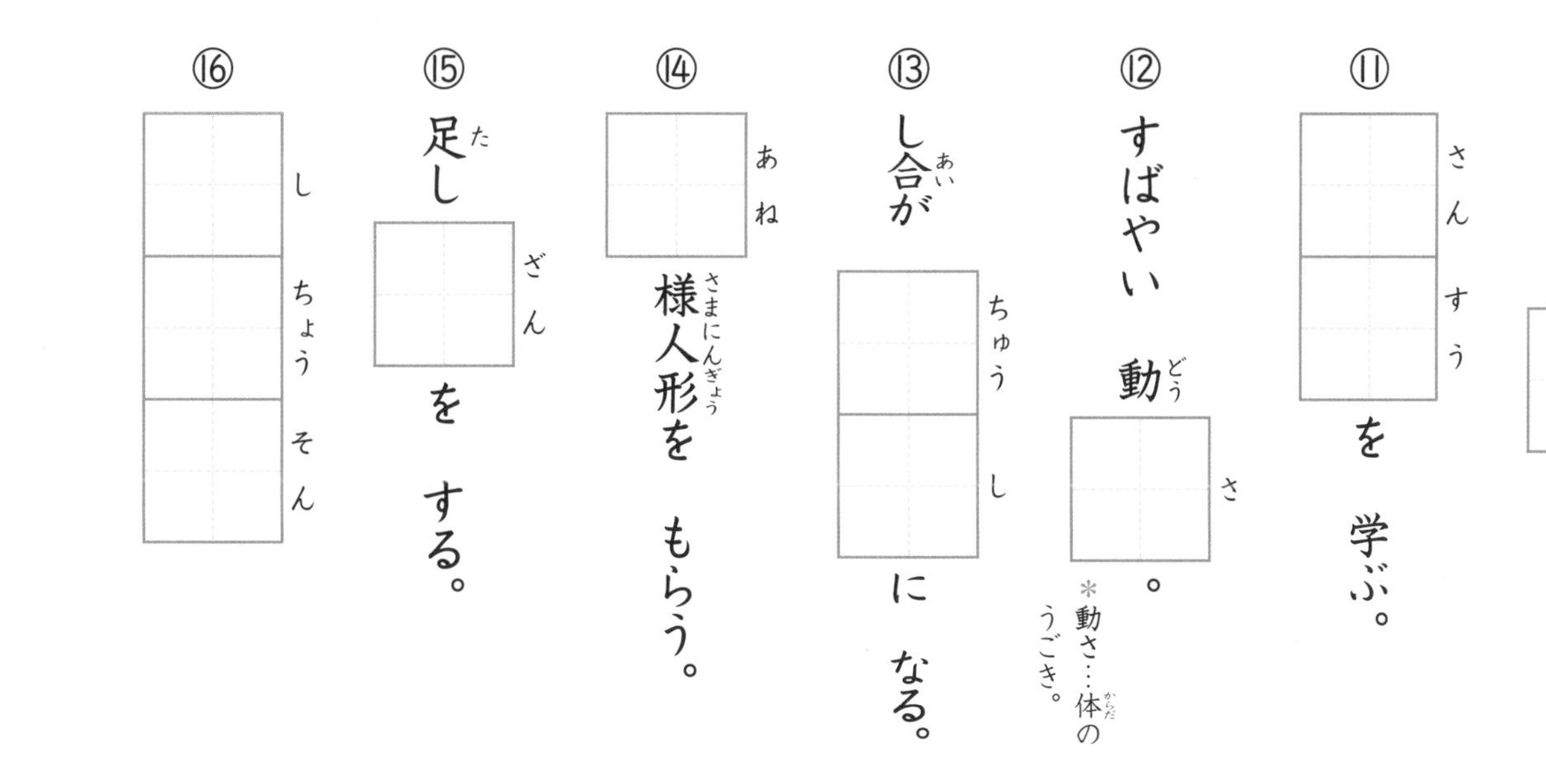

⑨ 立ち入りを きん□(し)する。

⑩ 弓(ゆみ)から □(や)を はなつ。

⑪ □□(さんすう)を 学ぶ。

⑫ すばやい 動(どう)□(さ)。
＊動さ…体(からだ)の うごき。

⑬ し合(あい)が □□(ちゅうし)に なる。

⑭ □(あね)様人形(さまにんぎょう)を もらう。

⑮ 足(た)し□(ざん)を する。

⑯ □□□(しちょうそん)

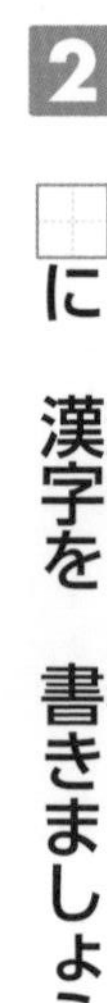

2 □に漢字(かんじ)を 書(か)きましょう。

一つ4点【68点】

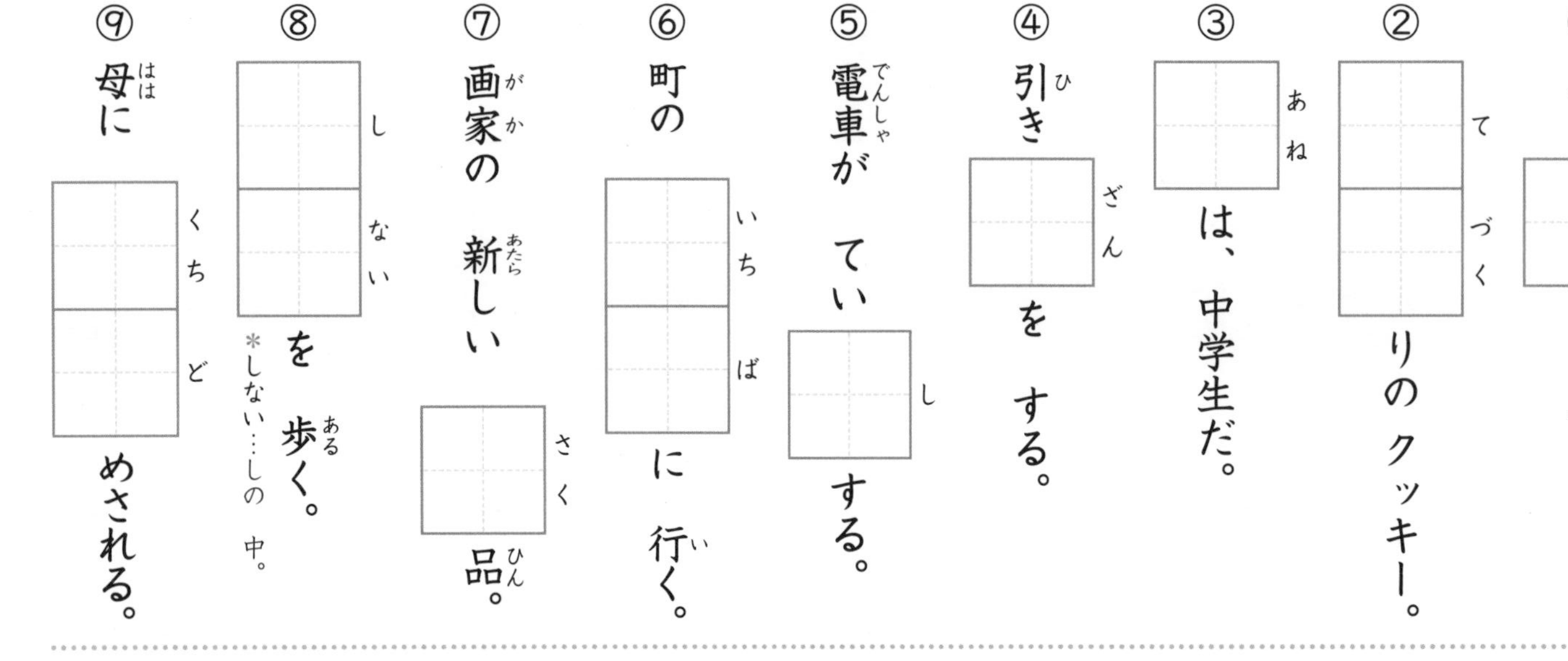

① ふき□(や)を ふく。

② □□(て・づく)りのクッキー。

③ □(あね)は、中学生(ちゅうがくせい)だ。

④ 引(ひ)き□(ざん)を する。

⑤ 電車(でんしゃ)が てい□(し)する。

⑥ 町の □□(いち・ば)に 行(い)く。

⑦ 画家(がか)の 新(あたら)しい □(さく)品(ひん)。

⑧ □□(し・ない)を 歩(ある)く。
※しない…しの 中。

⑨ 母(はは)に □□(くち・ど)めされる。

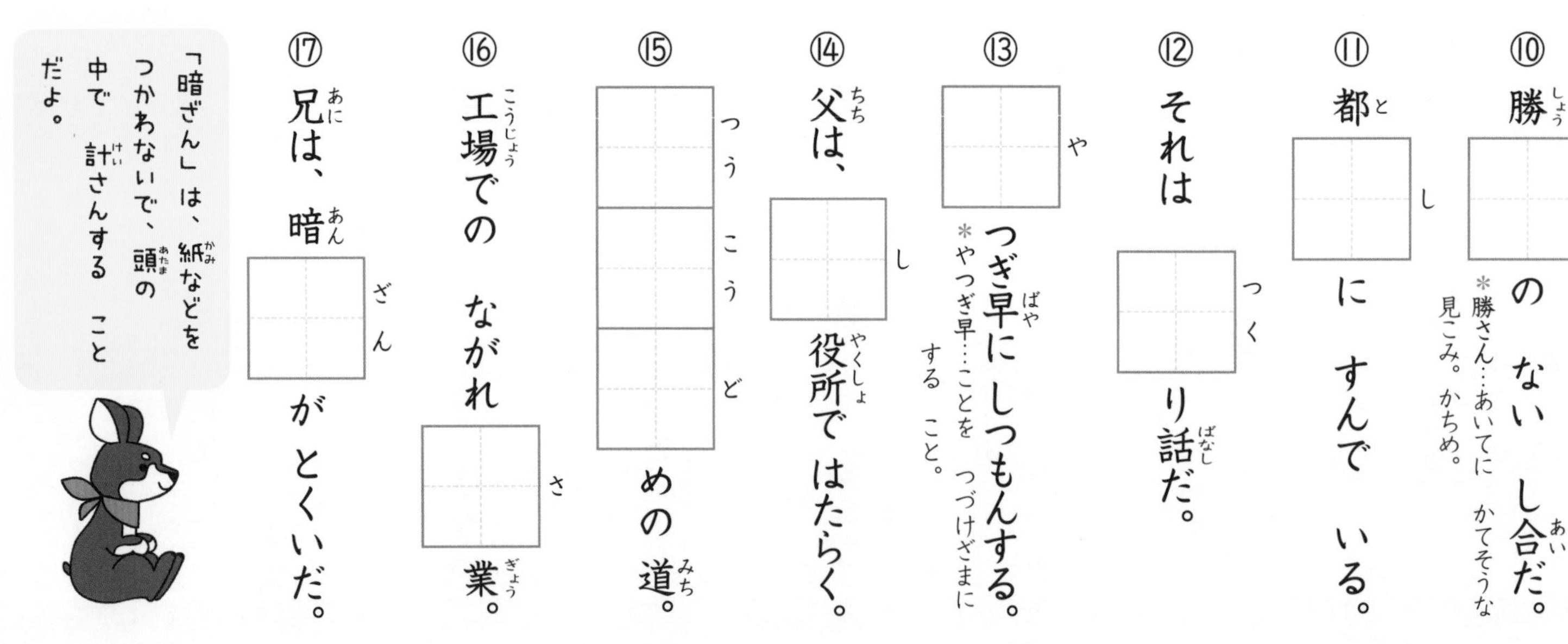

⑩ 勝(しょう)□(さん)の ない し合(あい)だ。
※勝さん…あいてに かてそうな 見こみ。かちめ。

⑪ 都(と)□(し)に すんで いる。

⑫ それは □(つく)り話(ばなし)だ。

⑬ □(や)つぎ早(ばや)に しつもんする。
※やつぎ早…ことを つづけざまに する こと。

⑭ 父(ちち)は、□(し)役所(やくしょ)で はたらく。

⑮ □□□(つう・こう・ど)めの 道(みち)。

⑯ 工場(こうじょう)での ながれ□(さ)業(ぎょう)。

⑰ 兄(あに)は、暗(あん)□(ざん)が とくいだ。

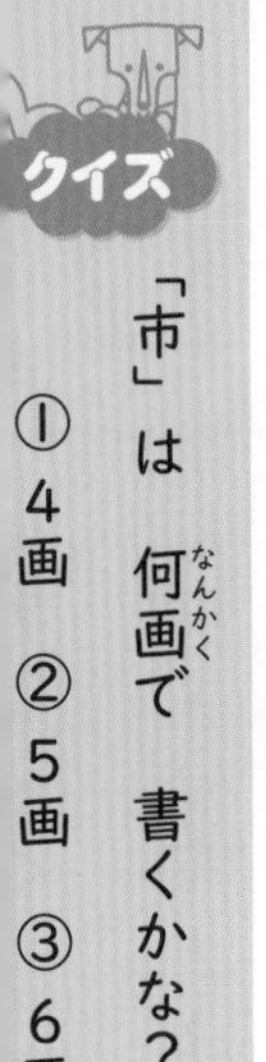

クイズ 「市」は 何画(なんかく)で 書くかな?

① 4画 ② 5画 ③ 6画

答え ▶ 89ページ

13 漢字を　書く

思・紙・寺・自・時・室

もくひょう　10分

月　日

とく点　　点

1 □に　漢字（かんじ）を　書（か）きましょう。　一つ2点【32点】

① □（とき）が　すぎて　ゆく。
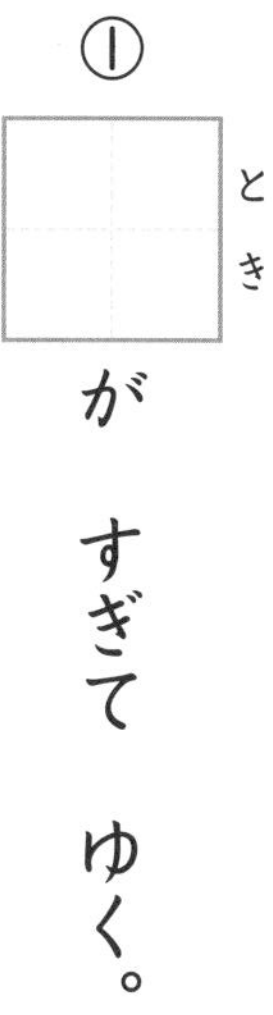

② むかしの　ことを　□（おも）う。
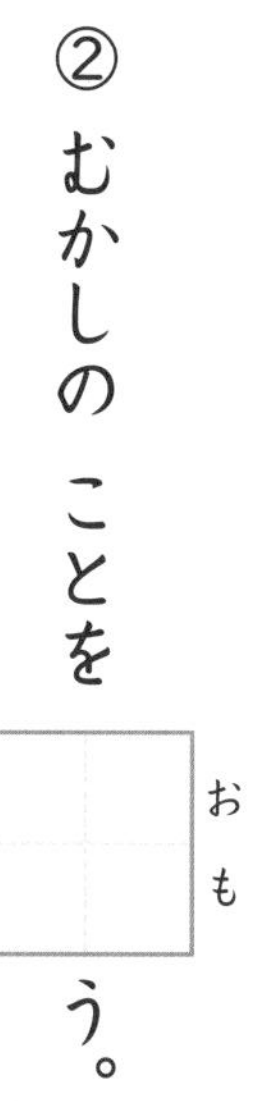

③ おり□（がみ）で　つるを　おる。
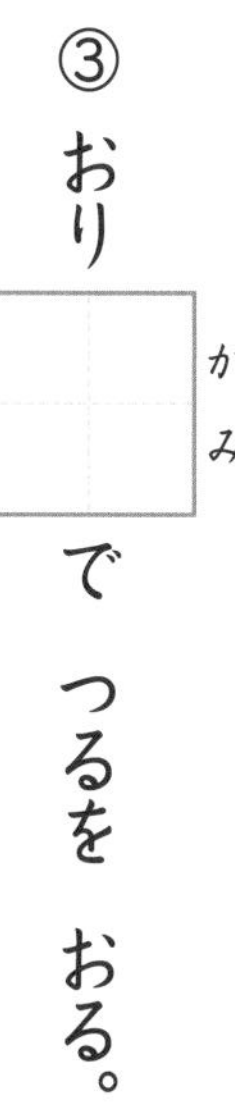

④ お□（てら）まいりを　する。
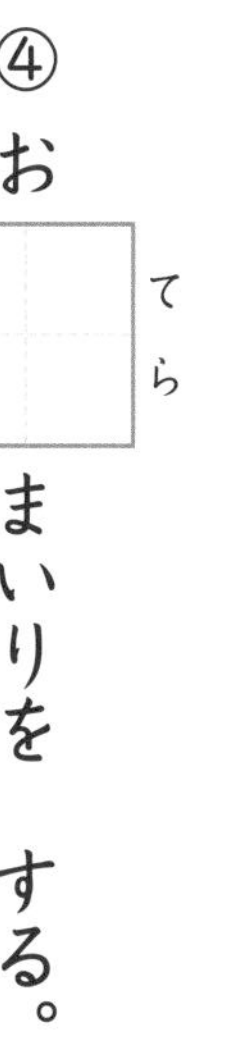

⑤ □□（きょうしつ）を　そうじする。
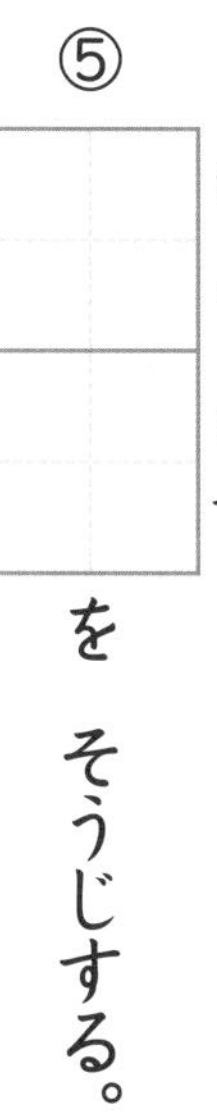

⑥ □□（じぶん）で　考（かんが）える。
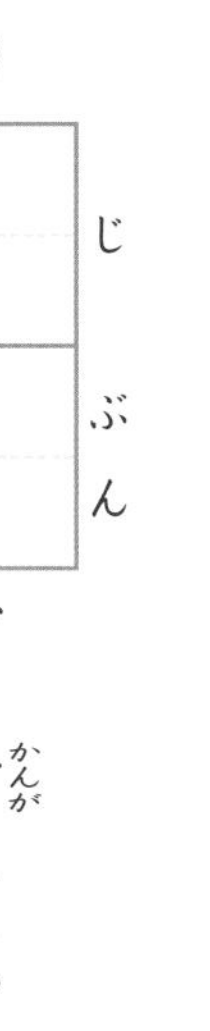
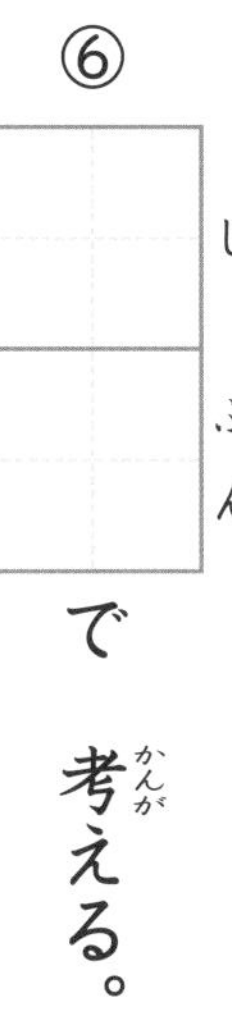

⑦ 先生に　□□（てがみ）を　書く。
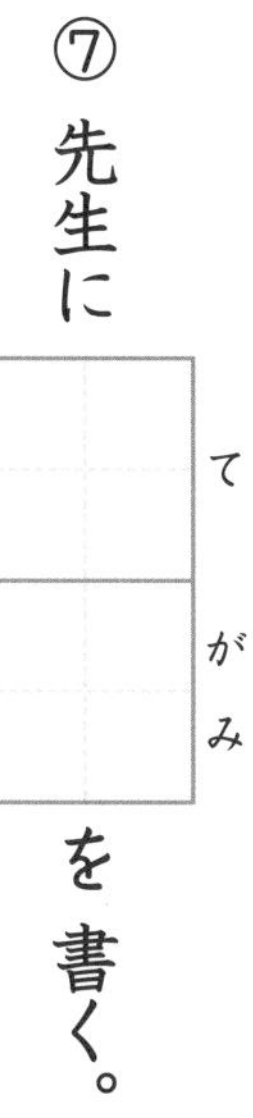

⑧ □□（じしゃ）を　たずねる。
＊じしゃ…てらや　じんじゃ。
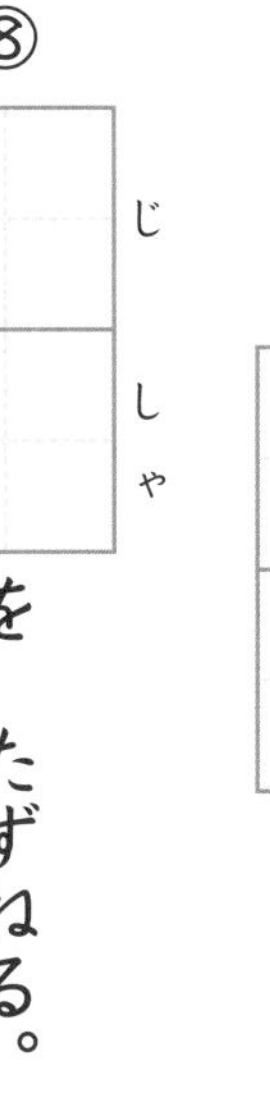

⑨ □（し）あんを　めぐらす。
＊しあん…いろいろ　かんがえる　こと。
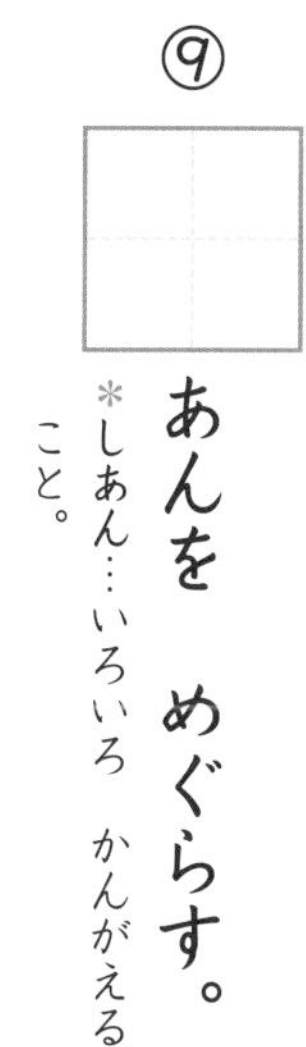

⑩ □□（さんじ）の　おやつ。
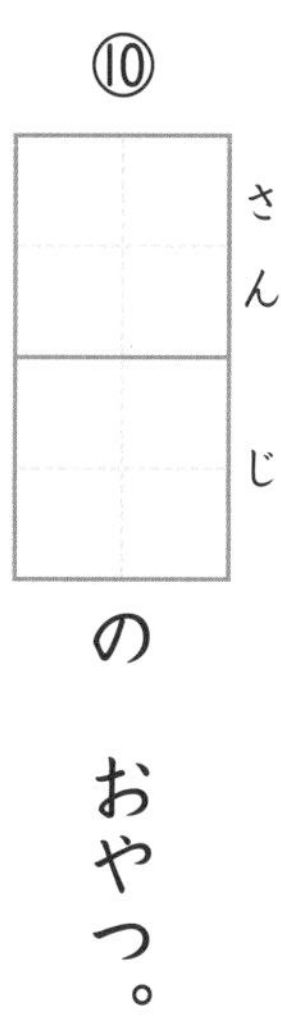

⑪ ゆたかな　□（し）ぜん。
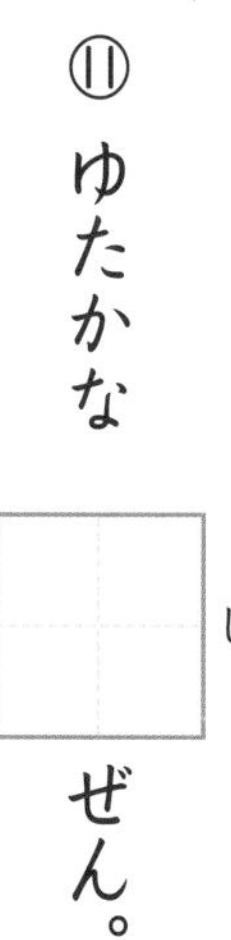

⑫ □□□（としょしつ）に　行（い）く。
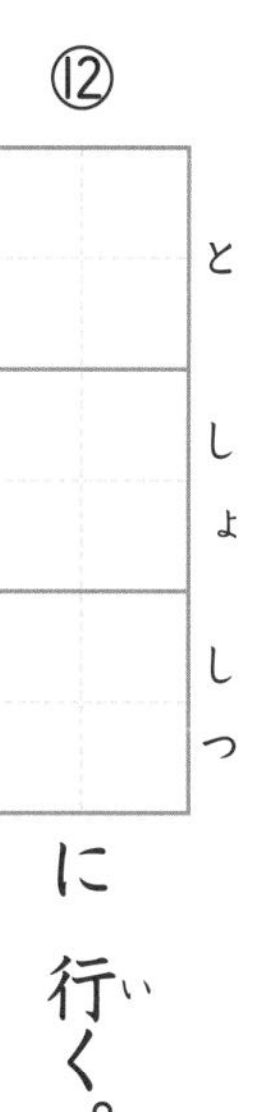

⑬ □（おも）いやりの　心（こころ）を　もつ。
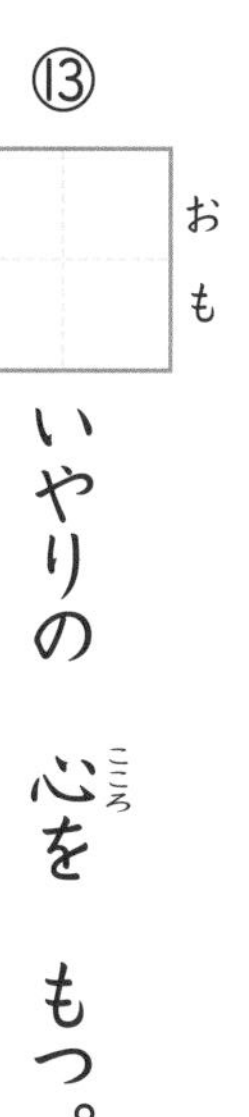
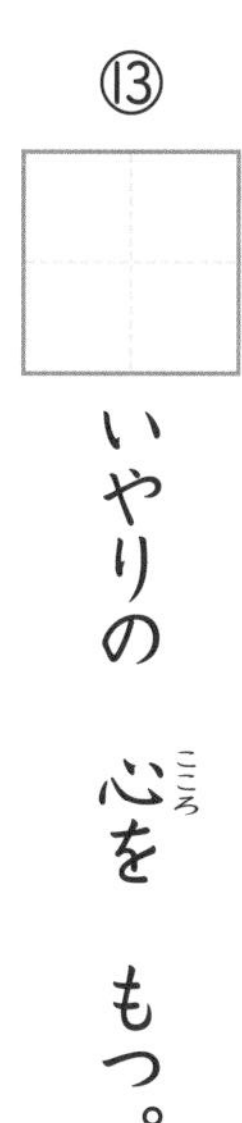

⑭ □（じ）転車（てんしゃ）に　のる。
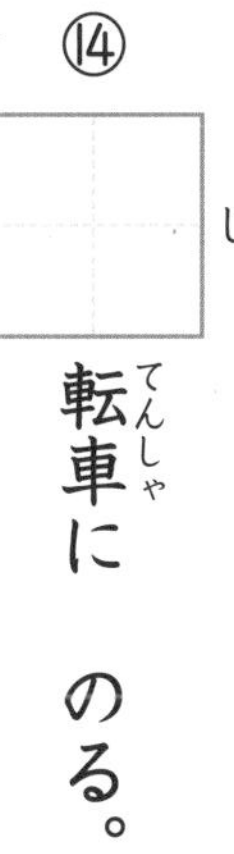
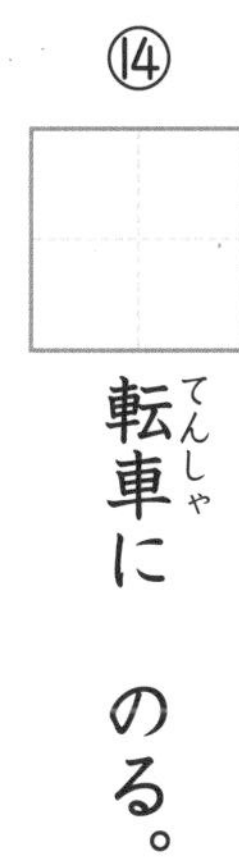

⑮ 古（ふる）い　□□□（しんぶんし）。
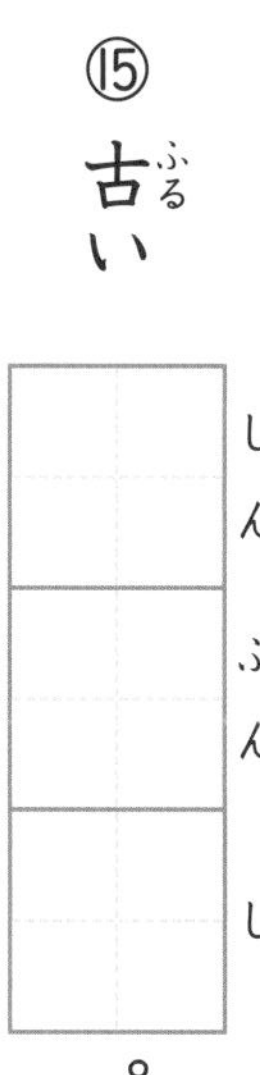

⑯ 会（あ）う　□□（にちじ）を　きめる。
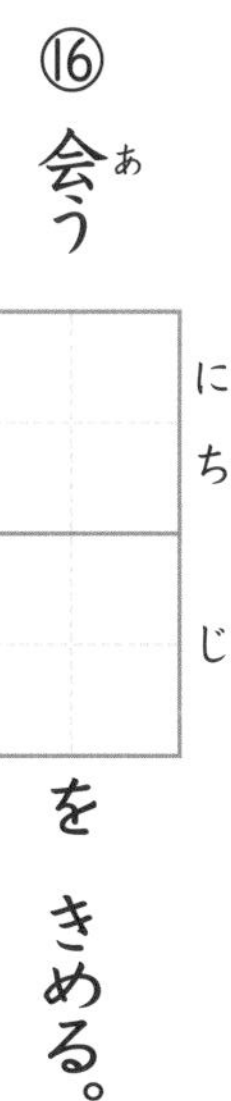

2 □に 漢字を 書きましょう。

一つ4点【68点】

① □（おも）い出を 語る。

② 父と □□（やまでら）に 行く。

③ 温 □（しつ）で 花を そだてる。

④ □□（かみき）れに メモする。

⑤ 午後は □（じ）由に すごす。

⑥ 楽しい □□（ひととき）。

⑦ □□（しつない）を あたためる。

⑧ 本の 表 □（し）の しゃしん。

⑨ □（じ）速 八十キロで 走る 車。

＊じ速…一じ間に すすむ はやさを、その きょりで あらわした もの。

⑩ □（みずか）らの 力で 行う。

⑪ □□（しこう）を かさねる。

＊しこう…かんがえる こと。

⑫ □（じ）習じ間に 本を 読む。

⑬ 京都は □（じ）院が 多い。

⑭ □□（はくし）の 答あん。

＊はくし…何も 書いて いない かみ。

⑮ □（じ）代が かわる。

⑯ じ分 □（じ）身で 行う。

⑰ □□（しつがい）で 母を まつ。

「しつがい」は、へやの そとの こと。はんたい語は、⑦の 「しつない」だよ。

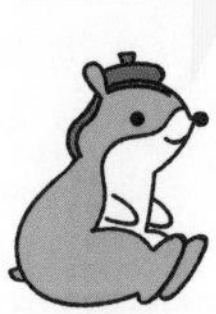

クイズ

「紙」を 「かみ」と 読むのは、どれかな？

① 手紙　② 紙切れ　③ おり紙

答え ▶ 89ページ

14 かくにんテスト②

名前

もくひょう　月　とく点

1 □に　あてはまる　漢字(かんじ)を　書(か)きましょう。　一つ3点【30点】

① ほう石が　［ひか］る。

② ［こま］かい　すなつぶ。

③ ［こく］［ご］の　教科書(きょうかしょ)。

④ ピアノの　［てん］［さい］。

⑤ 教室(きょうしつ)の　［こく］板(ばん)。

⑥ ［ふる］着(ぎ)を　売(う)る　店(みせ)。

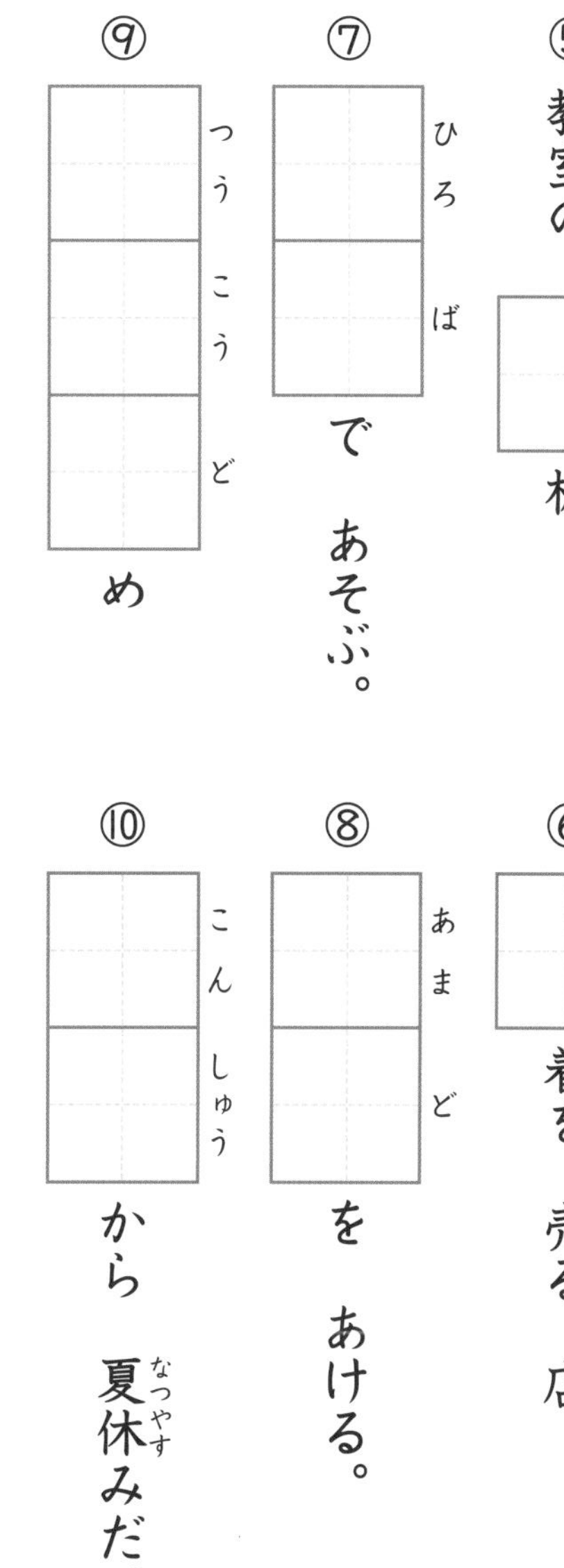

⑦ ［ひろ］［ば］で　あそぶ。

⑧ ［あま］［ど］を　あける。

⑨ ［つう］［こう］［ど］め

⑩ ［こん］［しゅう］から　夏休(なつやす)みだ。

2 ――の　言葉(ことば)を、漢字と　おくりがなで　（　　）に　書きましょう。　一つ6点【18点】

① 入学式(にゅうがくしき)を　おこなう。　（　　）

② みんなで　力を　あわせる。　（　　）

③ 新(あたら)しい　ロボットを　かんがえる。　（　　）

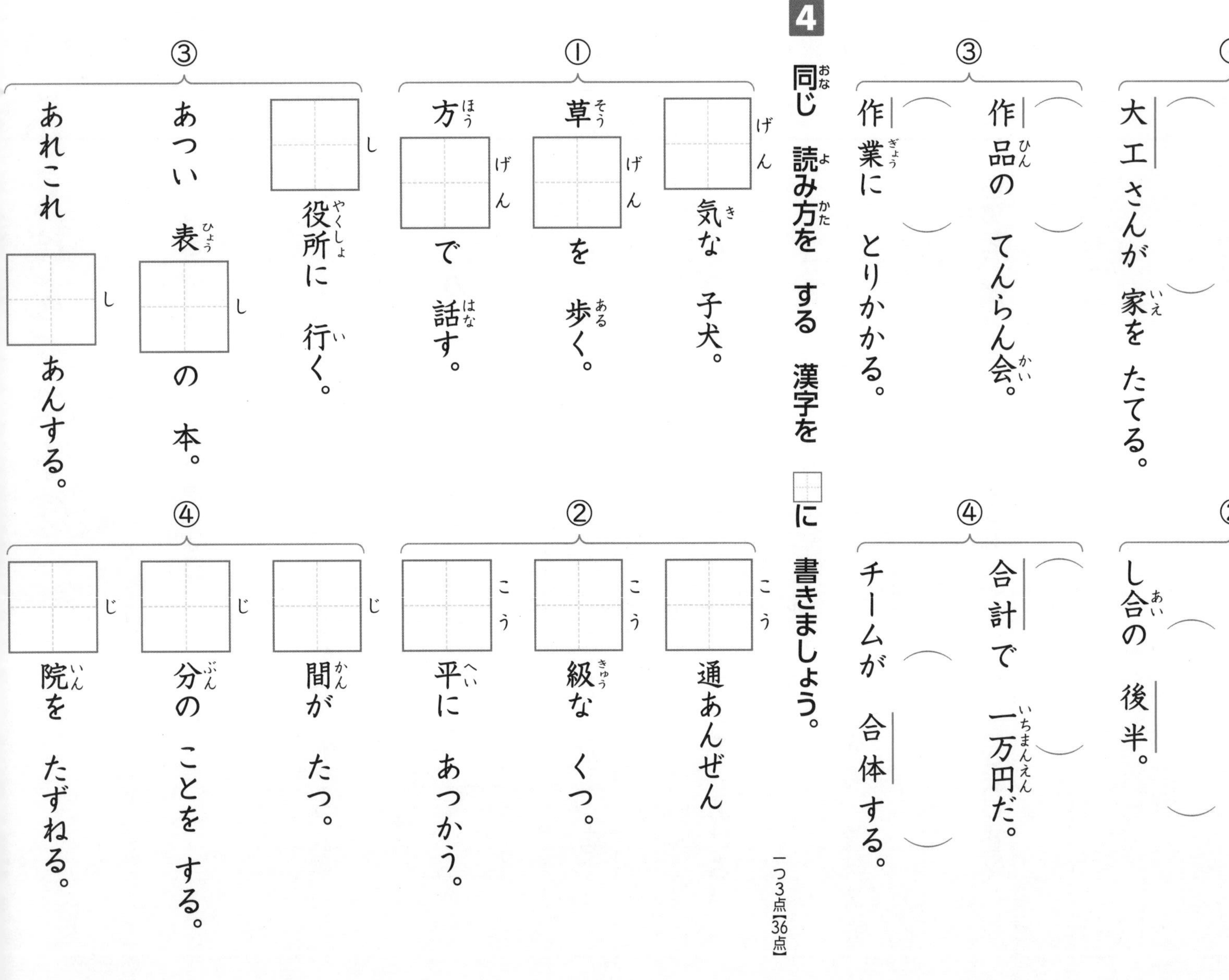

3 ――の漢字の読みがなを（　）に書きましょう。 一つ2点【16点】

①
- 人工（　）えい星のうち上げ。
- 大工（　）さんが家をたてる。

②
- 午後（　）は出かける。
- し合の後半（　）。

③
- 作品（　）のてんらん会。
- 作業（　）にとりかかる。

④
- 合計（　）で一万円だ。
- チームが合体（　）する。

4 同じ読み方をする漢字を□に書きましょう。 一つ3点【36点】

①
- □（げん）気な子犬。
- 草□（げん）を歩く。
- 方□（げん）で話す。

②
- □（こう）通あんぜん
- □（こう）級なくつ。
- □（こう）平にあつかう。

③
- □（し）役所に行く。
- あつい表□（し）の本。
- あれこれ□（し）あんする。

④
- □（じ）間がたつ。
- □（じ）分のことをする。
- □（じ）院をたずねる。

答え ▶ 89ページ

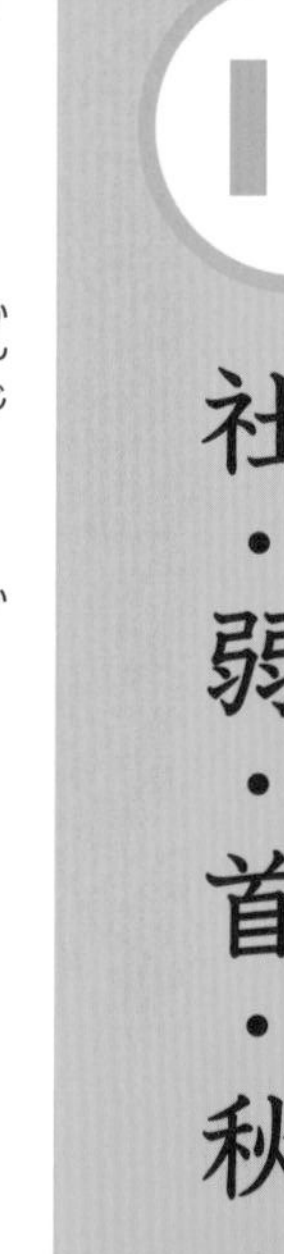

15 漢字を 書く

社・弱・首・秋・週・春

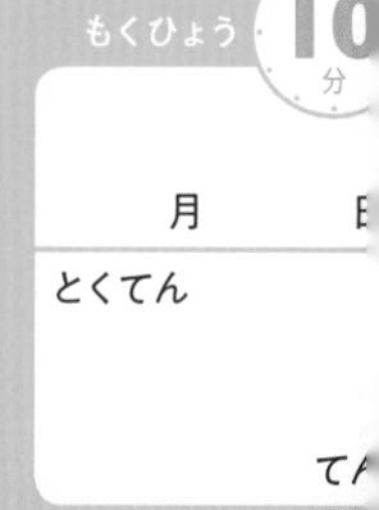

1 □に 漢字を 書きましょう。 一つ2てん【32てん】

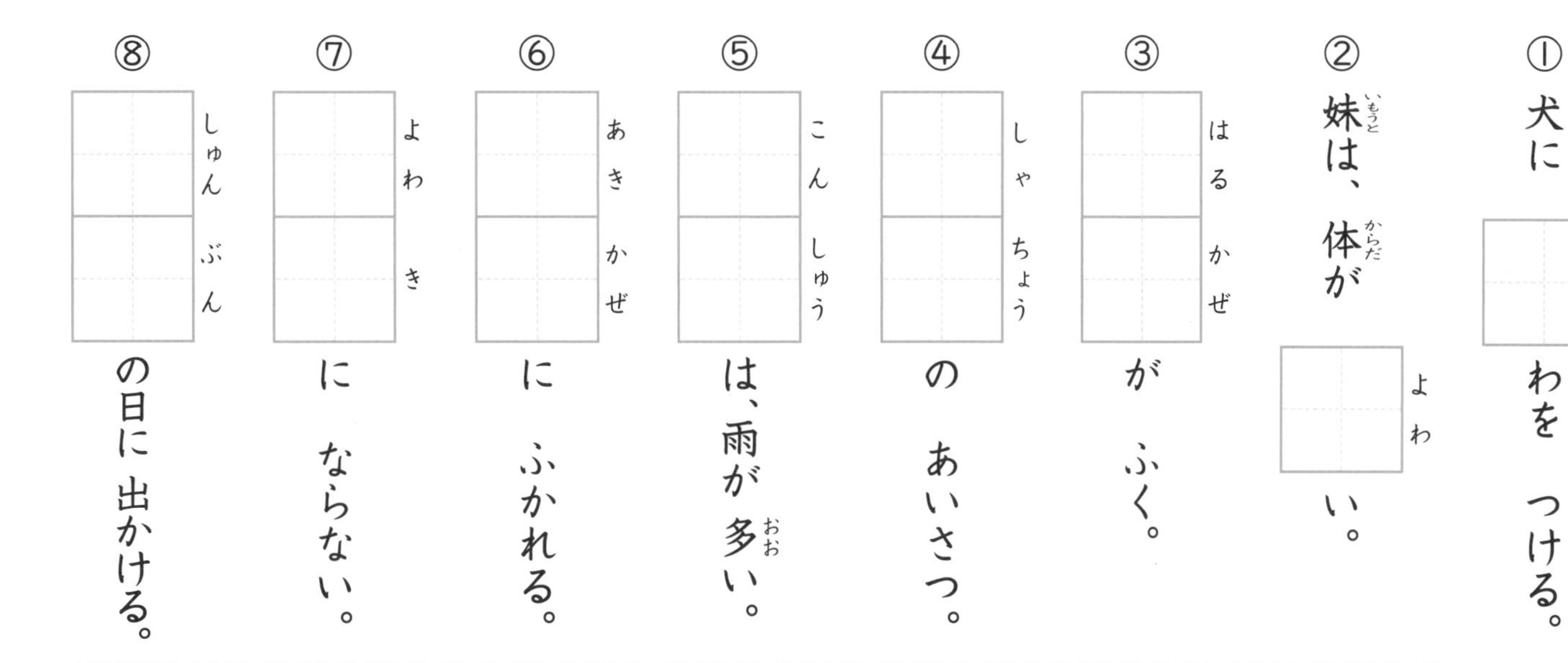

① 犬に □（くび）わを つける。

② 妹は、体が □（よわ）い。

③ □□（はるかぜ）が ふく。

④ □□（しゃちょう）の あいさつ。

⑤ □□（こんしゅう）は、雨が 多い。

⑥ □□（あきかぜ）に ふかれる。

⑦ □□（よわき）に ならない。

⑧ □□（しゅんぶん）の日に 出かける。

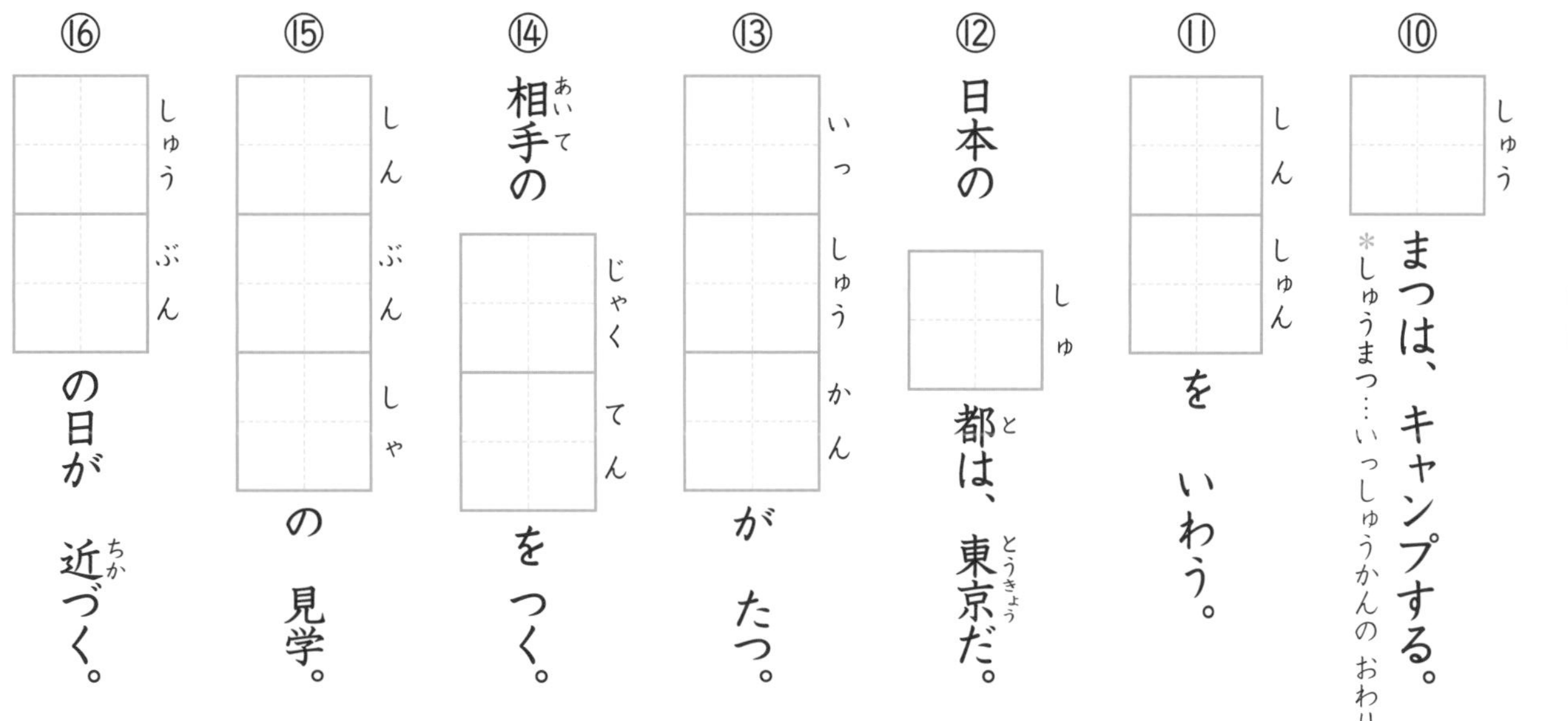

⑨ □□（しゃかい）での 生活。

⑩ □（しゅう）まつは、キャンプする。
※しゅうまつ…いっしゅうかんの おわり。

⑪ □□（しんしゅん）を いわう。

⑫ 日本の □（しゅ）都は、東京だ。

⑬ □□□（いっしゅうかん）が たつ。

⑭ 相手の □□（じゃくてん）を つく。

⑮ □□□（しんぶんしゃ）の 見学。

⑯ □□（しゅうぶん）の日が 近づく。

2 □に 漢字(かんじ)を 書(か)きましょう。

一つ4点【68点】

① 風(かぜ)が 少(すこ)し [よわ] まる。

② [て][くび] を うごかす。

③ デパートの [しゃ] 員(いん)。

④ [あき][ば] れの 空。

⑤ [そう][しゅん] の 山を 歩(ある)く。

⑥ [まい][しゅう] 本を 読(よ)む。

⑦ 神(じん) [じゃ] に おまいりする。

⑧ [あし][くび] を おさえる。

⑨ [よわ][ね] を はく。

⑩ [しゅう][きゅう] 二日の 会しゃ。
＊しゅうきゅう…いっしゅう間(かん)の うちの きまった やすみ。

⑪ [きょう][じゃく] を つけて 歌(うた)う。

⑫ [はる][さき] に さく 花。

⑬ チームは、[しゅ] いに なった。

⑭ ばん [しゅう] の 夕ぐれ。
＊ばんしゅう…あきの おわりごろ。

⑮ 古(ふる)くから ある [やしろ]。
＊やしろ…神(じん)じゃ。

⑯ [せん][しゅう] は、旅行(りょこう)した。

⑰ [はる][いち][ばん] が ふく。

「はるいちばん」は、二月から 三月に かけて、その 年の はじめに ふく、つよい 南風(みなみかぜ)の ことだよ。

「弱」は、何画(なんかく)で 書くかな？

① 6画 ② 8画 ③ 10画

答え ▶ 89ページ

16 漢字を かく

書・少・場・色・食・心

もくひょう 10分

月 日

とく点 点

1 □に 漢字（かんじ）を かきましょう。 一つ2点【32点】

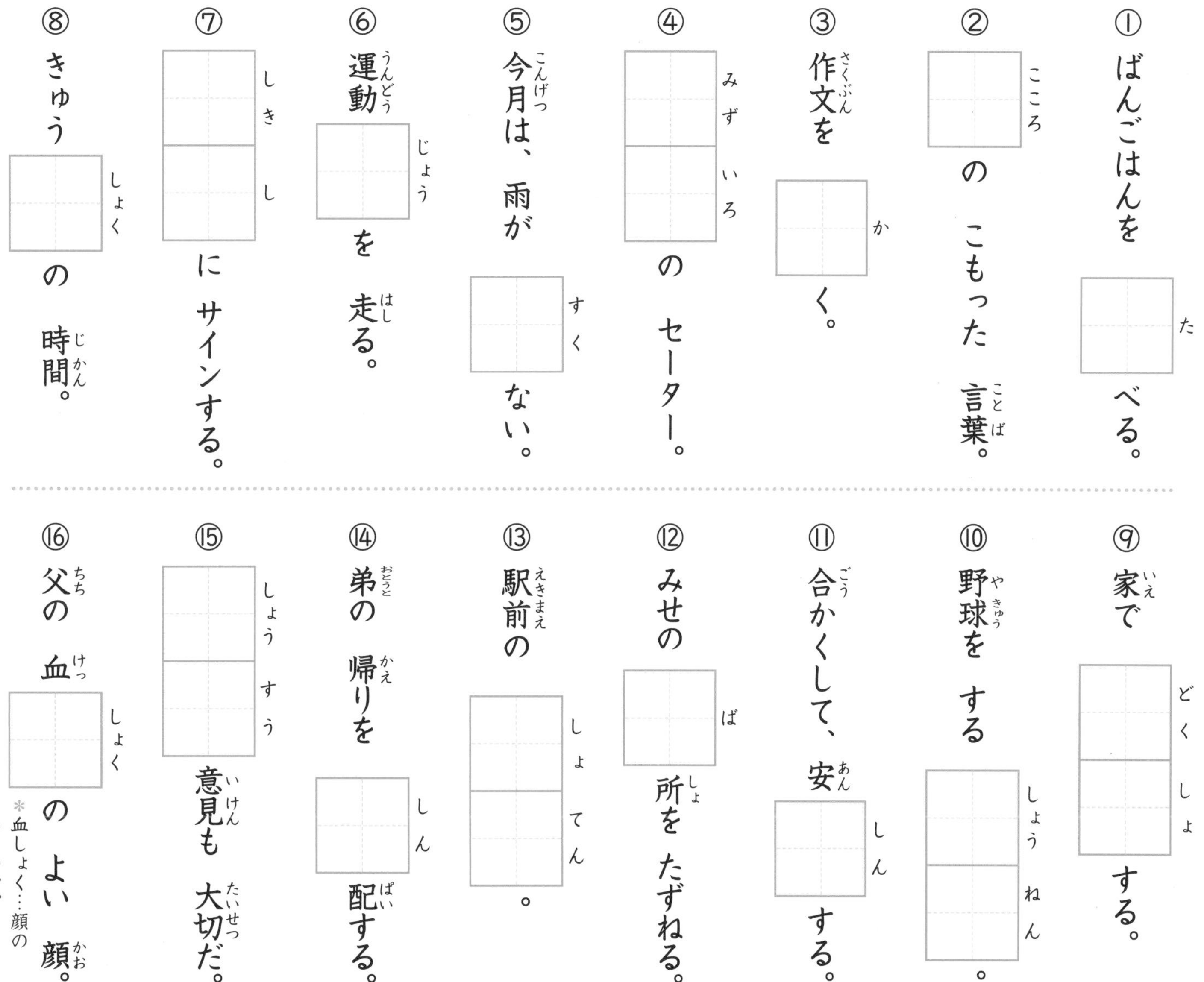

① ばんごはんを □（た）べる。

② □（こころ）の こもった 言葉（ことば）。

③ 作文（さくぶん）を □（か）く。

④ □□（みずいろ）の セーター。

⑤ 今月（こんげつ）は、雨が □（すく）ない。

⑥ 運動（うんどう）□（じょう）を 走（はし）る。

⑦ □□（しきし）に サインする。

⑧ きゅう□（しょく）の 時間（じかん）。

⑨ 家（いえ）で □□（どくしょ）する。

⑩ 野球（やきゅう）を する □□（しょうねん）。

⑪ 合（ごう）かくして、安（あん）□（しん）する。

⑫ みせの □（ば）所（しょ）を たずねる。

⑬ 駅前（えきまえ）の □□（しょてん）。

⑭ 弟（おとうと）の 帰（かえ）りを □（しん）配（ぱい）する。

⑮ □□（しょうすう）意見（いけん）も 大切（たいせつ）だ。

⑯ 父（ちち）の 血（けっ）□（しょく）の よい 顔（かお）。

＊血しょく…顔の いろつや。

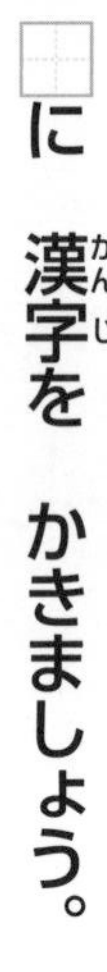

2 □に漢字を　かきましょう。

一つ4点【68点】

① □（すこ）し　げんきに　なる。

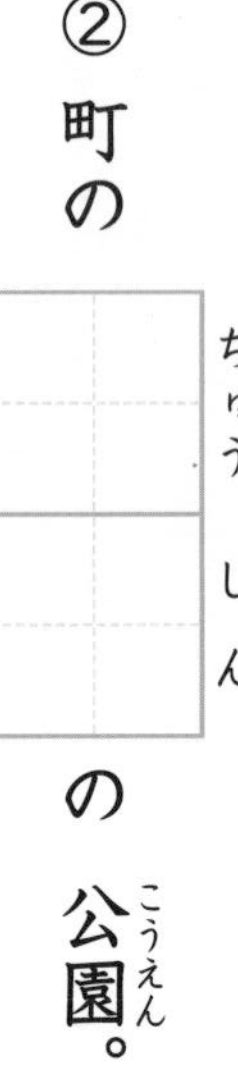
② 町の　□□（ちゅうしん）の　公園。

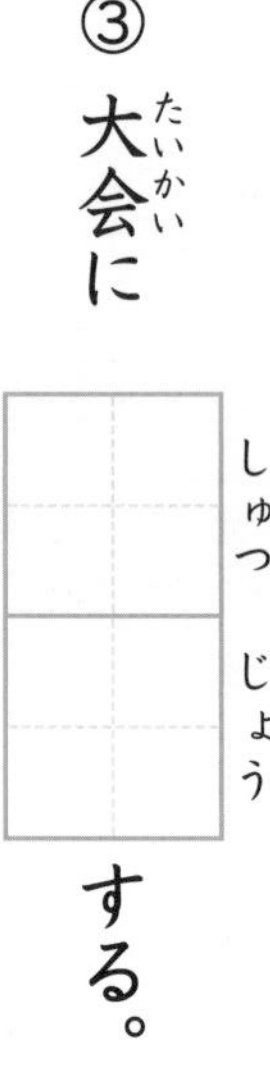
③ 大会に　□□（しゅつじょう）する。

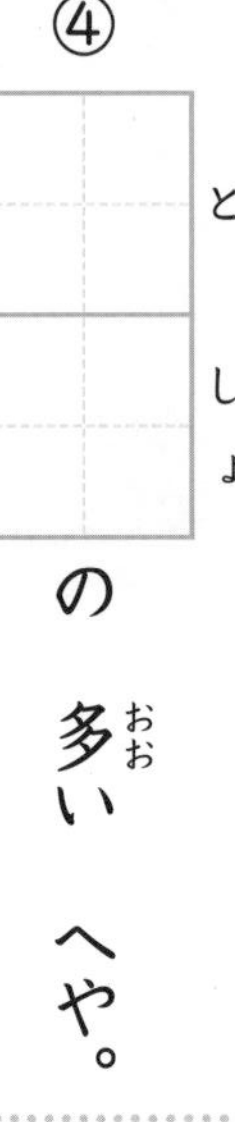
④ □□（としょ）の　多い　へや。

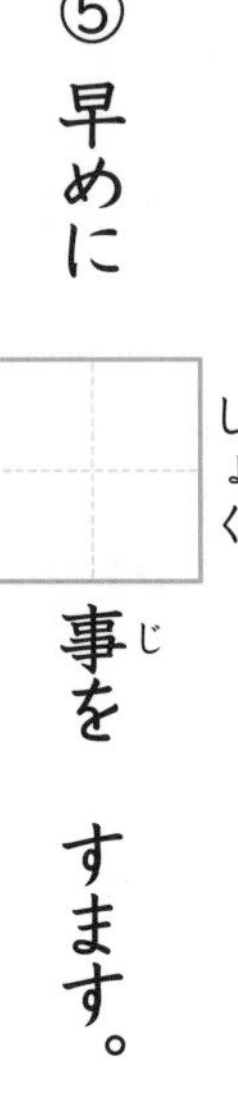
⑤ 早めに　□（しょく）事を　すます。

⑥ せん手が　□□（にゅうじょう）する。

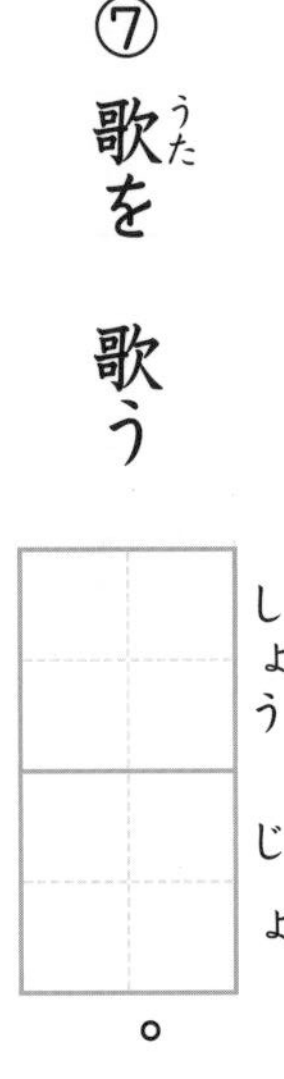
⑦ 歌を　歌う　□□（しょうじょ）。

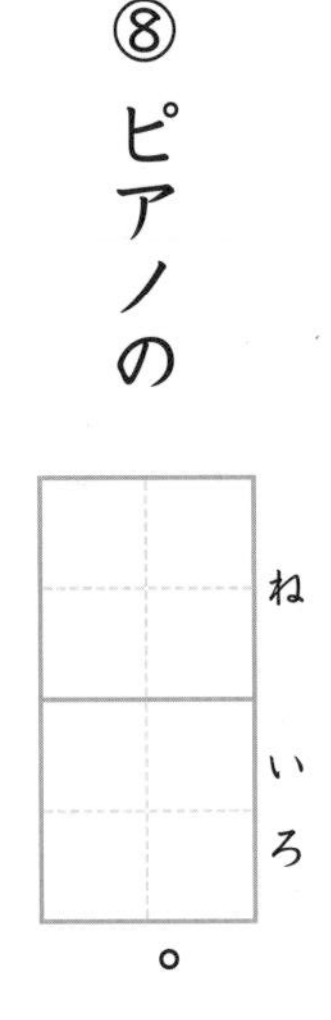
⑧ ピアノの　□□（ねいろ）。

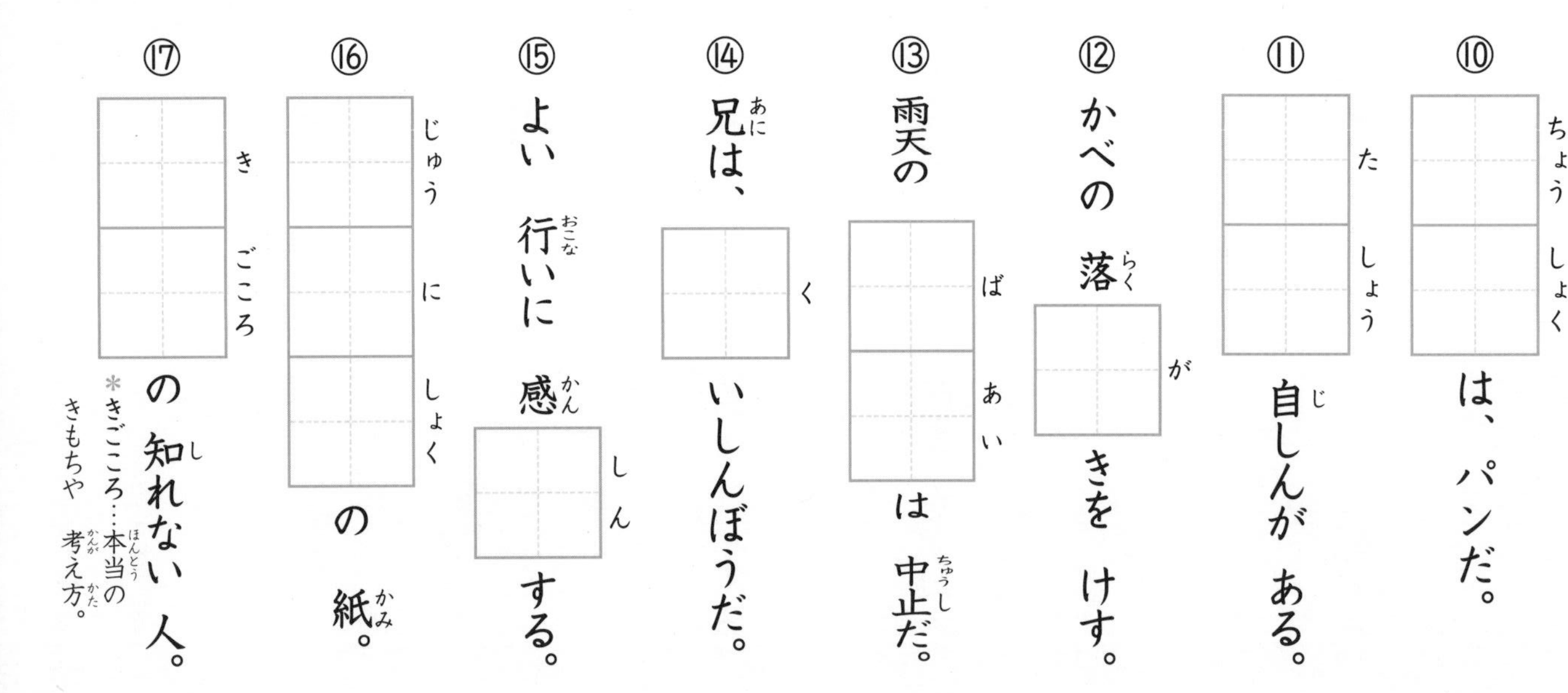
⑨ 古い　□（しょ）物を　あつめる。

⑩ □□（ちょうしょく）は、パンだ。

⑪ □□（たしょう）自しんが　ある。

⑫ かべの　落□（らくが）きを　けす。

⑬ 雨天の　□□（ばあい）は　中止だ。

⑭ 兄は、□（く）いしんぼうだ。

⑮ よい　行いに　感□（かんしん）する。

⑯ □□□（じゅうにしょく）の　紙。

⑰ □□（きごころ）の　知れない　人。

＊きごころ…本当の　きもちや　考え方。

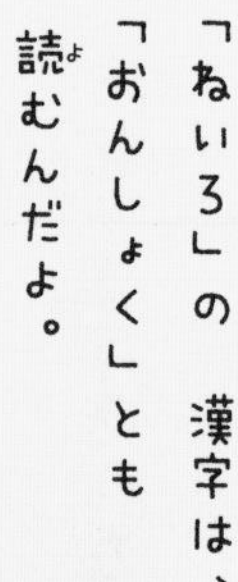

クイズ

つぎの□に「少」が　入るのは、どれかな？

① □学生　② □年　③ □川

答え ▶ 90ページ

17 漢字を かく

新・親・図・数・西・声

もくひょう 10分

月　日

とく点　　点

1 □に 漢字(かんじ)を かきましょう。　一つ2点【32点】

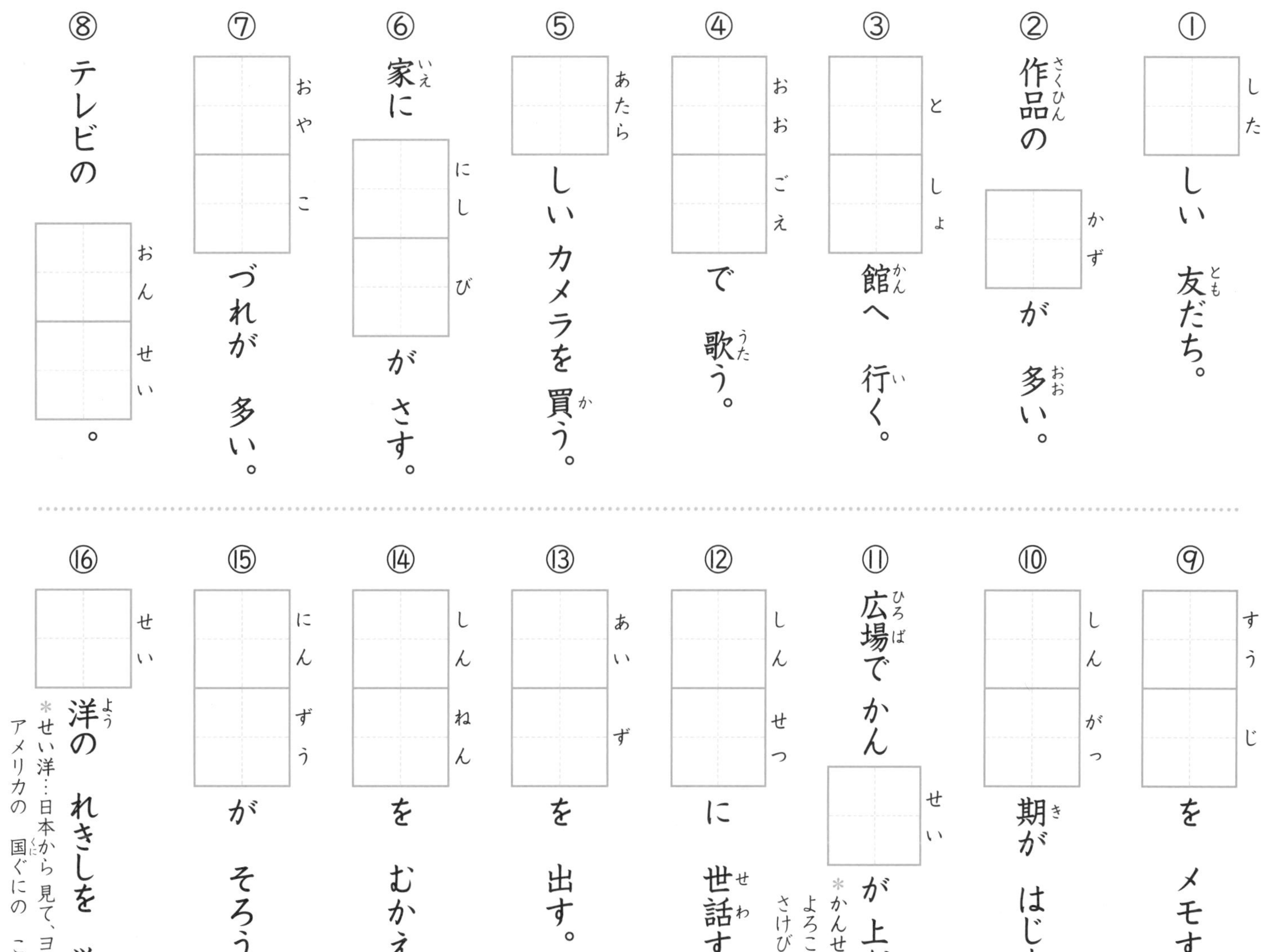

① □(した)しい 友(とも)だち。

② 作品(さくひん)の □(かず)が 多(おお)い。

③ □□(としょ)館(かん)へ 行(い)く。

④ □□(おおごえ)で 歌(うた)う。

⑤ □(あたら)しい カメラを 買(か)う。

⑥ 家(いえ)に □□(にしび)が さす。

⑦ □□(おやこ)づれが 多い。

⑧ テレビの □□(おんせい)。

⑨ □□(すうじ)を メモする。

⑩ □□(しんがっ)期(き)が はじまる。

⑪ 広場(ひろば)で かん□(せい)が 上がる。
＊かんせい…よろこびの さけびごえ。

⑫ □□(しんせつ)に 世話(せわ)する。

⑬ □□(あいず)を 出す。

⑭ □□(しんねん)を むかえる。

⑮ □□(にんずう)が そろう。

⑯ □(せい)洋(よう)の れきしを 学ぶ。
＊せい洋…日本から 見て、ヨーロッパや アメリカの 国(くに)ぐにの こと。

2 □に　漢字（かんじ）を　書（か）きましょう。

一つ4てん【68てん】

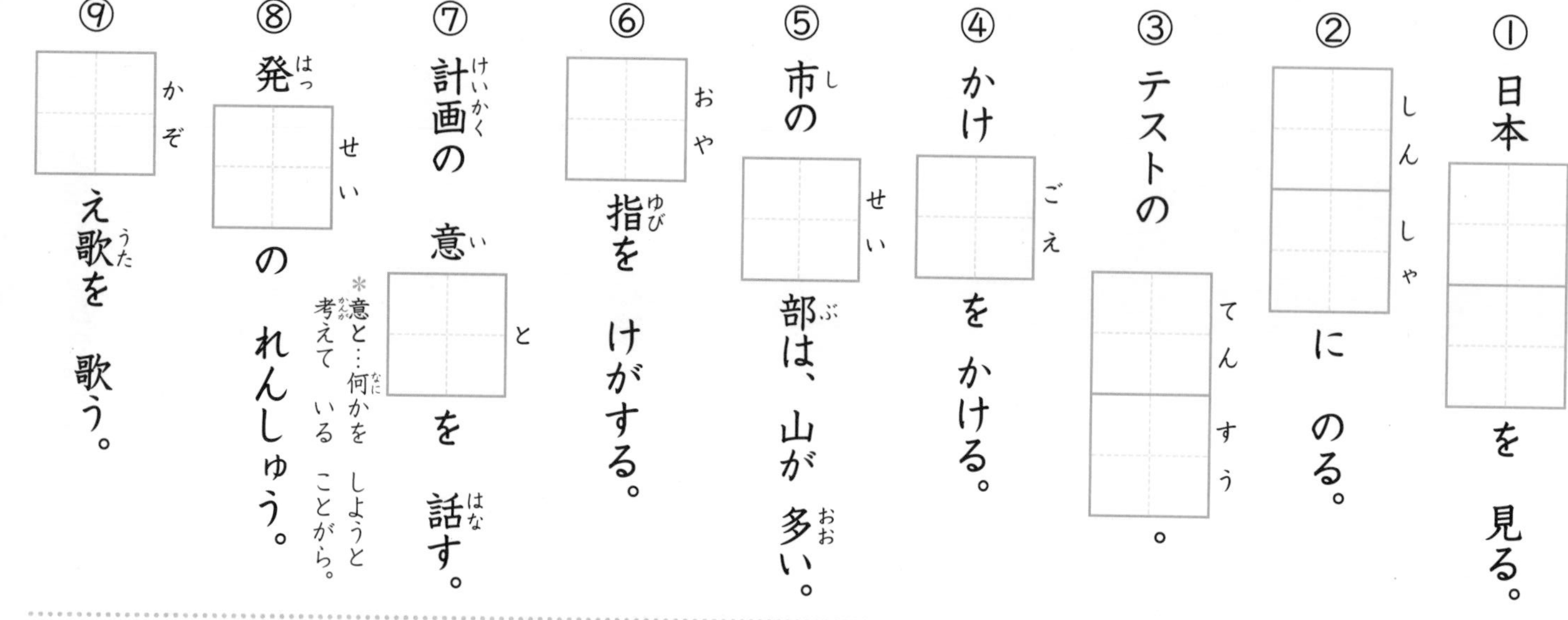

① 日本□（ちず）を　見る。

② □（しんしゃ）に　のる。

③ テストの□（てんすう）。

④ かけ□（ごえ）を　かける。

⑤ 市（し）の□（せい）部（ぶ）は、山が　多（おお）い。

⑥ □（おや）指（ゆび）を　けがする。

⑦ 計画（けいかく）の　意（い）□（と）を　話（はな）す。

＊意と…何（なに）かを　しようと　考（かんが）えて　いる　ことがら。

⑧ 発（はっ）□（せい）の　れんしゅう。

⑨ □（かぞ）え歌（うた）を　歌う。

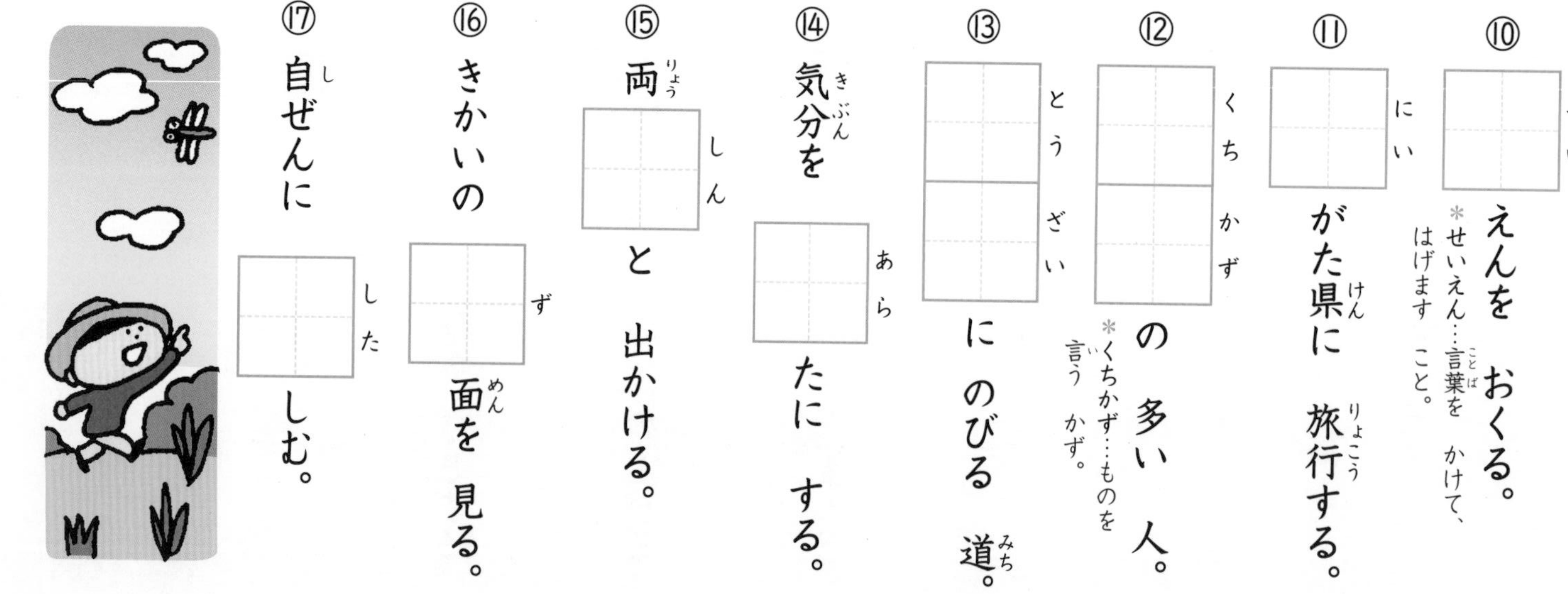

⑩ □（せい）えんを　おくる。

＊せいえん…言葉（ことば）を　かけて、はげます　こと。

⑪ □（にい）がた県（けん）に　旅行（りょこう）する。

⑫ □（くちかず）の　多い　人。

＊くちかず…ものを　言（い）う　かず。

⑬ □（とうざい）に　のびる　道（みち）。

⑭ 気分（きぶん）を　□（あら）たに　する。

⑮ 両（りょう）□（しん）と　出かける。

⑯ きかいの　□（ず）面（めん）を　見る。

⑰ 自（し）ぜんに　□（した）しむ。

クイズ

つぎの　□に　「新」が　入るのは、どれかな？

① □人　② □子　③ □友（ゆう）

答え ▶ 90ページ

星・晴・切・雪・船・線・前

もくひょう 10分

月 日

とく点 点

1 □に 漢字(かんじ)を 書(か)きましょう。 一つ2点【32点】

① 雨が やんで、□(は)れる。

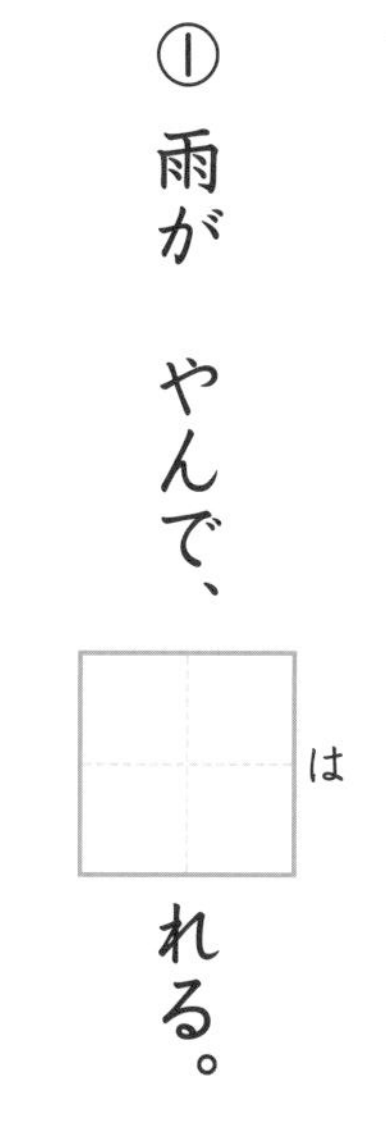

② みなとで □(ふね)に のる。

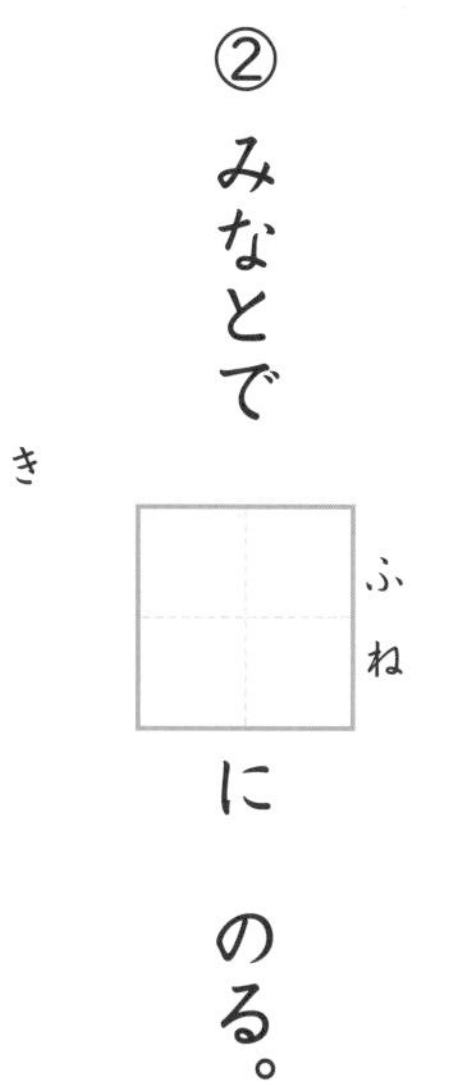

③ よく □(き)れる はさみ。

④ □□(ゆきやま)に のぼる。

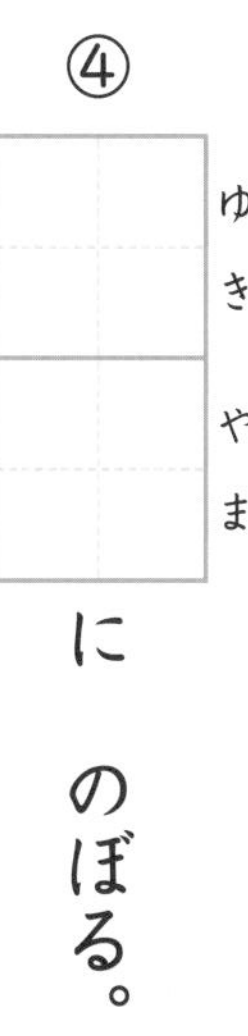

⑤ 赤く 光(ひか)る □□(かせい)。

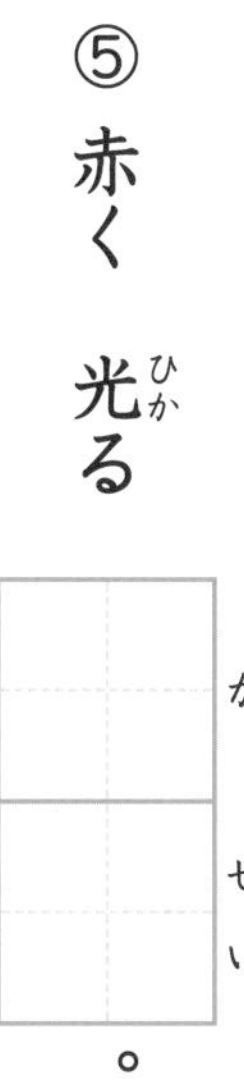

⑥ 川の □□(てまえ)で 止(と)まる。

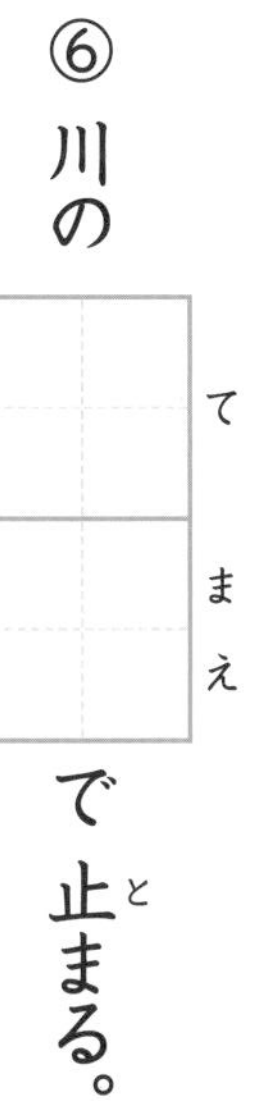

⑦ □(せん)路(ろ)が つづく。

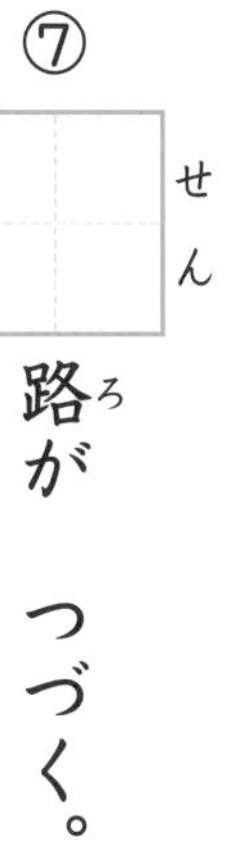

⑧ □□(きば)らしに 歩(ある)く。

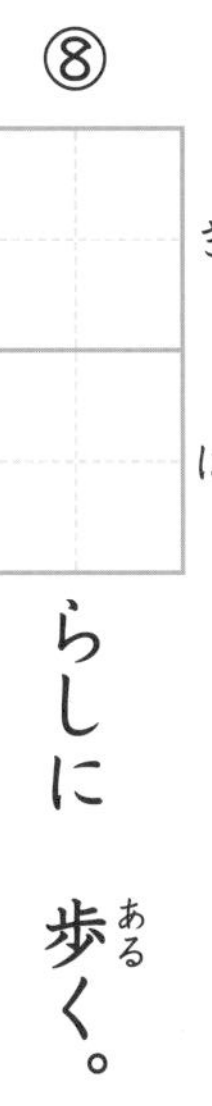

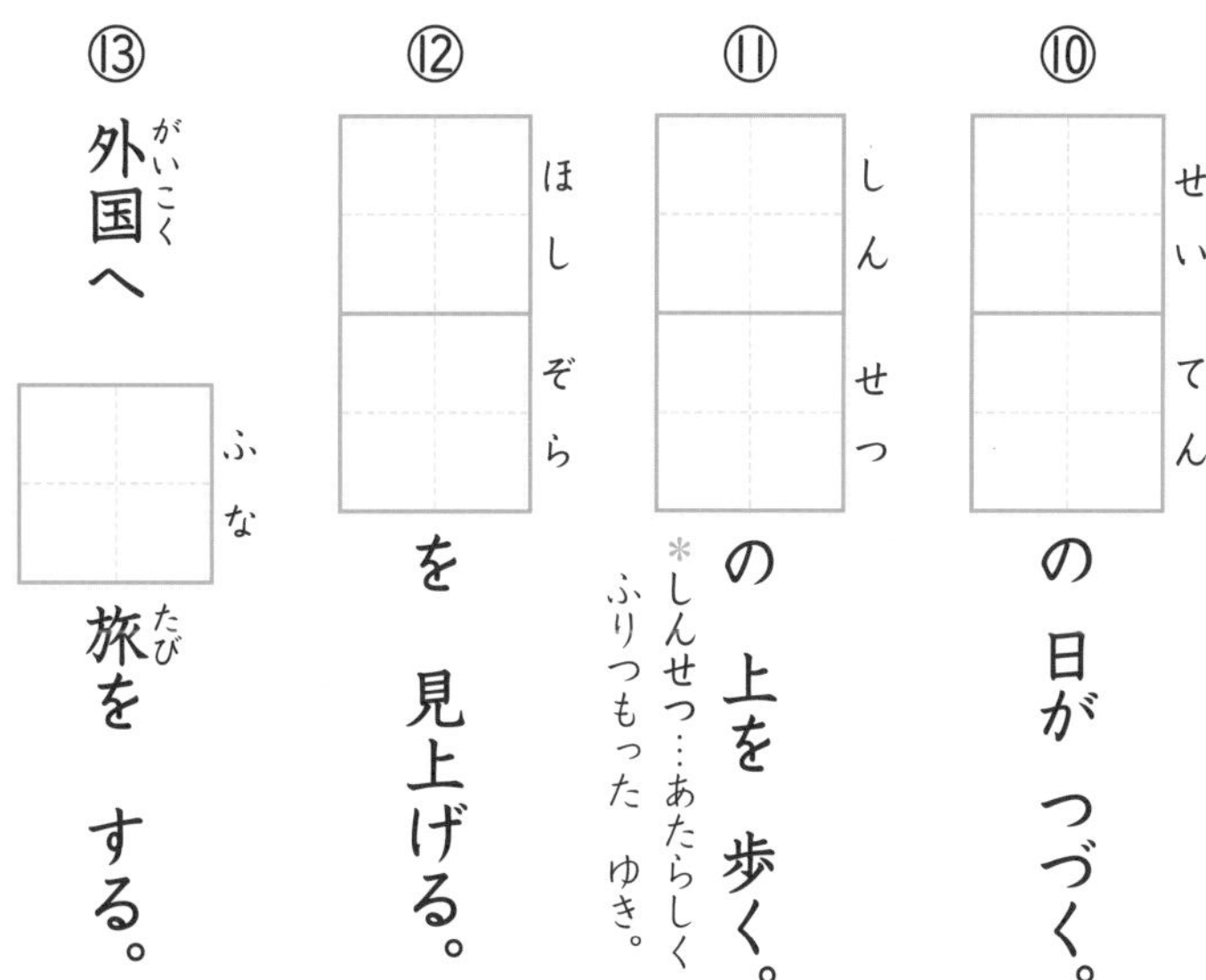

⑨ 父(ちち)は □□(せんちょう)だ。

⑩ □□(せいてん)の 日が つづく。

⑪ □□(しんせつ)の 上を 歩く。

＊しんせつ…あたらしく ふりつもった ゆき。

⑫ □□(ほしぞら)を 見上げる。

⑬ 外国(がいこく)へ □(ふな)旅(たび)を する。

⑭ □□(たいせつ)な 友(とも)だち。

⑮ □□(でんせん)に 止まる 鳥(とり)。

⑯ 話(はなし)が □□(ぜんご)する。

＊ぜんご…じゅんじょが ぎゃくに なる こと。

2 □に　漢字を　書きましょう。

一つ4点【68点】

① □□(ふうせん)を　とばす。

② 流れ□(ぼし)を　見つける。

③ はつ□(ゆき)が　ふる。

④ ケーキの□(き)りロ。

⑤ かい□(せい)に　めぐまれる。

⑥ 校庭に□□(はくせん)を　引く。

⑦ 馬が□□(まえあし)を　上げる。

⑧ 客□(せん)で　外国へ　行く。

⑨ 品□(ぎ)れで、　買えない。

⑩ □□(せつげん)を　そりが　行く。

⑪ つゆの□(は)れ間。

⑫ □□(ふなで)の　日が　近づく。

⑬ はり金を□(せつ)だんする。

⑭ オリオンざは□(せい)ざだ。

⑮ 山から　水平□(せん)が　見える。

＊水平せん…水面と空の　さかい目の　せん。

⑯ □□(もくぜん)に　広がる　海。

⑰ □□□(いちばんぼし)が　光る。

クイズ

「船」を　「ふな」と　読むのは、　どれかな？

① 船長　② 汽船　③ 船乗り

答え ▶ 90ページ

19 漢字を 書く

組・走・多・太・体・台・地

もくひょう 10分

月　日　とく点　点

1 □に 漢字(かんじ)を 書(か)きましょう。　一つ2点【32点】

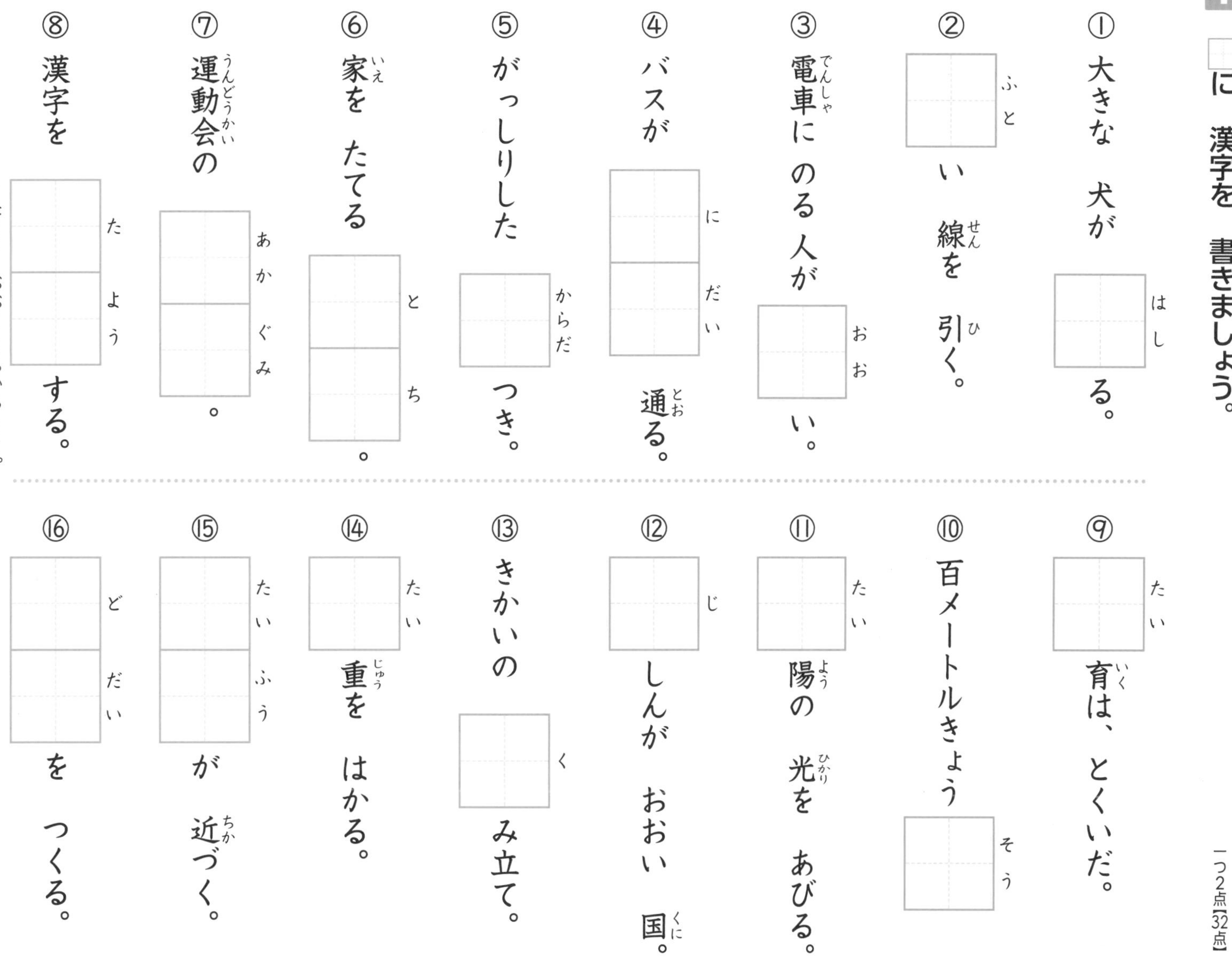

① 大きな 犬が □(はし) る。

② □(ふと) い 線(せん)を 引(ひ)く。

③ 電車(でんしゃ)に のる 人が □(おお) い。

④ バスが □□(にだい) 通(とお)る。

⑤ がっしりした □(からだ) つき。

⑥ 家(いえ)を たてる □□(とち)。

⑦ 運動会(うんどうかい)の □□(あかぐみ)。

⑧ 漢字を □□(たよう) する。

⑨ □(たい) 育(いく)は、とくいだ。

⑩ 百メートルきょう □(そう)

⑪ □(たい) 陽(よう)の 光(ひかり)を あびる。

⑫ □(じ) しんが おおい 国(くに)。

⑬ きかいの □(く) み立て。

⑭ □(たい) 重(じゅう)を はかる。

⑮ □□(たいふう) が 近(ちか)づく。

⑯ □□(どだい) を つくる。

＊たよう…おおく もちいる こと。

2 □に 漢字を 書きましょう。

一つ4点【68点】

① 兄(あに)は 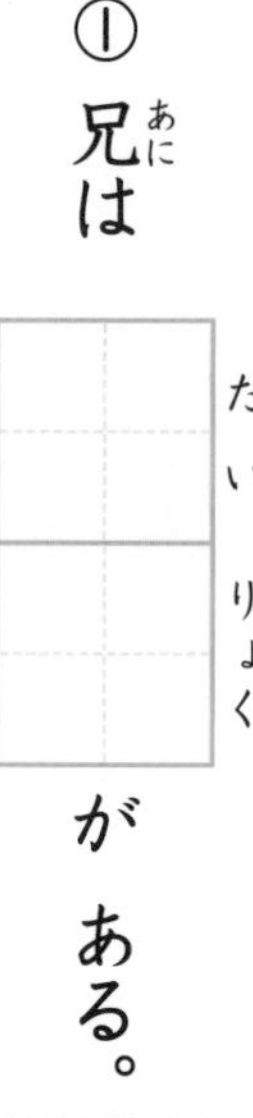（たいりょく） が ある。

② （たすう） が さんかする。

③ にわの （じ） 面(めん)を ほる。

④ テレビの 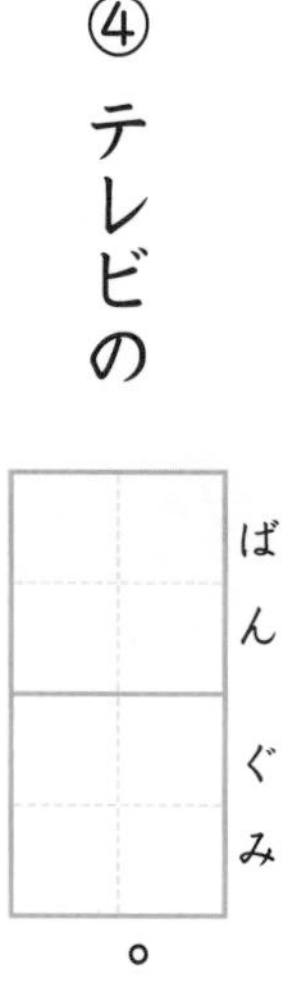（ばんぐみ）。

⑤ せん手(しゅ)が 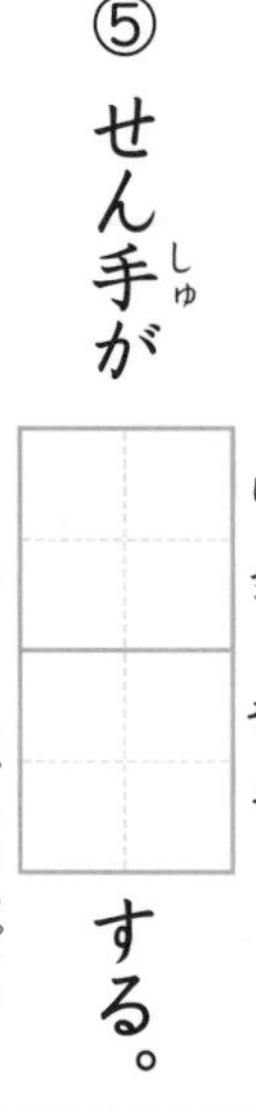（りきそう） する。

＊りきそう…ちからいっぱい はしる こと。

⑥ 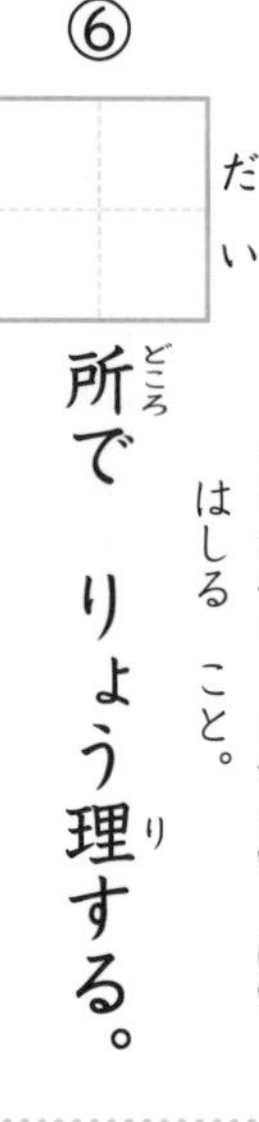（だい） 所(どころ)で りょう理(り)する。

⑦ 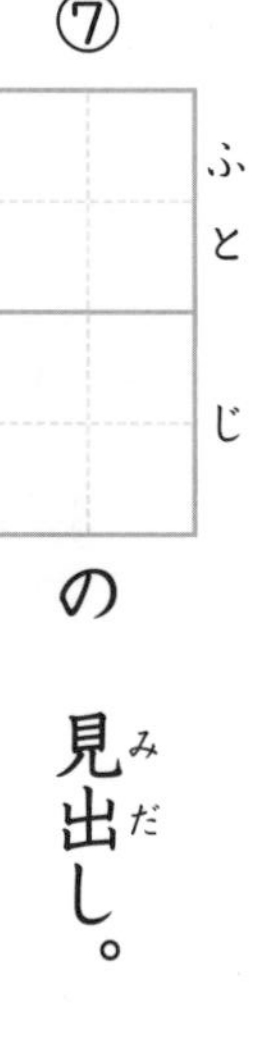（ふとじ） の 見出(みだ)し。

⑧ 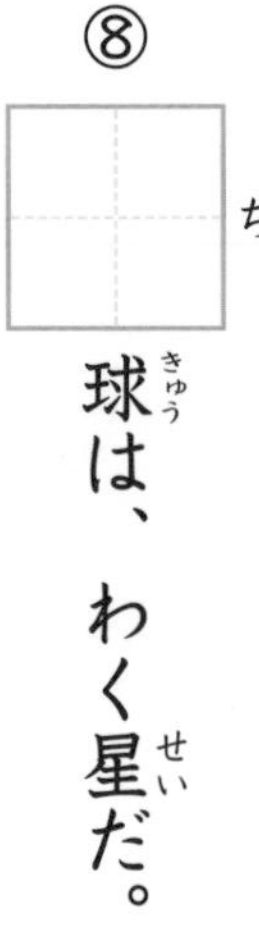（ち） 球(きゅう)は、わく星(せい)だ。

⑨ 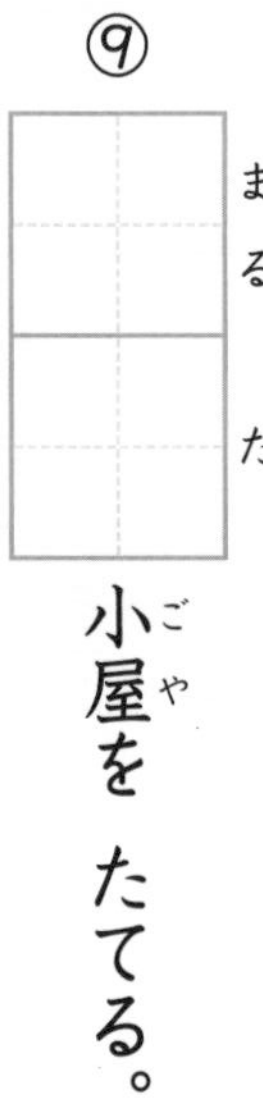（まるた） 小屋(ごや)を たてる。

＊まるた小屋…切(き)りたおして 山から はこび出した ままの 木で つくった 小屋。

⑩ 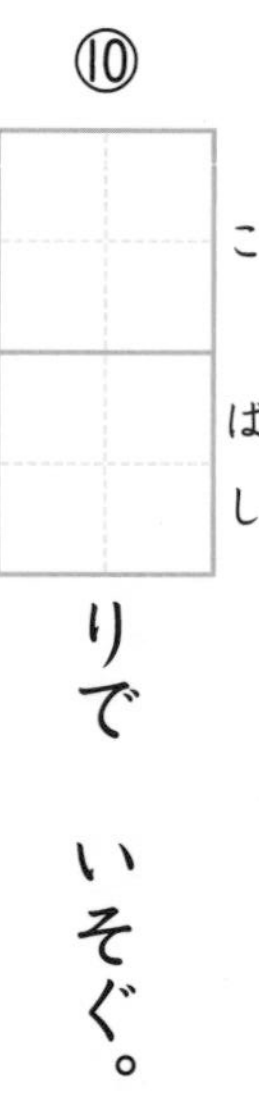（こばし） りで いそぐ。

⑪ 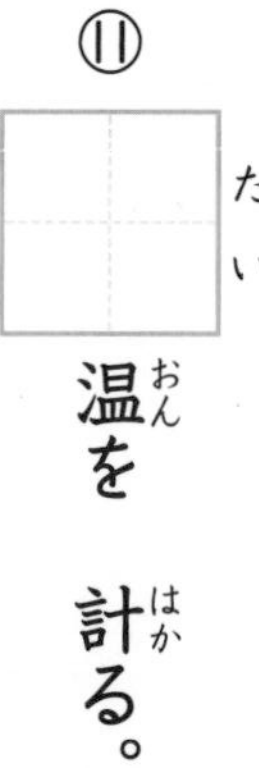（たい） 温(おん)を 計(はか)る。

⑫ よく 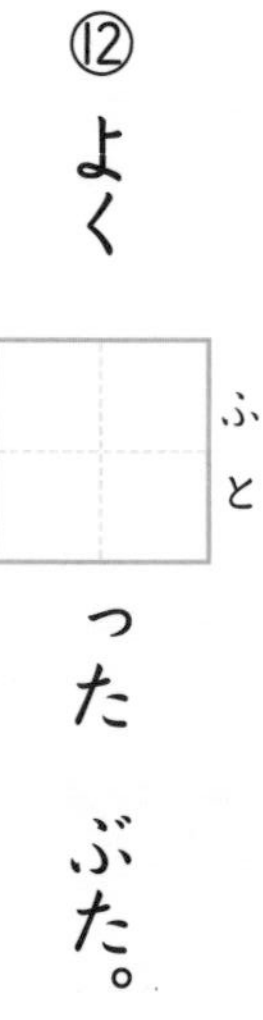（ふと） った ぶた。

⑬ 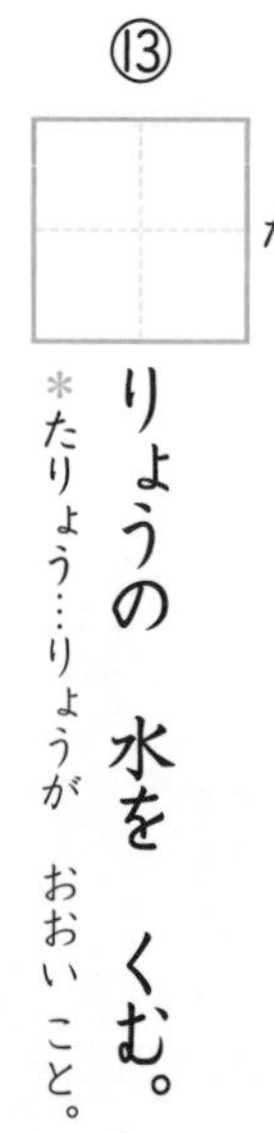（た） りょうの 水を くむ。

＊たりょう…りょうが おおい こと。

⑭ 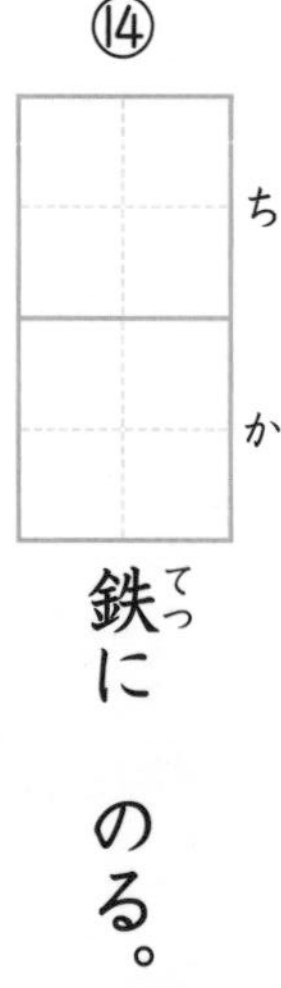（ちか） 鉄(てつ)に のる。

⑮ きかいの 仕(し) 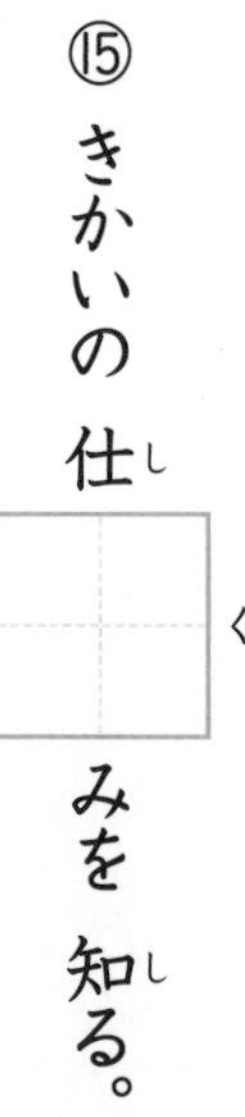（く） みを 知(し)る。

⑯ 歌手(かしゅ)が ぶ 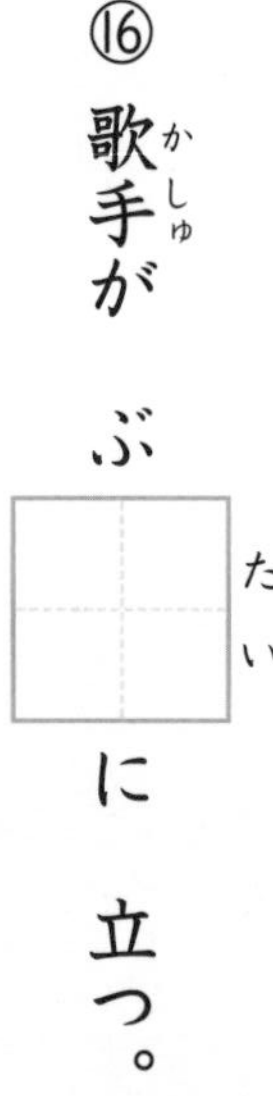（たい） に 立つ。

⑰ 野球部(やきゅうぶ)を （そ） しきする。

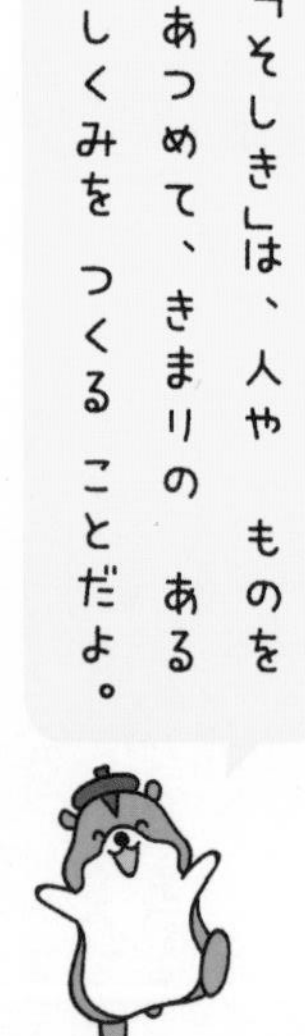

クイズ

つぎの □に 「多」が 入らないのは、どれかな？

① □少　② □小　③ □大

答え ▶ 90ページ

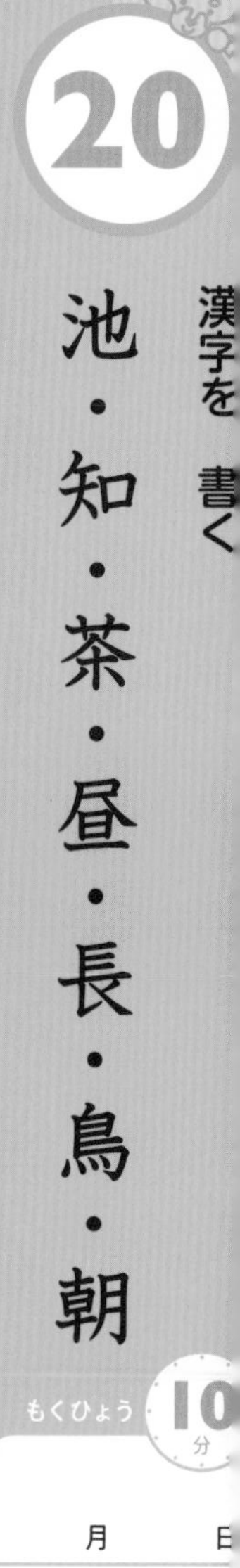

20 漢字を 書く
池・知・茶・昼・長・鳥・朝

もくひょう 10分　月　日　とく点　点

1 □に 漢字(かんじ)を 書(か)きましょう。　一つ2点【32点】

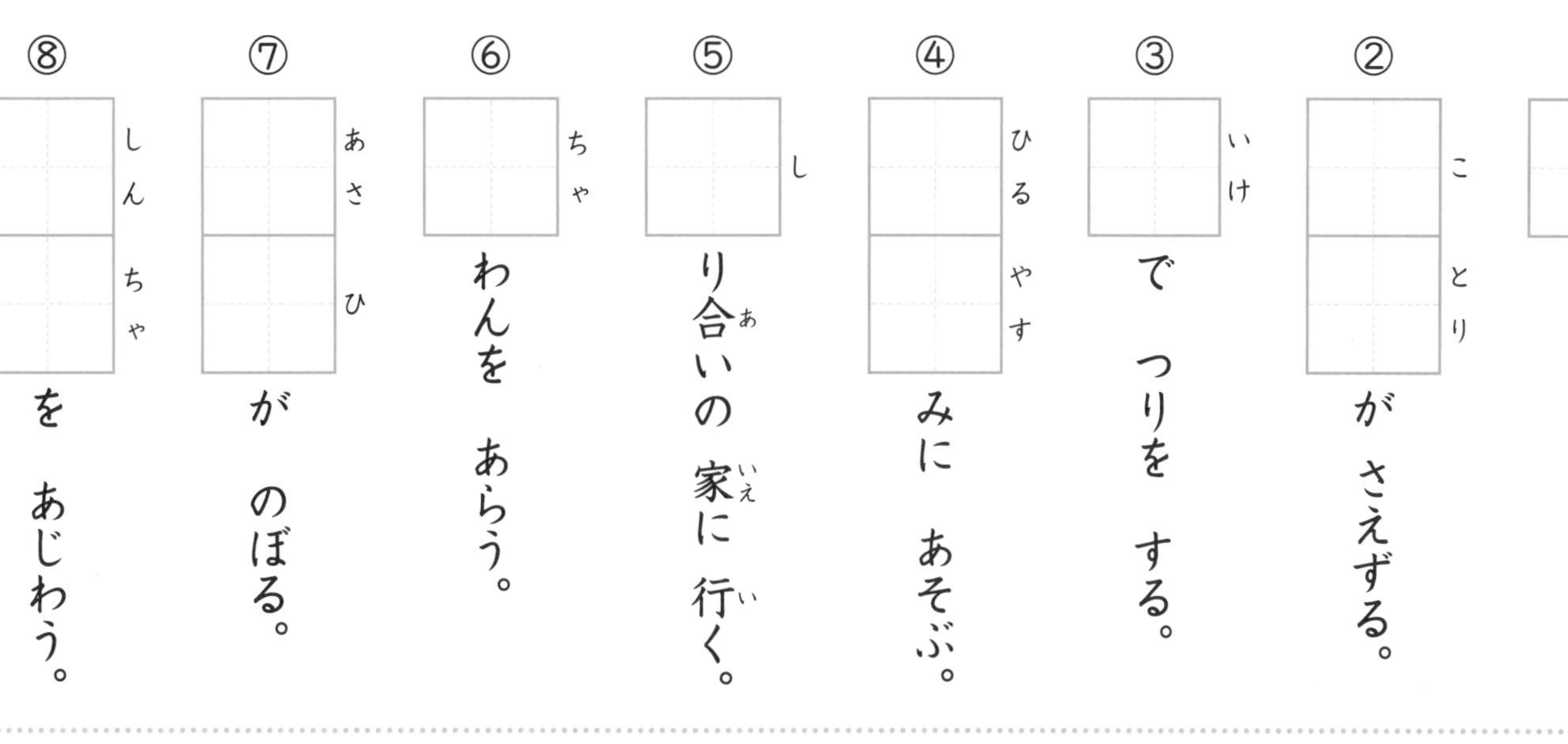

① □(なが)い ぼうを 立てる。

② □□(ことり)が さえずる。

③ □(いけ)で つりを する。

④ □□(ひるやす)みに あそぶ。

⑤ □(し)り合(あ)いの 家(いえ)に 行(い)く。

⑥ □(ちゃ)わんを あらう。

⑦ □□(あさひ)が のぼる。

⑧ □□(しんちゃ)を あじわう。

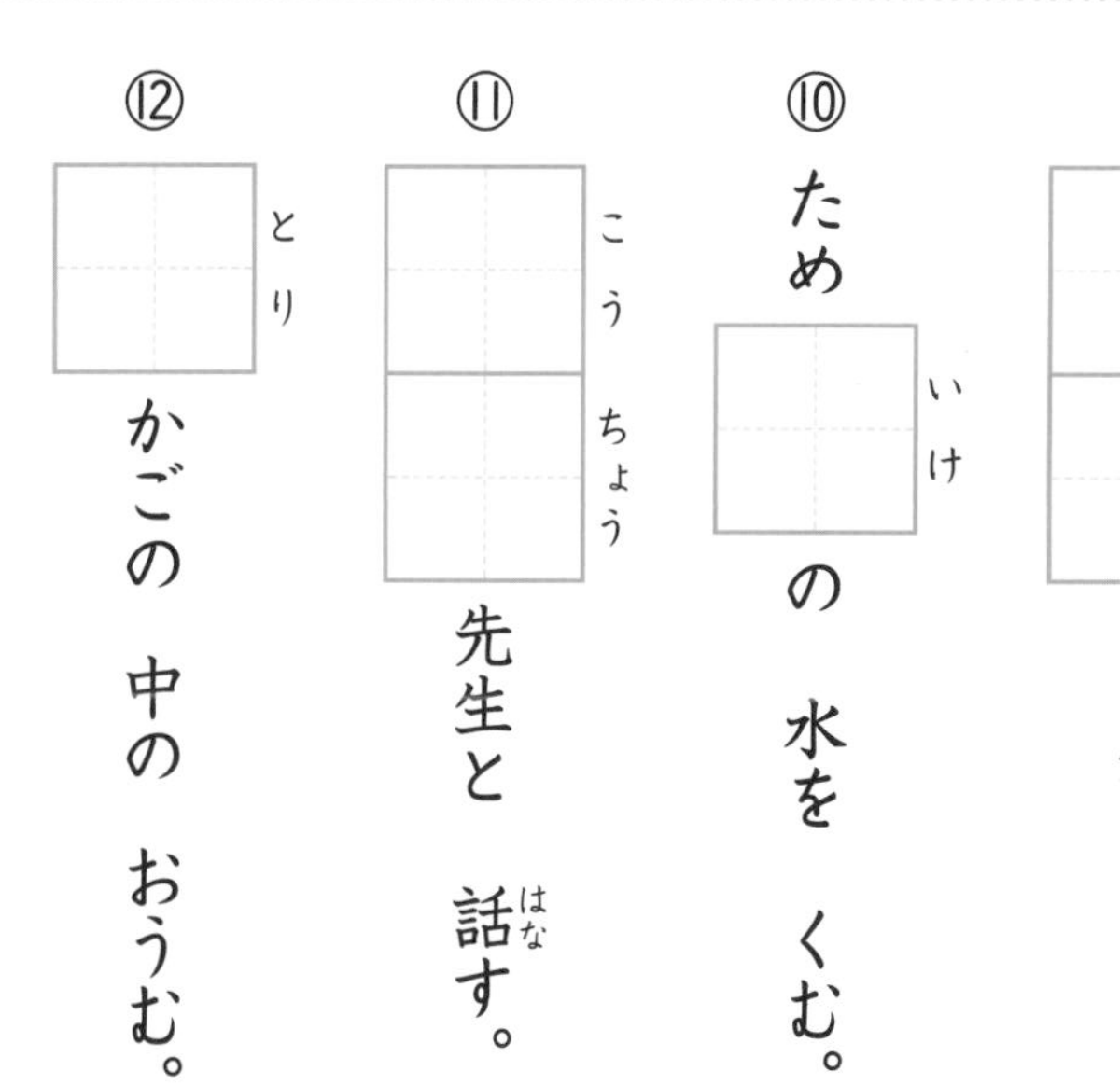

⑨ □□(ひるま)は 外(そと)に いる。

⑩ ため□(いけ)の 水を くむ。

⑪ □□(こうちょう)先生と 話(はな)す。

⑫ □(とり)かごの 中の おうむ。

⑬ □□(ちゅうしょく)は べん当(とう)だ。

⑭ いけに □□(はくちょう)が いる。

⑮ □□(そうちょう)に さん歩(ぽ)する。

⑯ 父(ちち)の □□(ちじん)と 会(あ)う。

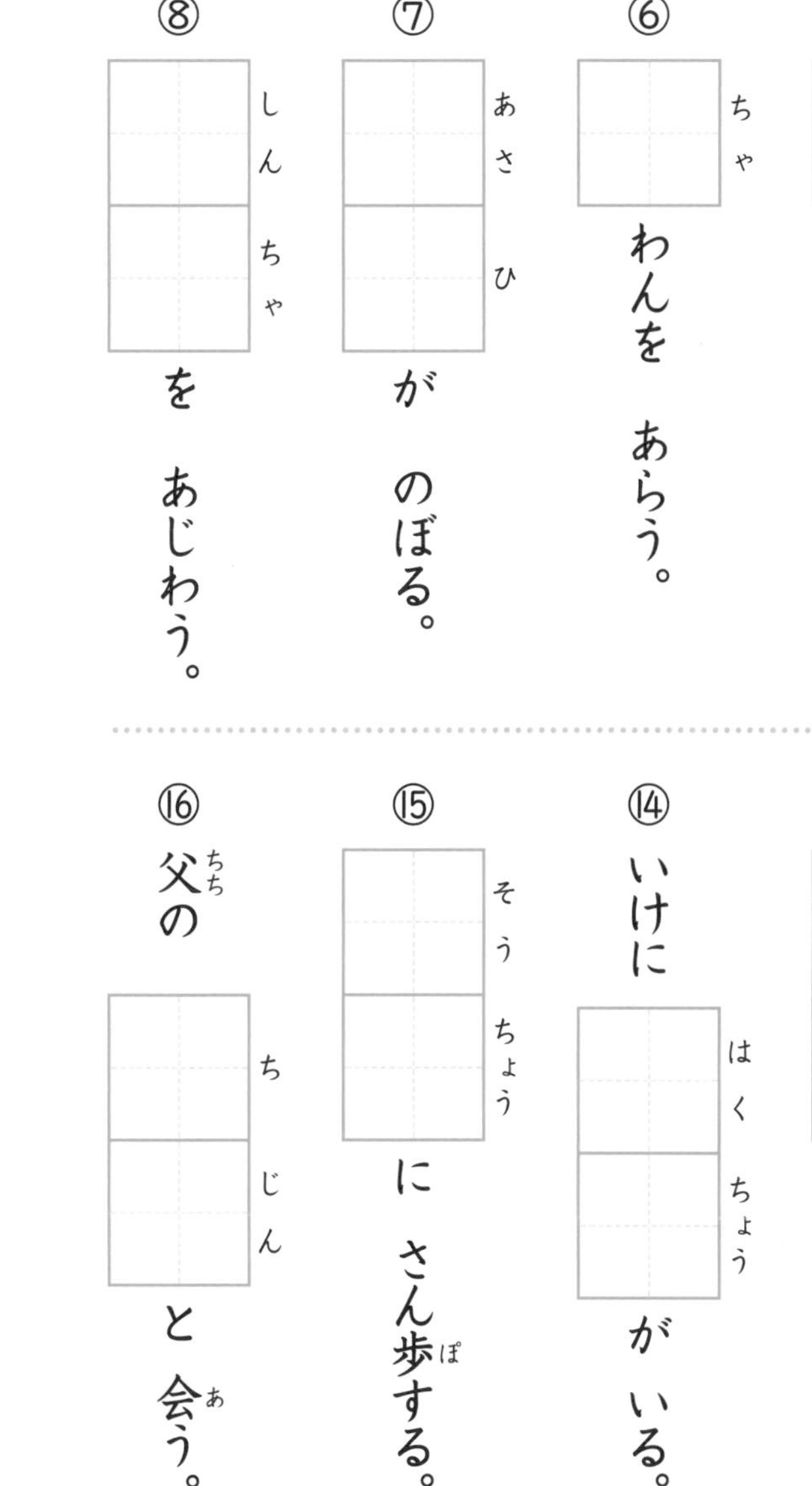

2 □に 漢字(かんじ)を 書(か)きましょう。

一つ4点【68点】

① □□(ちゃいろ)の かばん。

② 食後(しょくご)、□(ひる)ねを する。

③ 兄(あに)は、物(もの)□(し)りだ。

④ □(ちゃ)畑(ばたけ)が 広(ひろ)がる。

⑤ □□(ふるいけ)に すむ 魚(さかな)。

⑥ 身(しん)□(ちょう)を はかる。

⑦ □□(まいあさ)、新聞(しんぶん)を 読(よ)む。

⑧ 緑(りょく)□(ちゃ)を のむ。

⑨ つばめは わたり□(どり)だ。

＊わたりどり…きせつに よって、すむ 場所(ばしょ)を かえる とり。

⑩ □(ち)しきを みに つける。

⑪ □□(あさゆう) すずしく なった。

⑫ 手紙(てがみ)を □□(きなが)に まつ。

⑬ 自分(じぶん)の □(ちょう)所(しょ)を 言(い)う。

＊ちょう所…すぐれて、よい ところ。

⑭ □□(でんち)を 交(こう)かんする。

⑮ □□(ちゅうや) 工事(こうじ)を する。

＊ちゅうや…ひるも よるも。

⑯ □□(みょうちょう)に 出発(しゅっぱつ)する。

⑰ □□(やちょう)の かんさつ。

＊やちょう…やせいの とり。

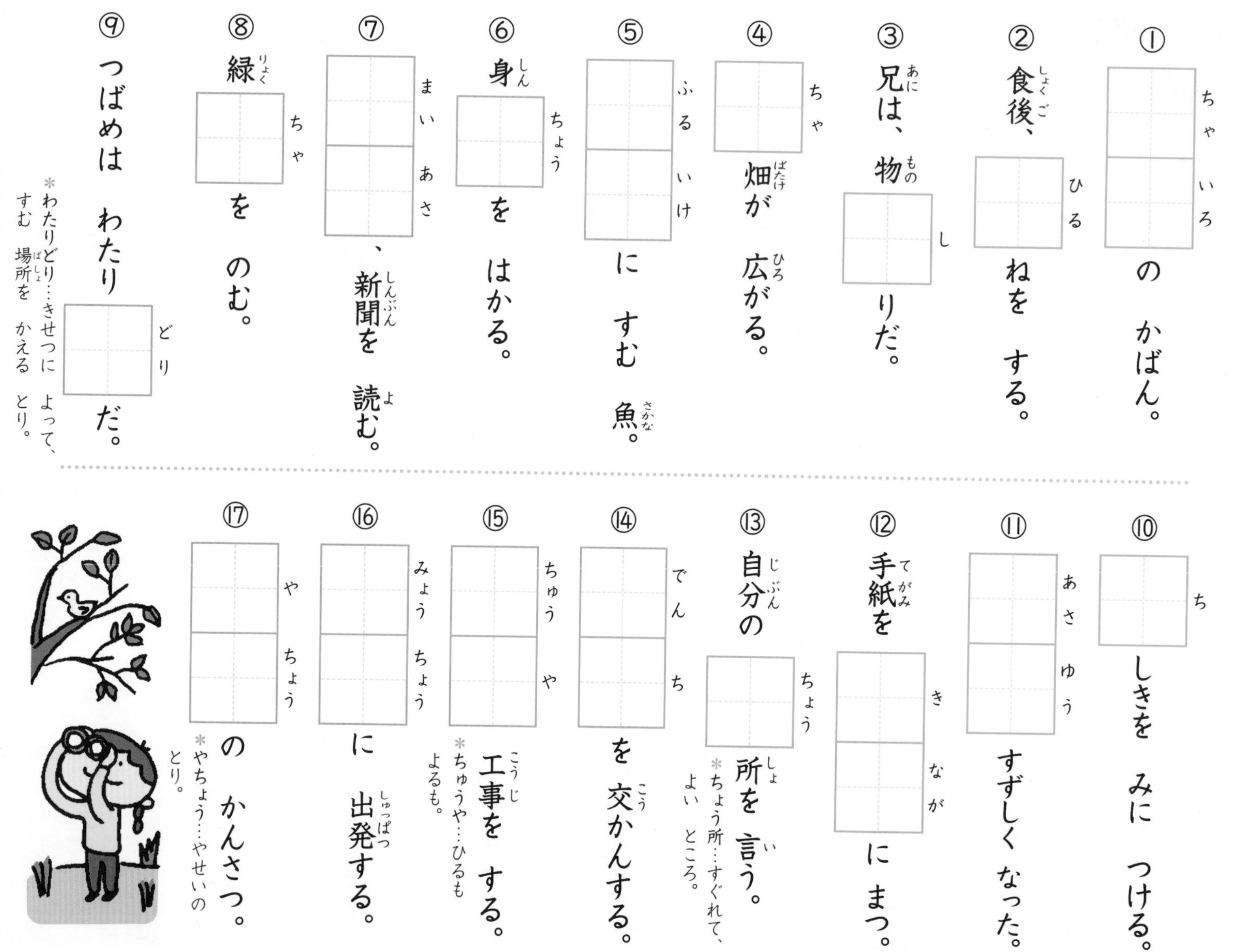

クイズ

「昼」を 「ひる」と 読(よ)むのは、どれかな？

① 昼間(ま)　② 昼食(しょく)　③ 白昼

答え ▶ 90ページ

21 かくにんテスト③

1 □に あてはまる 漢字を かきましょう。 一つ3点【30点】

① □(たい)陽が かがやく。

② 作文の □□(したが)き。
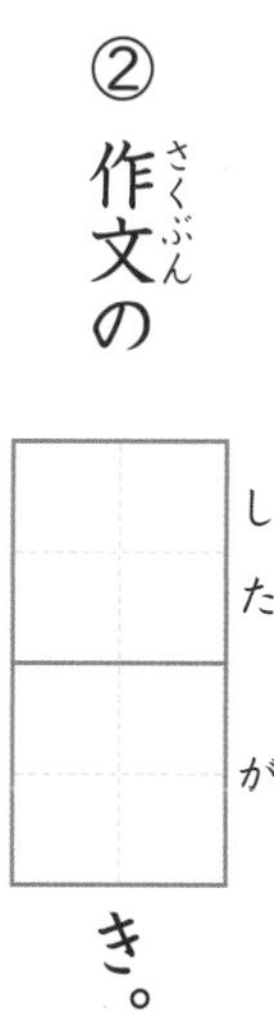

③ じゅんび □(たい)そう
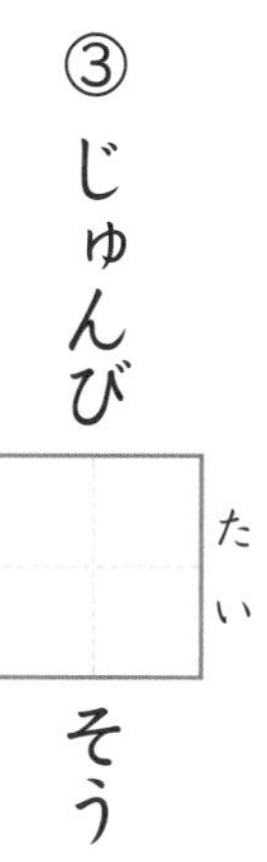

④ 山に □□(おおゆき)が ふる。

⑤ □□(ちょくせん)を 引く。
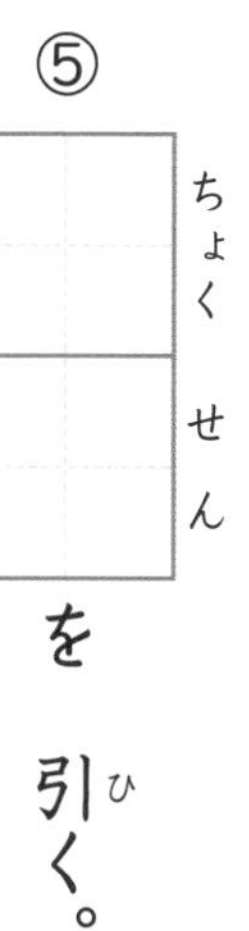
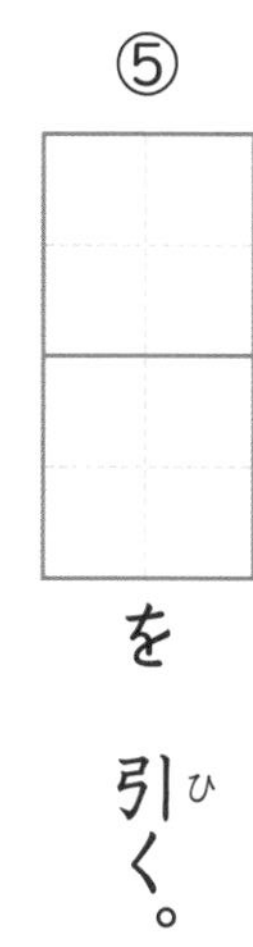

⑥ 助□(そう)して とぶ。
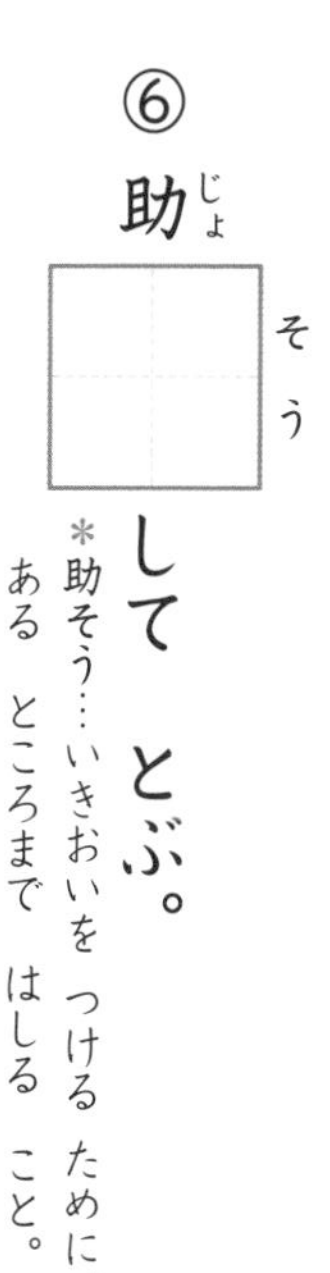
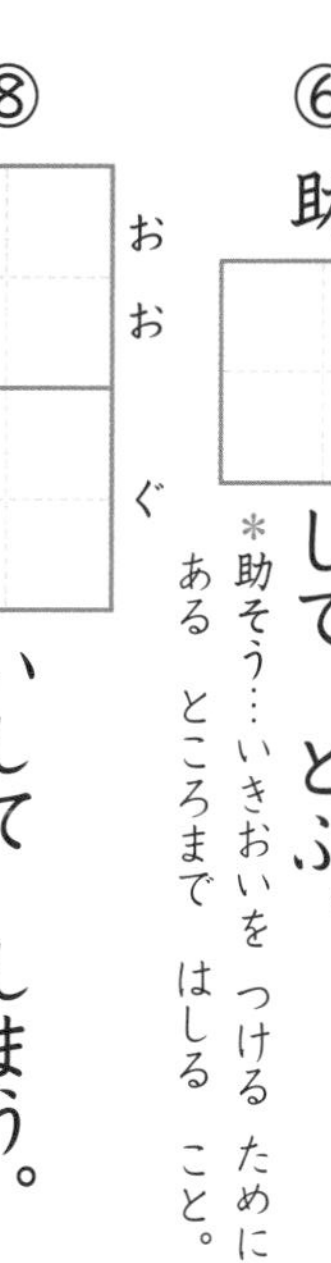

＊助そう…いきおいを つける ために、ある ところまで はしる こと。

⑦ □□(ぜんぽう)に ちゅうい。
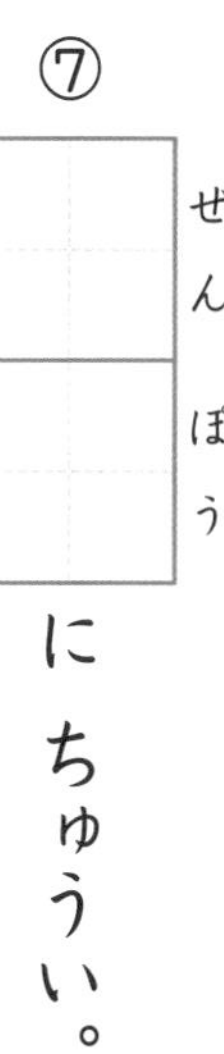
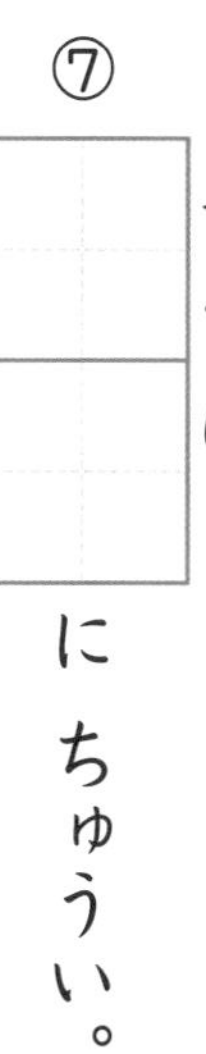
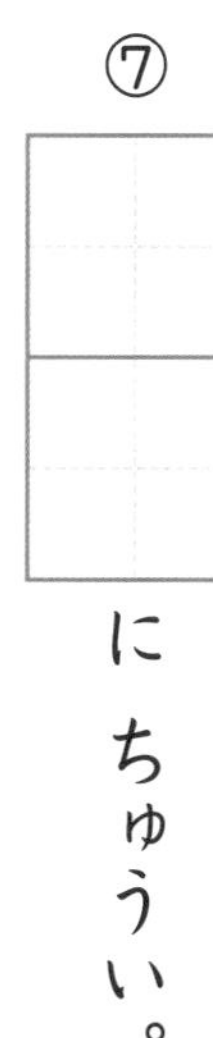

⑧ □□(おおぐ)いして しまう。
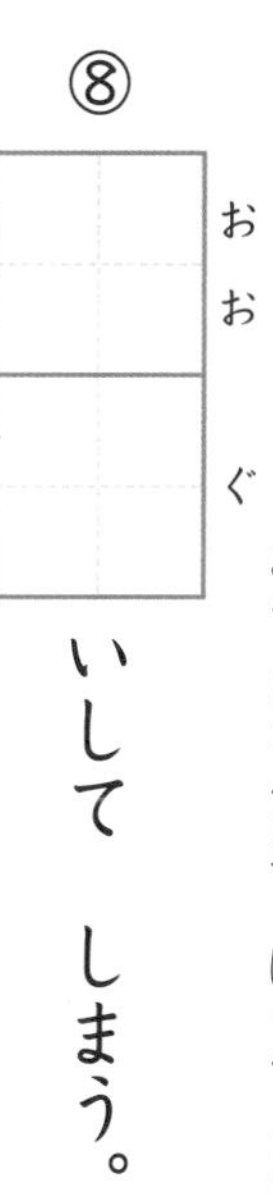
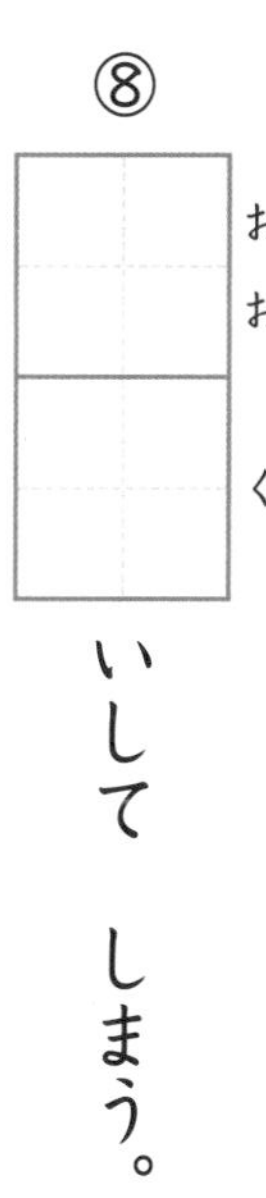

⑨ 日本の □(しゅ)しょう。
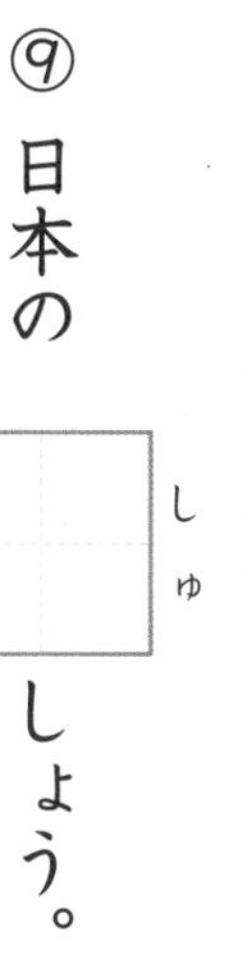
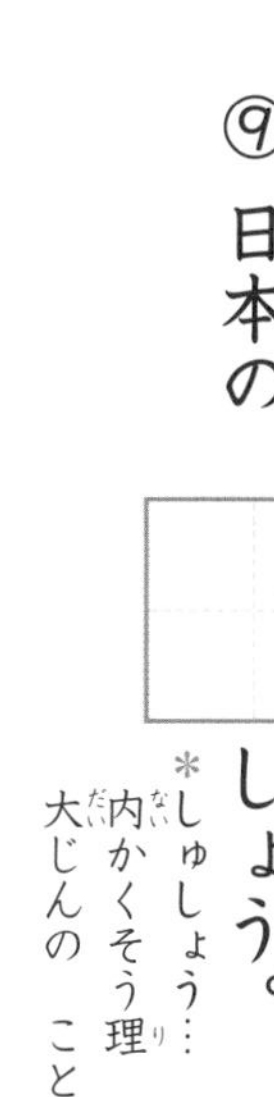

＊しゅしょう…内かくそう理大じんの こと。

⑩ じこが □(た)発する。
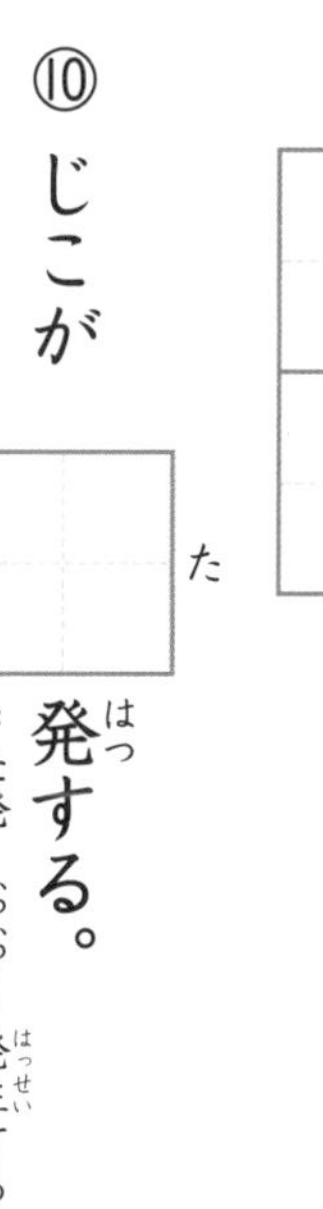
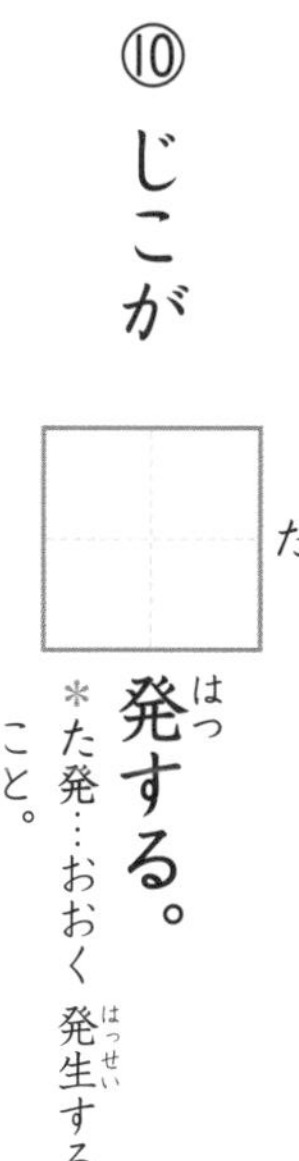

＊た発…おおく 発生する こと。

2 ——の 言葉を、漢字と おくりがなで （　）に かきましょう。 一つ6点【18点】

① こんろの 火を よわめる。（　　）

② おこづかいが すくない。（　　）

③ あたらしい 年を むかえる。（　　）
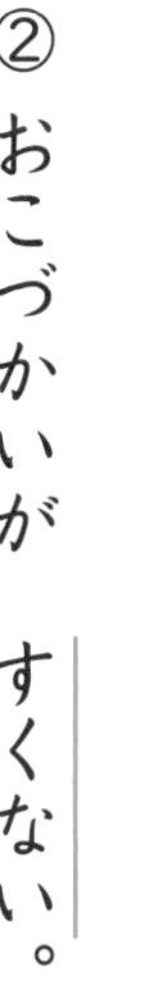

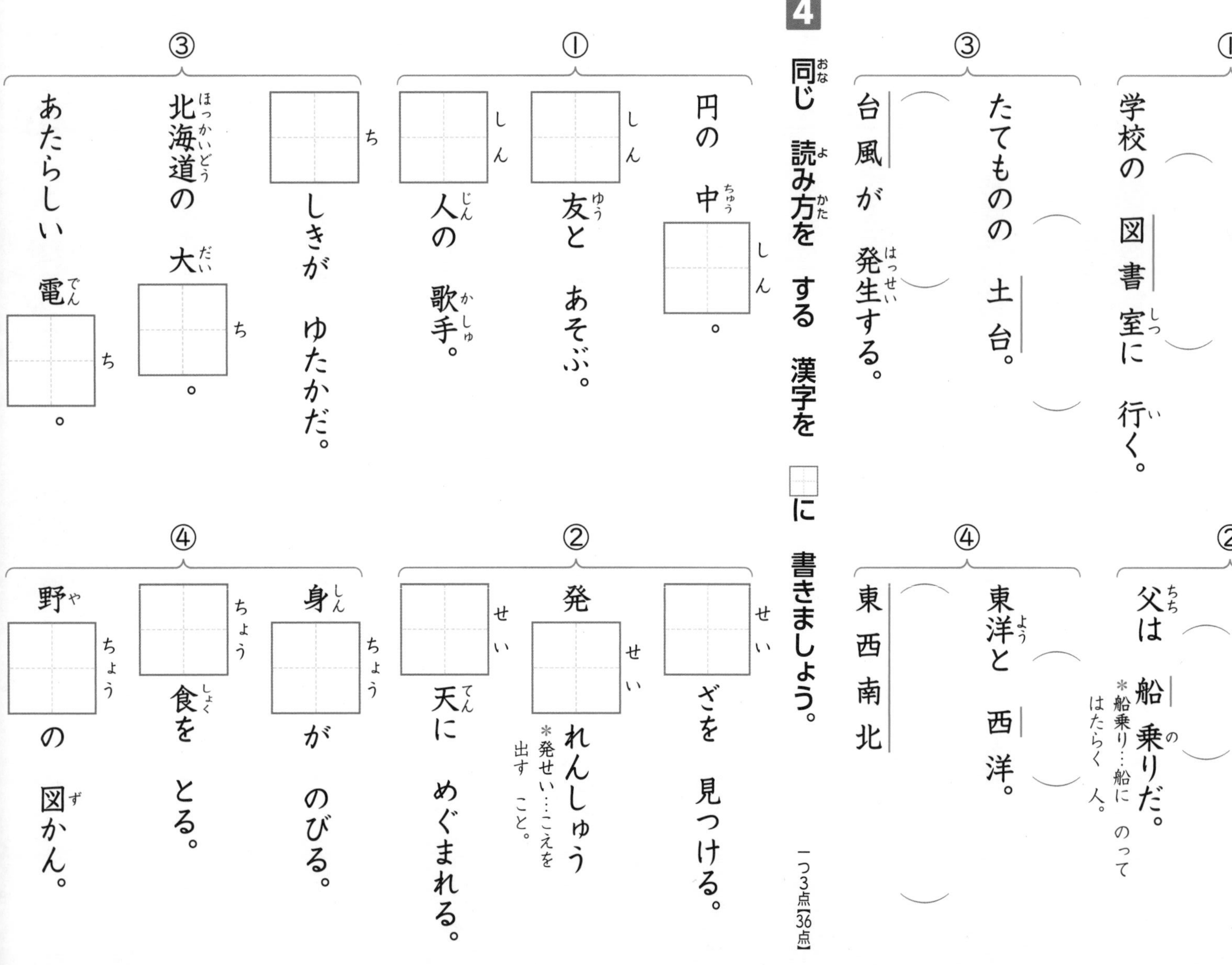

3 ――の漢字の読みがなを（　）に書きましょう。　一つ2点【16点】

①
目で合図する。
学校の図書室に行く。

②
外国の船にのる。
父は船乗りだ。
＊船乗り…船にのってはたらく人。

③
たてものの土台。
台風が発生する。

④
東洋と西洋。
東西南北

4 同じ読み方をする漢字を□に書きましょう。　一つ3点【36点】

①
円の中□（しん）。
□（しん）友とあそぶ。
□（しん）人の歌手。

②
□（せい）ざを見つける。
発□（せい）れんしゅう
＊発せい…こえを出すこと。
□（せい）天にめぐまれる。

③
□（ち）しきがゆたかだ。
北海道の大□（ち）。
あたらしい電□（ち）。

④
身□（ちょう）がのびる。
食□（ちょう）をとる。
野□（ちょう）の図かん。

答え ▶ 91ページ

22 漢字を　書く

直・通・弟・店・点・電・刀

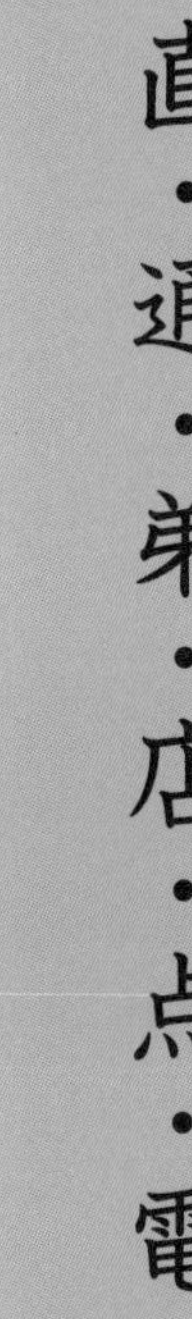

もくひょう 10分

月　日

とくてん　　　てん

1 □に　漢字(かんじ)を　書(か)きましょう。　一つ2てん【32てん】

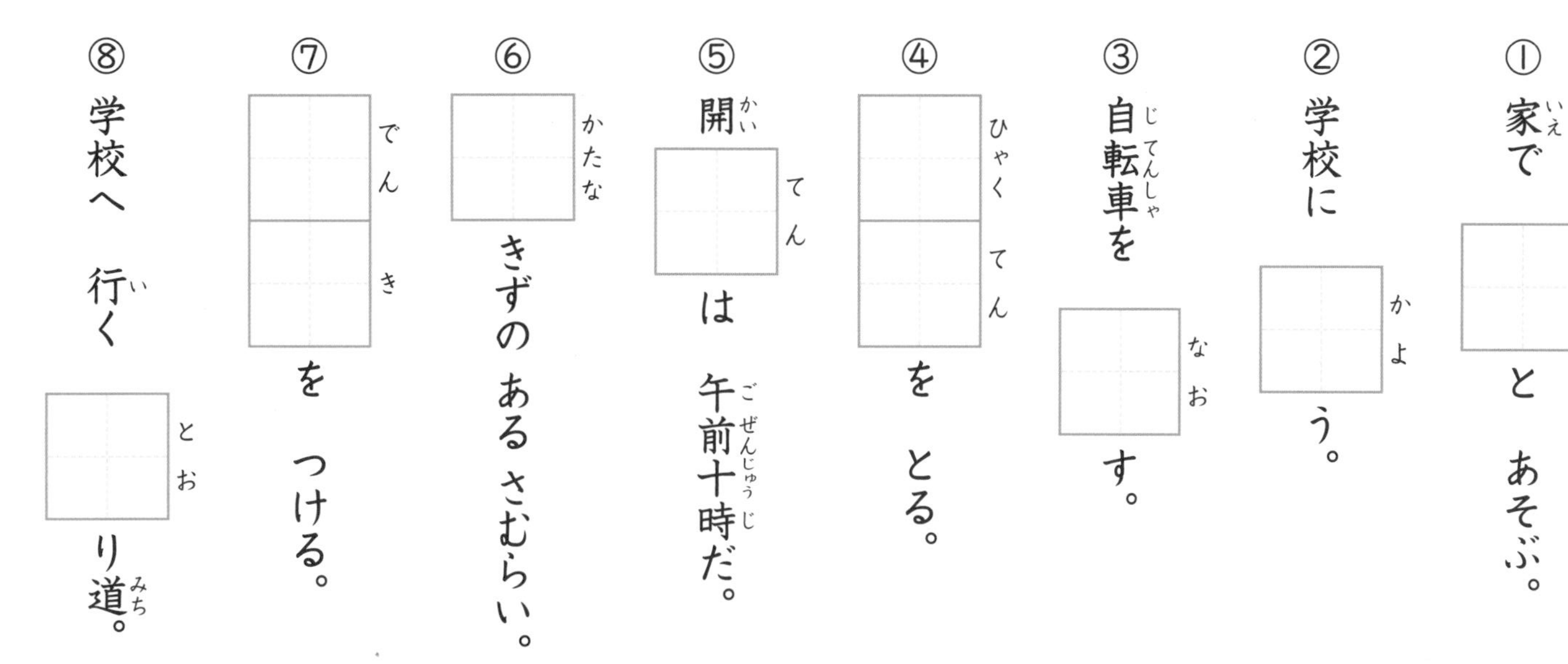

① 家(いえ)で　□(おとうと)と　あそぶ。

② 学校に　□(かよ)う。

③ 自転車(じてんしゃ)を　□(なお)す。

④ □□(ひゃくてん)を　とる。

⑤ 開(かい)□(てん)は　午前十時(ごぜんじゅうじ)だ。

⑥ □(かたな)きずの　ある　さむらい。

⑦ □□(でんき)を　つける。

⑧ 学校へ　行(い)く　□(とお)り道(みち)。

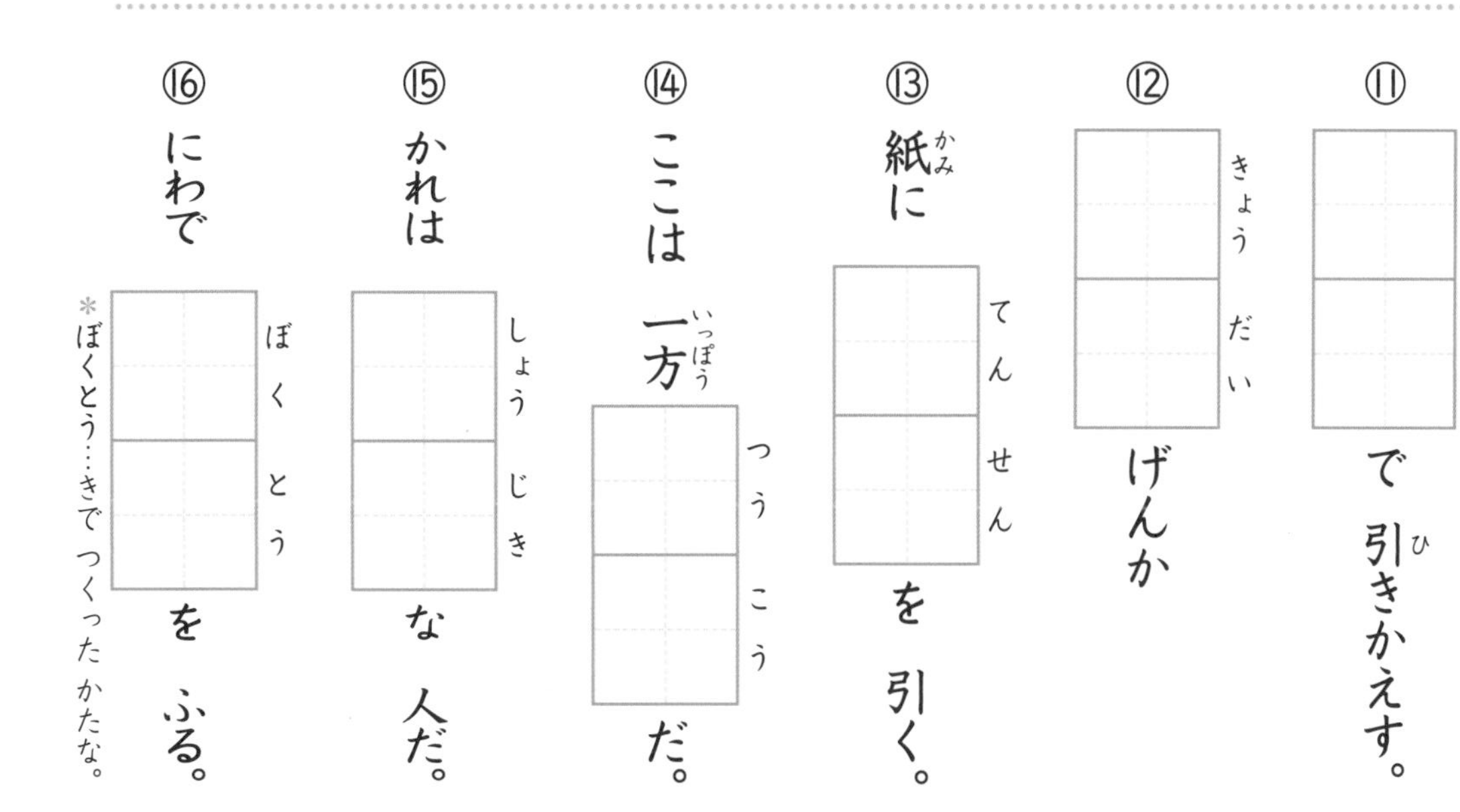

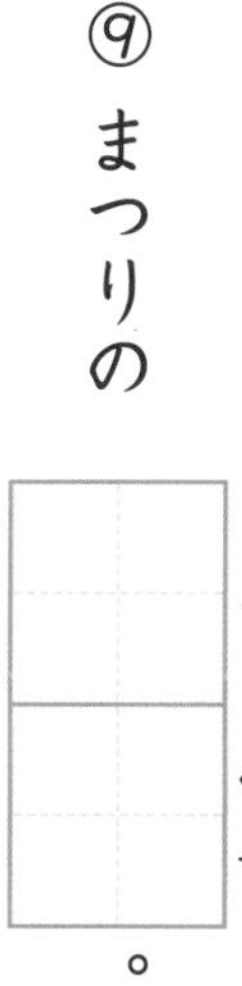

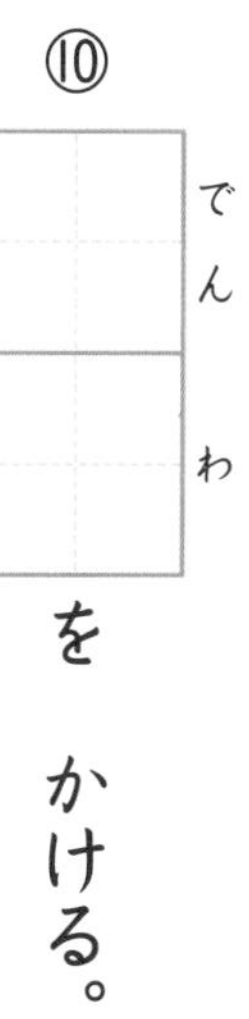

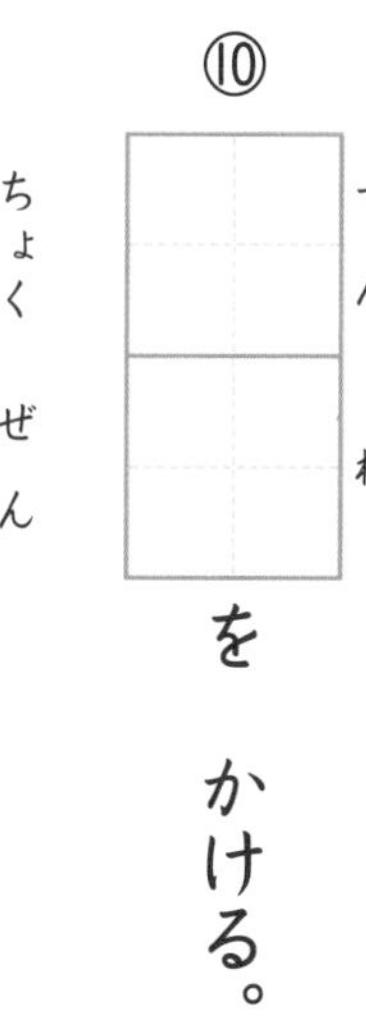

⑨ まつりの　□□(よみせ)。

⑩ □□(でんわ)を　かける。

⑪ □□(ちょくせん)で　引(ひ)きかえす。

⑫ □□(きょうだい)げんか

⑬ 紙(かみ)に　□□(てんせん)を　引く。

⑭ ここは　一方(いっぽう)□□(つうこう)だ。

⑮ かれは　□□(しょうじき)な　人だ。

⑯ にわで　□□(ぼくとう)を　ふる。

＊ぼくとう…きで　つくった　かたな。

2 □に 漢字を 書きましょう。

一つ4てん【68てん】

① □□（でんしゃ）に のる。

② 歩いて □□（つうがく）する。

③ 売り場の □（てん）員に 聞く。

④ □□（どうてん）で 引き分ける。

⑤ □□（おとうとおも）いの 兄。

⑥ □（ちょく）せつ 会って 話す。

＊ちょくせつ…間に、ほかの ものを おかない ようす。

⑦ □□（こがたな）で 竹を けずる。

⑧ □（でん）柱が 立ちならぶ。

⑨ □□（てんじ）を ならう。

＊てんじ…目が ふ自由な 人の ための もじ。

⑩ □（おとうと）でしに なる。

＊おとうとでし…同じ 先生の もとに、後から 入門した 男の でし。

⑪ □（ただ）ちに 出発する。

⑫ この えきで 終□（てん）だ。

⑬ 駅前の 商□（てん）がい。

⑭ □（でん）球を とりかえる。

⑮ 球場への □□（ちょくつう）バス。

⑯ □□（みせばん）を たのまれる。

⑰ □□□（にほんとう）を 見る。

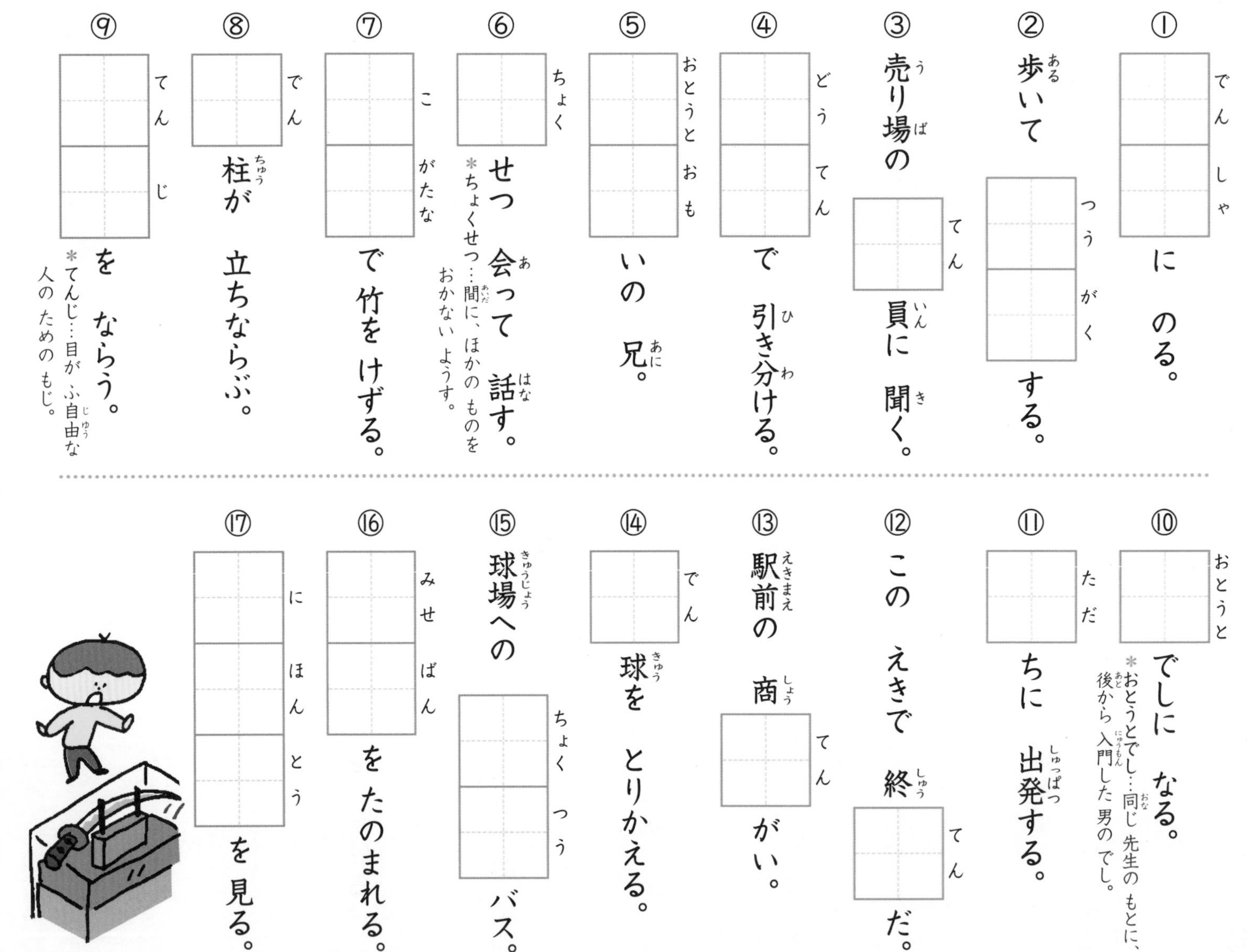

クイズ

「店」を 「てん」と 読むのは、どれかな？

① 夜店　② 店先　③ 書店

答え ▶ 91ページ

23 漢字を 書く

冬・当・東・答・頭・同・道

もくひょう 10分

月　日

とく点　　点

1 □に 漢字(かんじ)を 書(か)きましょう。　一つ2点【32点】

① かべに 日が □(あ)たる。

② 友(とも)だちと □(おな)じ くつだ。

③ あの 人は、□(あたま)が よい。

④ □□(とうきょう)に すむ。

⑤ 坂(さか)□(みち)を 上る。

⑥ □(こた)え合(あ)わせを する。

⑦ これは □□(ほんとう)の 話(はなし)だ。

⑧ くまが □(とう)みんする。

⑨ □(とう)あん用紙(ようし)に 書く。
＊とうあん用紙…こたえを 書く 紙(かみ)。

⑩ □(どう)路(ろ)を おうだんする。

⑪ えきの □□(ひがしぐち)に 出る。

⑫ 遠足(えんそく)の □□(とうじつ)は 雨だ。

⑬ □□(せんとう)を 歩(ある)く。

⑭ □(どう)級生(きゅうせい)の 友だち。

⑮ 真(ま)□(ふゆ)の 海(うみ)べを 歩く。

⑯ アンケートの □□(かいとう)。

2 □に 漢字(かんじ)を 書(か)きましょう。

一つ4点【68点】

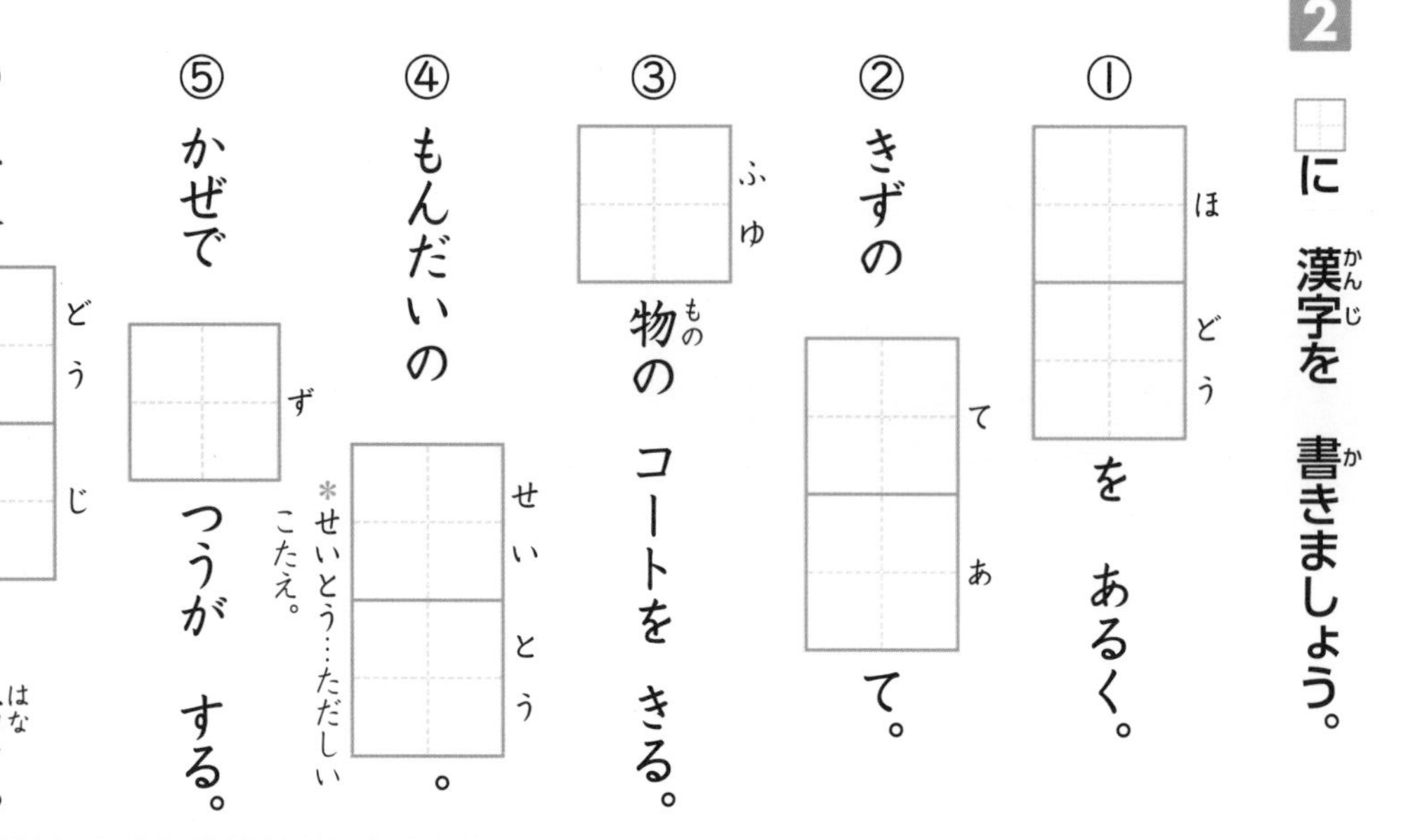

① □□(ほどう)を あるく。

② きずの □□(てあ)て。

③ □(ふゆ)物(もの)の コートを きる。

④ もんだいの □□(せいとう)。

＊せいとう…ただしい こたえ。

⑤ かぜで □(ず)つうが する。

⑥ 二人 □□(どうじ)に 話(はな)す。

⑦ □(とう)洋(よう)と 西洋(せいよう)。

⑧ そうじ □□(とうばん)を する。

⑨ 親(おや)に □□(くちごた)えする。

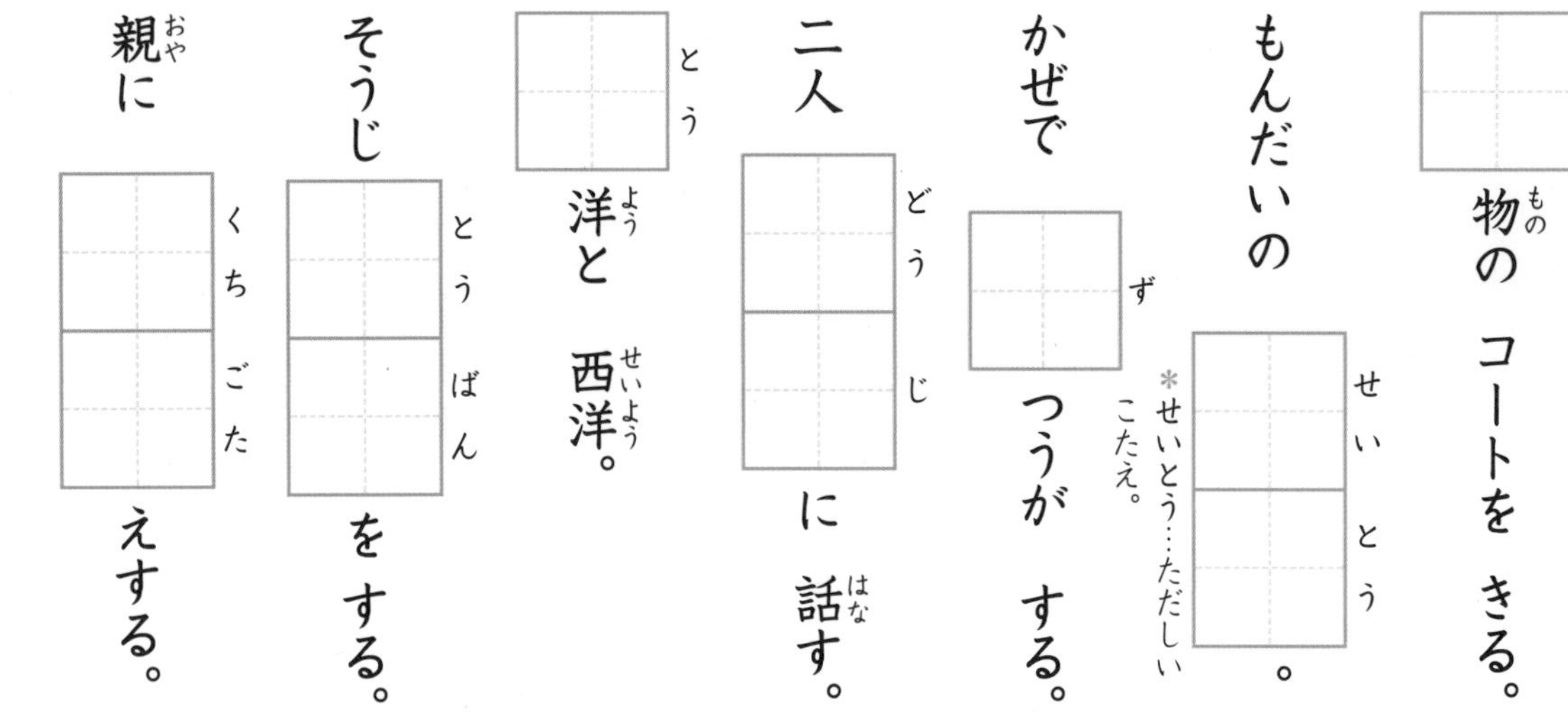

⑩ あの 二人は □(おな)い年(どし)だ。

⑪ □□(さんとう)の 牛(うし)。

⑫ つりの □(どう)具(ぐ)が そろう。

⑬ □□(てんとう)に ならぶ 魚(さかな)。

＊てんとう…みせ先(さき)。

⑭ より □(みち)を して 帰(かえ)る。

⑮ □□□(ひがしにっぽん)の たび。

⑯ □□(ごうどう)で 行(おこな)う。

⑰ □□□□(しゅんかしゅうとう)

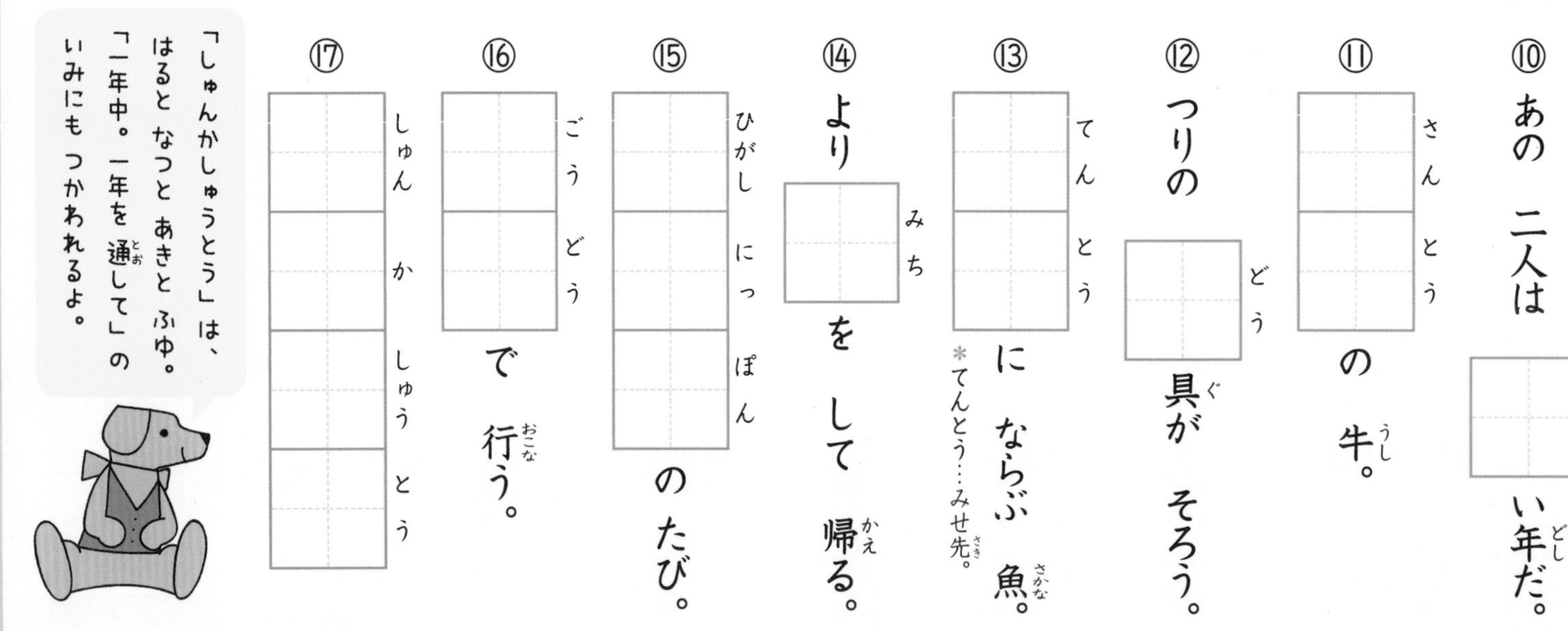

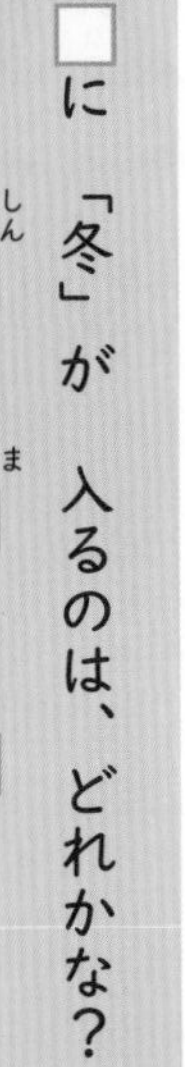

クイズ

□に「冬」が 入るのは、どれかな？

① 新(しん)□　② 真(ま)□　③ 早□

こたえ ▶ 91ページ

読・内・南・肉・馬・売・買

もくひょう 10分

月 日

とくてん てん

1 □に 漢字(かんじ)を 書(か)きましょう。 一つ2てん【32てん】

① えんぴつを □(か)う。

② 親(おや)うまと □□(こうま)。
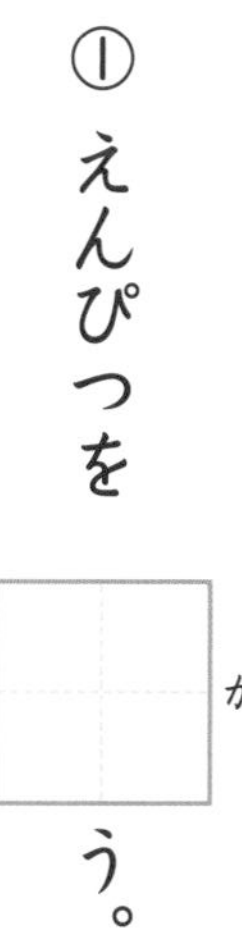

③ □□(ぎゅうにく)を やく。
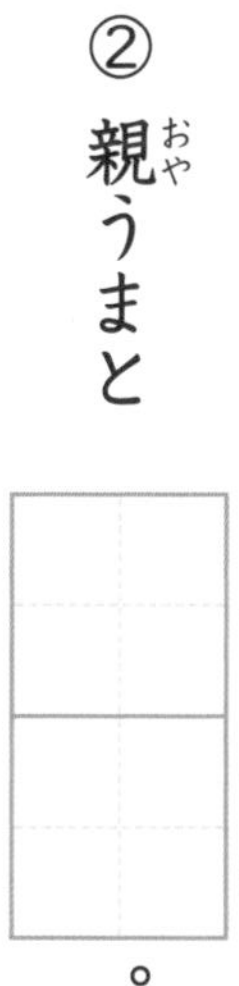

④ 小学生向(む)けの □(よ)み物(もの)。
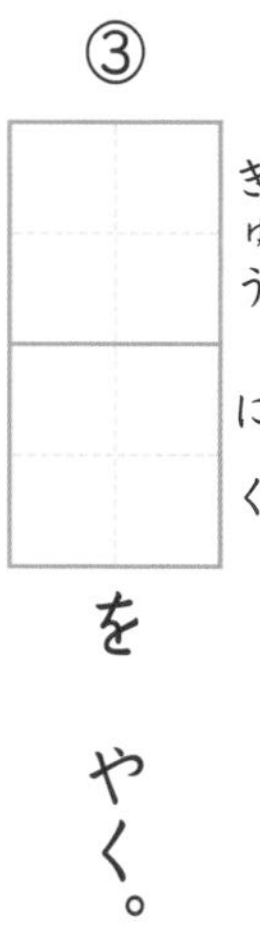

⑤ 白線(はくせん)の □(うち)がわを 歩(ある)く。
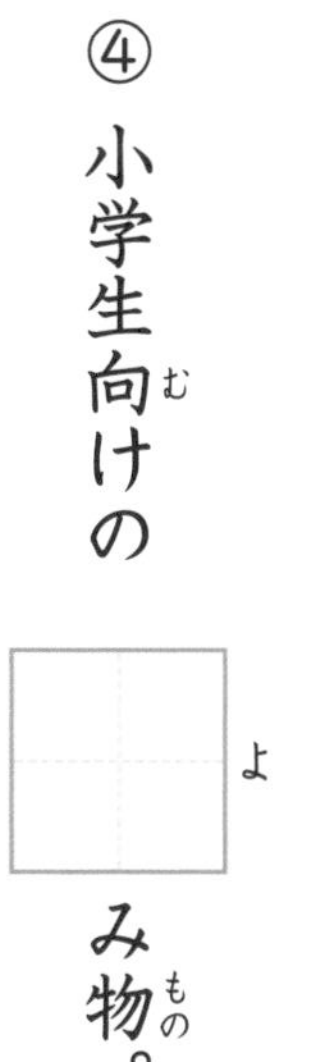

⑥ おもちゃ □(う)り場(ば)に 行(い)く。

⑦ □(みなみ)向きの 家(いえ)。

⑧ 文に □□(とうてん)を つける。
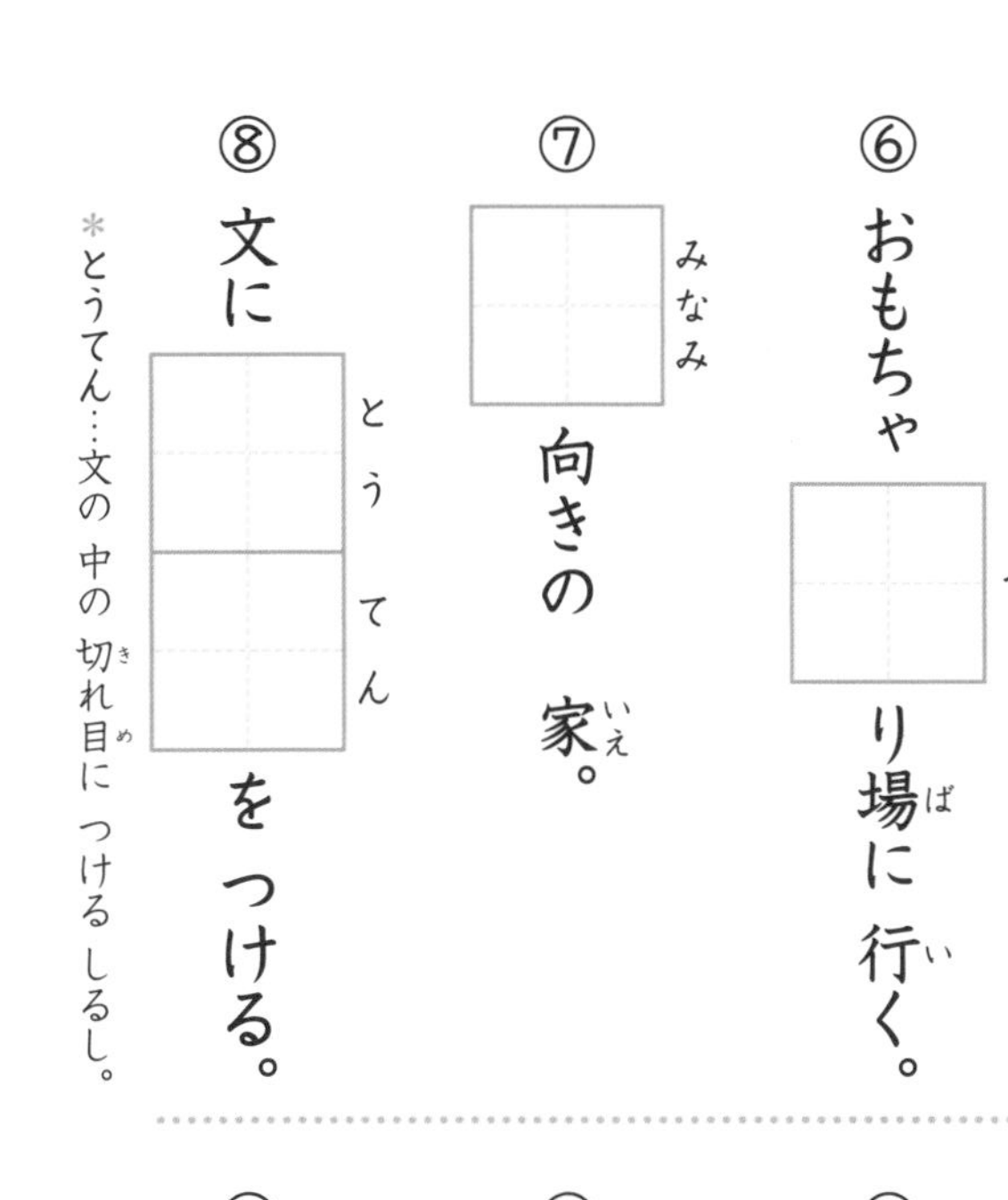

＊とうてん…文の 中の 切(き)れ目(め)に つける しるし。

⑨ えきまで あん □(ない)する。

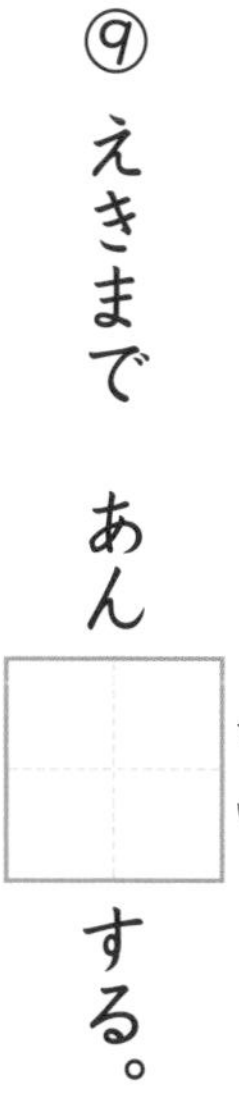

⑩ □(どく)者(しゃ)からの はがき。
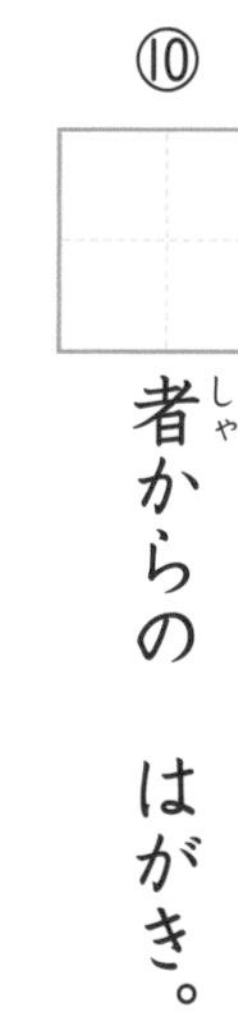

⑪ 土地(とち)を □□(ばいばい)する。
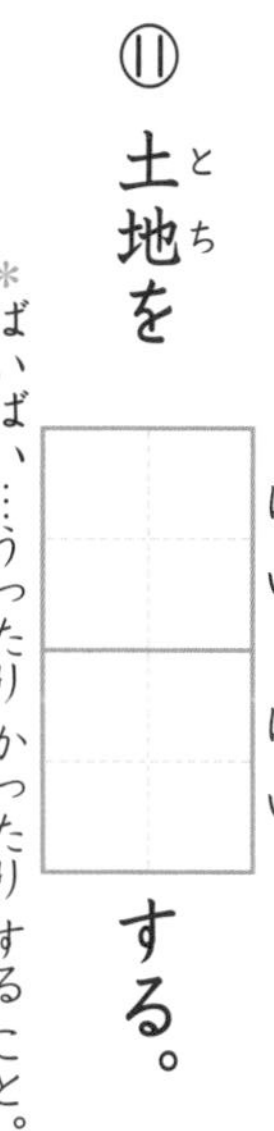

＊ばいばい…うったり かったり する こと。

⑫ 教室(きょうしつ)の □□(こうない)放送(ほうそう)。
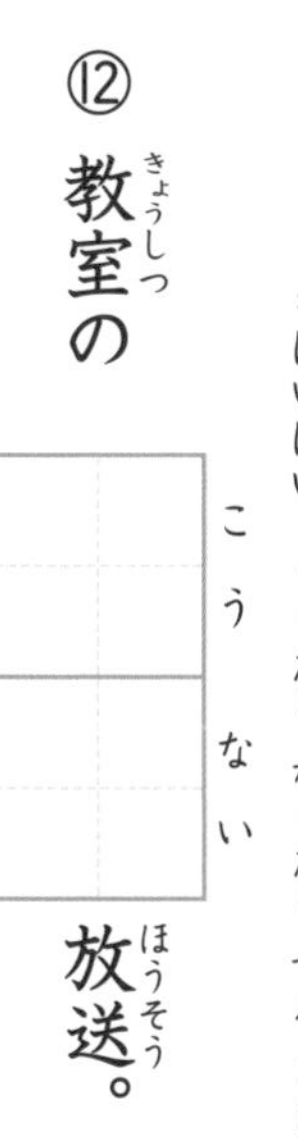

⑬ とらは □□(にくしょく)動物(どうぶつ)だ。
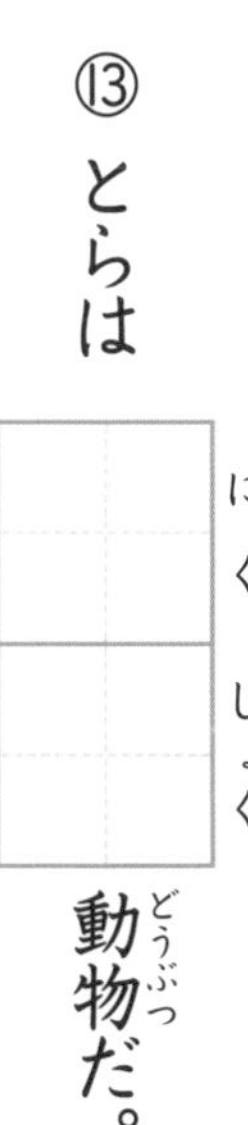

⑭ 北(ほっ)きょくと □(なん)きょく。
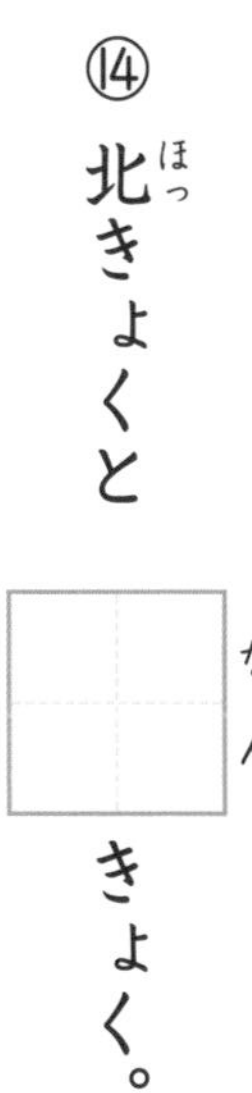

⑮ 父(ちち)の 商(しょう)□(ばい)を 手つだう。
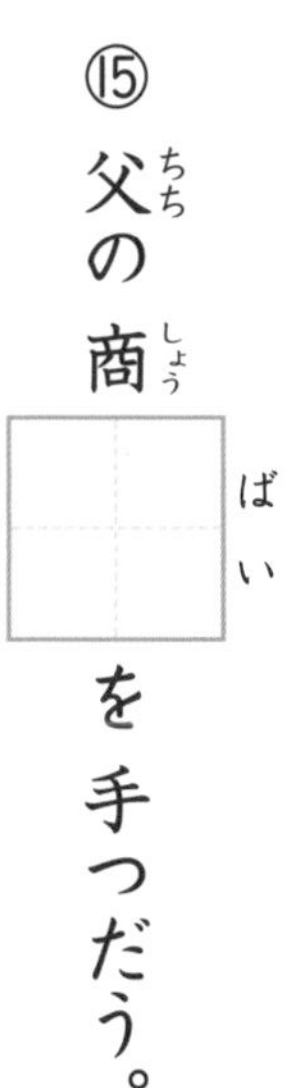

⑯ かれは □□(ばりき)が ある。
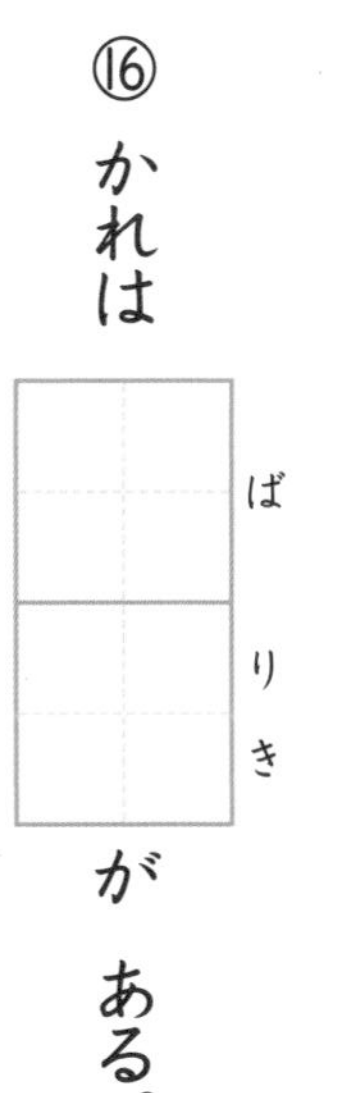

2 □に漢字を書きましょう。

一つ4点【68点】

① きん□（にく）をきたえる。

② □□（ばしゃ）にのる。

③ 教科書を□□（おんどく）する。

④ あたたかい□□（みなみかぜ）。

⑤ 店に□（か）い物に行く。

⑥ チケットは□（う）り切れだ。

⑦ 家の□□（ないがい）のそうじ。

＊ないがい…うちと　そと。

⑧ 神社の□□（えま）。

⑨ □□（うちき）な妹。

＊うちき…きが　弱く、人前では　はきはき　しない　せいかく。

⑩ 家の□（か）い手がつく。

⑪ □□（なんごく）をたびする。

⑫ やき□（にく）を食べる。

⑬ えきの□□（ばいてん）でかう。

⑭ 土地を□（ばい）しゅうする。

＊ばいしゅう…かいとる　こと。

⑮ □□（もくば）にのる子ども。

⑯ 記ねん切手の発□（ばい）。

⑰ □□（とくほん）をよくよむ。

＊とくほん…やさしく　書いた　ほん。

クイズ

「馬」を「うま」と読むのは、どれかな？

①絵馬　②馬力　③子馬

答え ▶ 91ページ

25 漢字を 書く 麦・半・番・父・風・分・聞

もくひょう 10分

月　日　とく点　点

1 □に 漢字(かんじ)を 書(か)きましょう。　一つ2点【32点】

① 人の 話(はなし)を □(き)く。
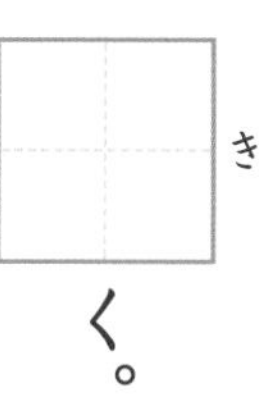

② そよ □(かぜ)が ここちよい。
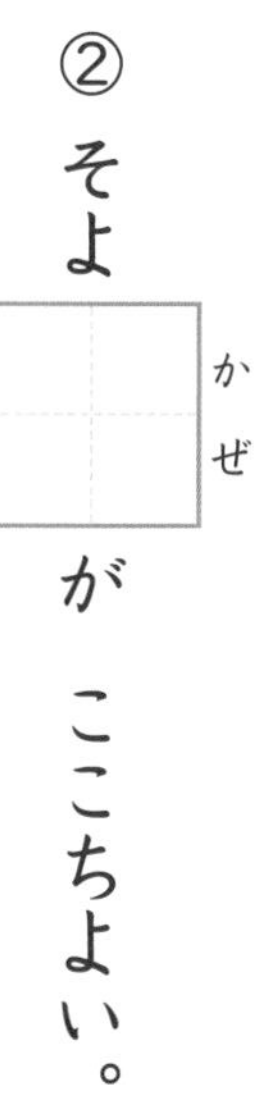

③ □□(いちばん)に 学校に 来(く)る。
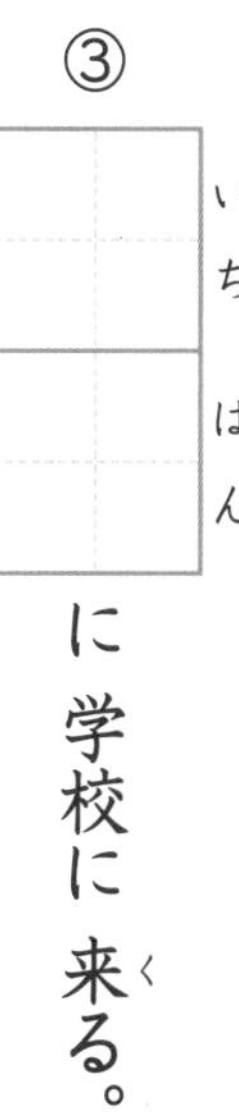

④ おかしを □(わ)ける。
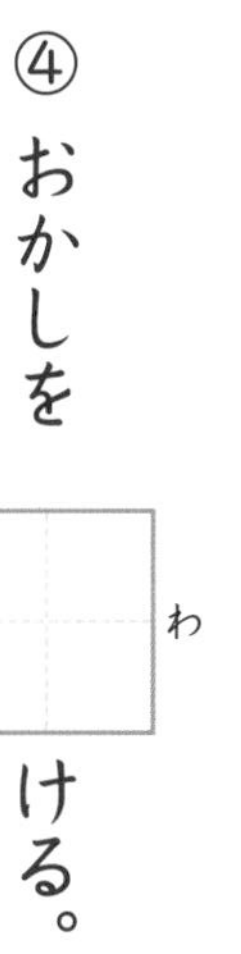

⑤ □□(ちちおや)と 出かける。
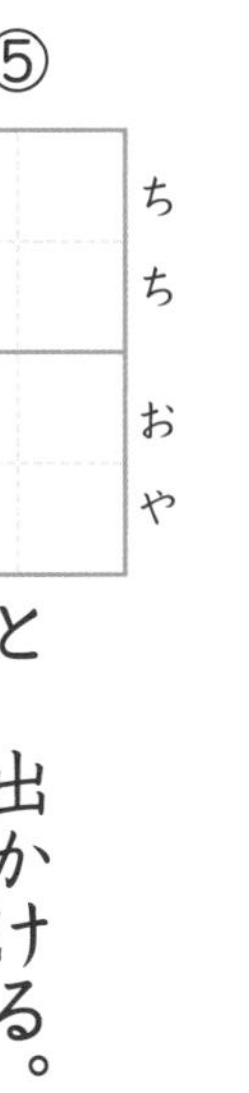

⑥ □□(こむぎ)の さいばい。
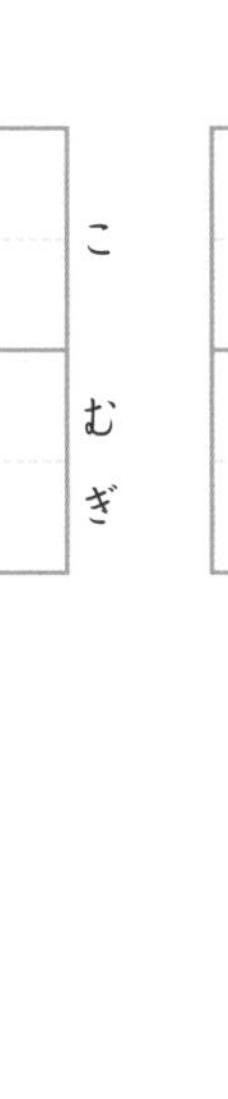
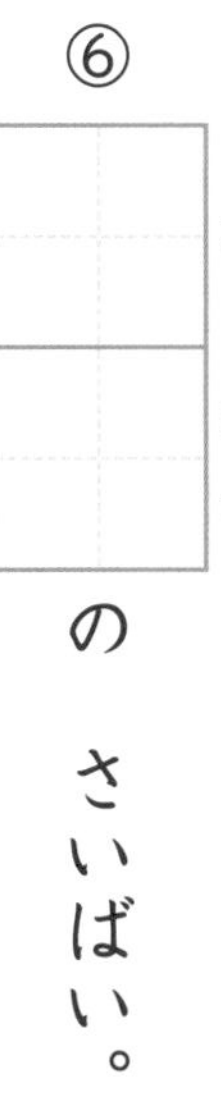

⑦ 紙(かみ)を □□(はんぶん)に 切(き)る。
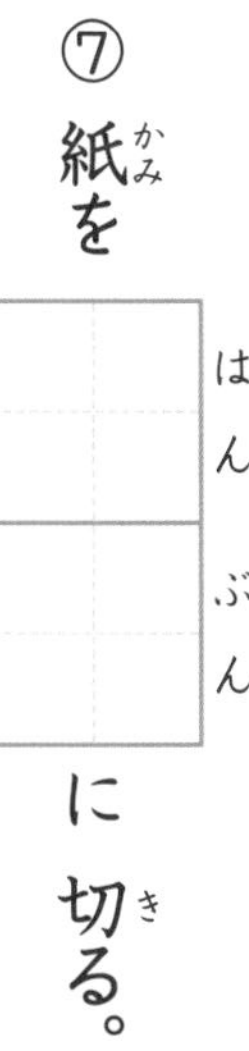

⑧ そ □(ふ)は 七十さいだ。
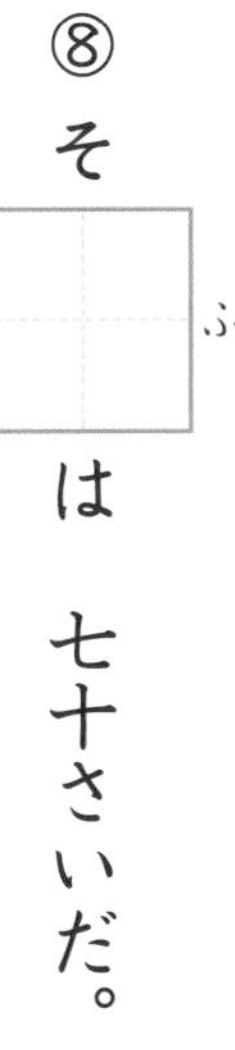

⑨ □□(たいふう)に そなえる。
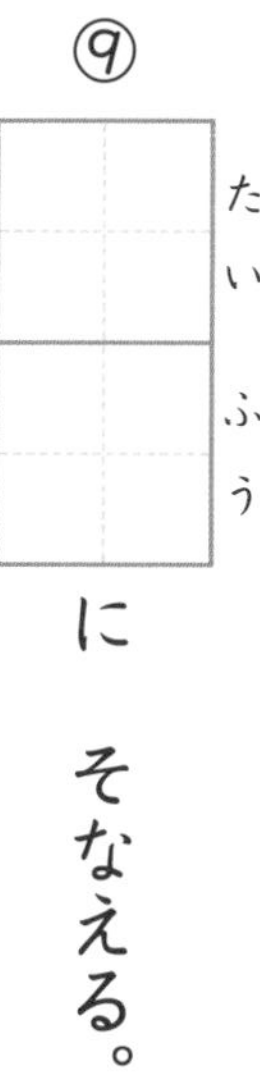

⑩ 月の □(なか)ばが すぎる。
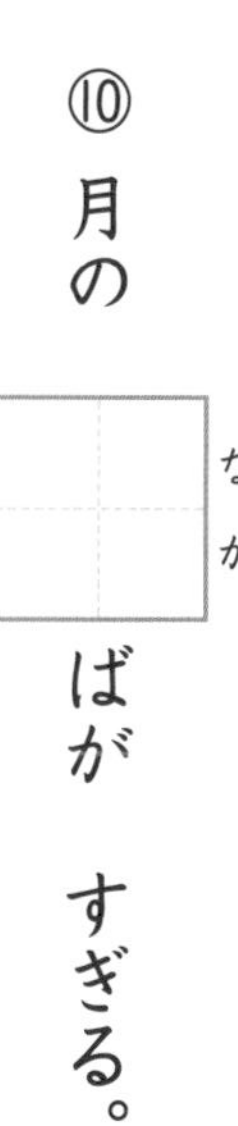

⑪ つめたい □□(むぎちゃ)。

⑫ 電話(でんわ)□(ばん)号(ごう)を きく。
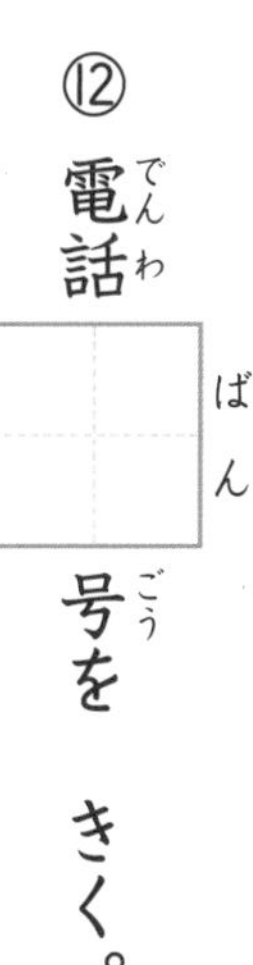

⑬ し合(あい)の □□(ぜんはん)。
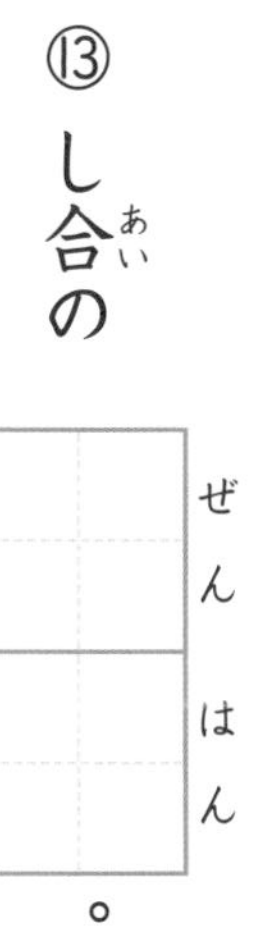

⑭ □□(しんぶん)紙(し)を 広(ひろ)げる。
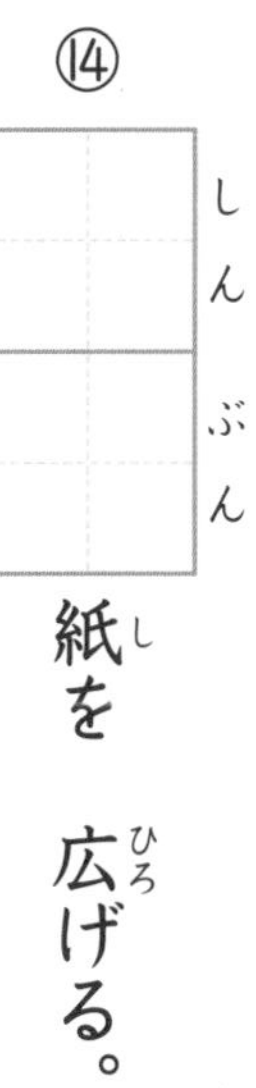
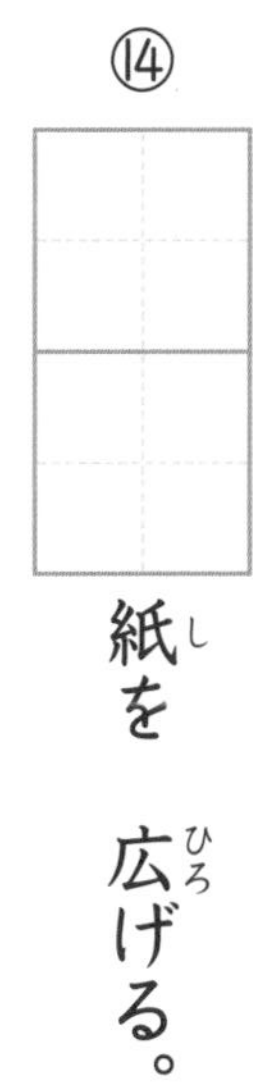

⑮ えきで □□(ごふん) まつ。
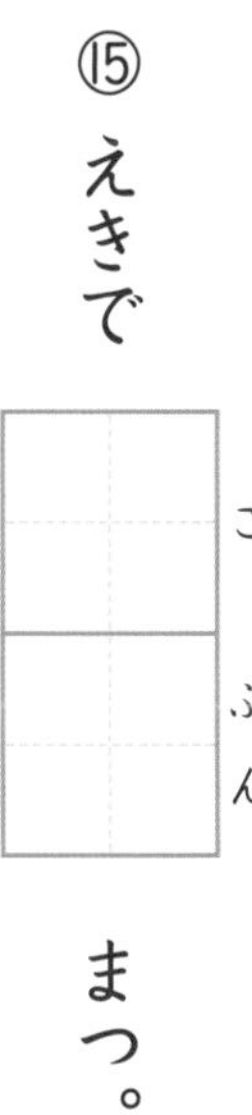

⑯ おしろの □□(もんばん)。
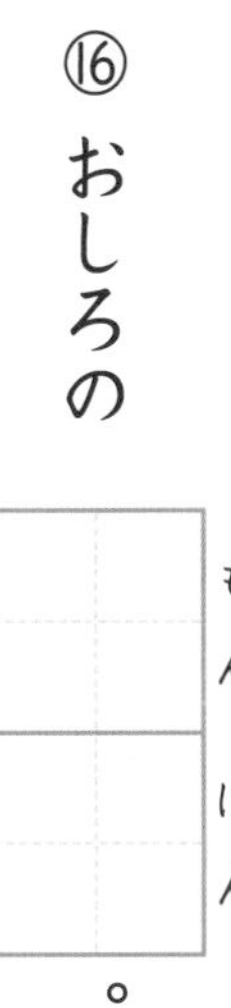

2 □に漢字(かんじ)を書(か)きましょう。

一つ4点【68点】

① 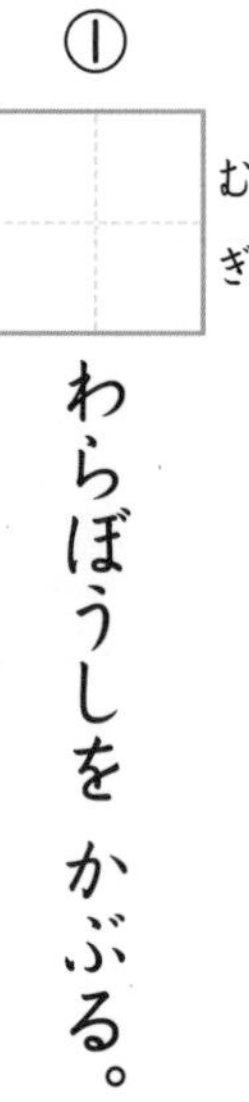（むぎ）わらぼうしを かぶる。

② 家(いえ)で るす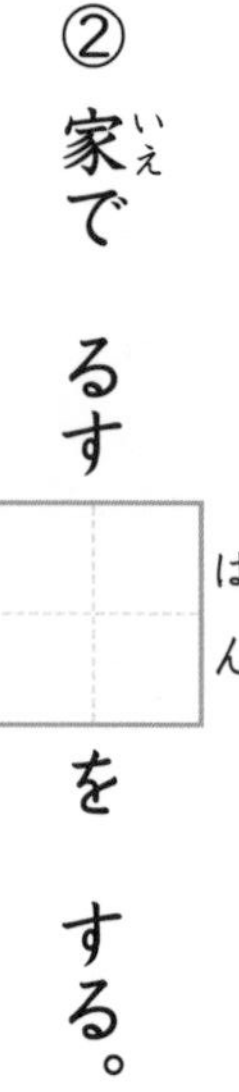（ばん）を する。

③ し合(あい)は引(ひ)き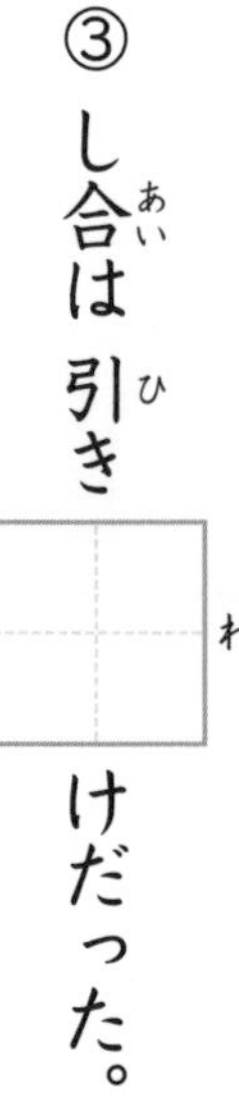（わ）けだった。

④ 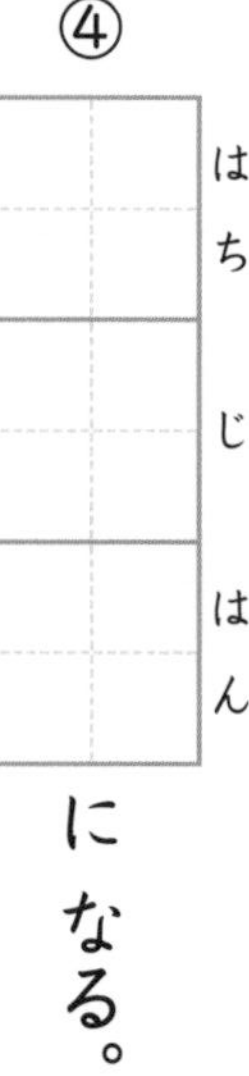（はちじはん）に なる。

⑤ 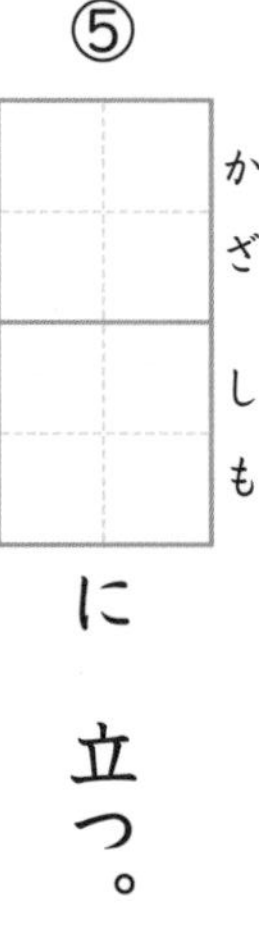（かざしも）に 立つ。

⑥ 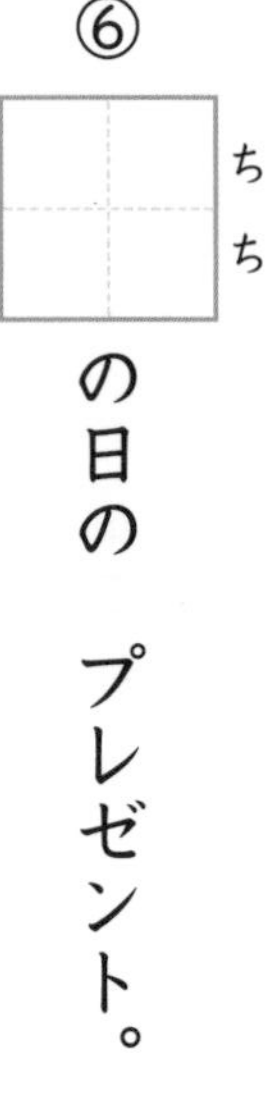（ちち）の日の プレゼント。

⑦ 話(はなし)を 立ち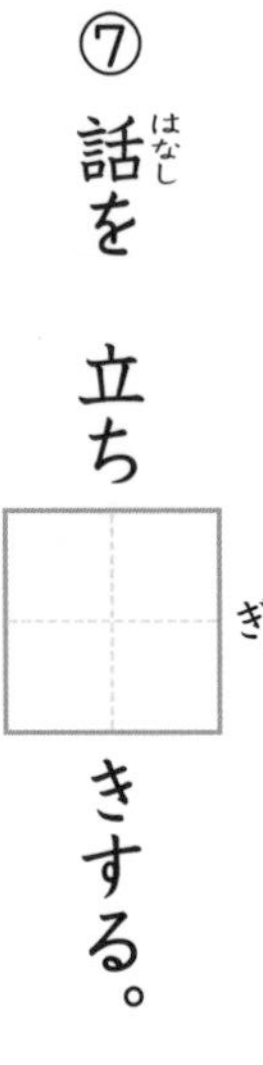（ぎ）きする。

⑧ 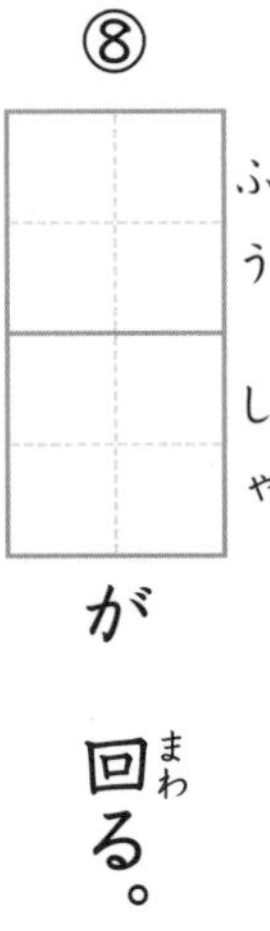（ふうしゃ）が 回(まわ)る。

⑨ 神(しん)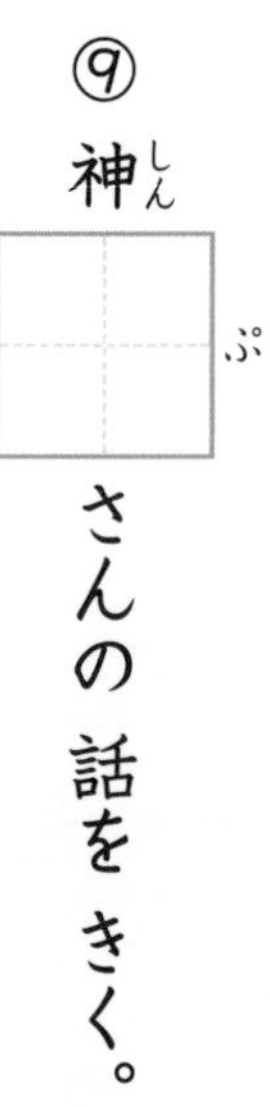（ぷ）さんの 話を きく。

⑩ 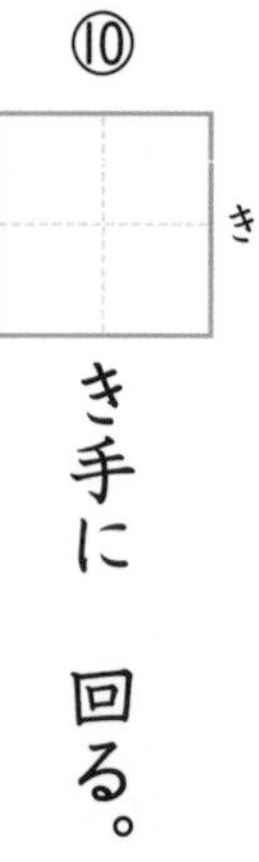（き）き手に 回る。

⑪ 入学後(にゅうがくご)、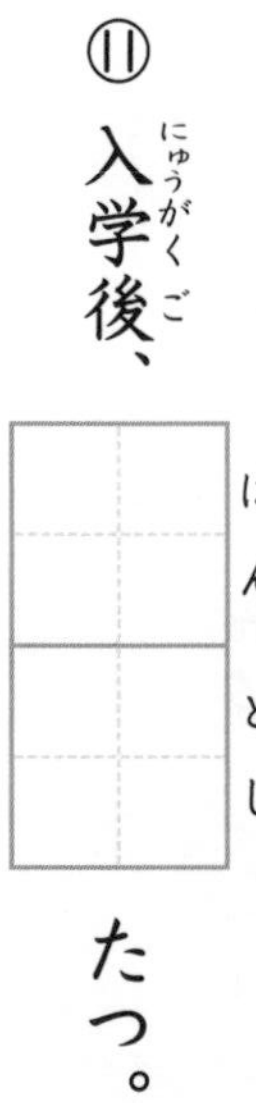（はんとし）たつ。

⑫ 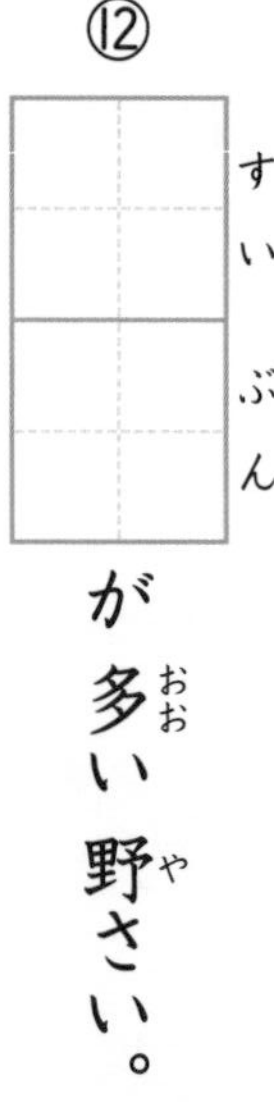（すいぶん）が 多(おお)い 野(や)さい。

⑬ 町で 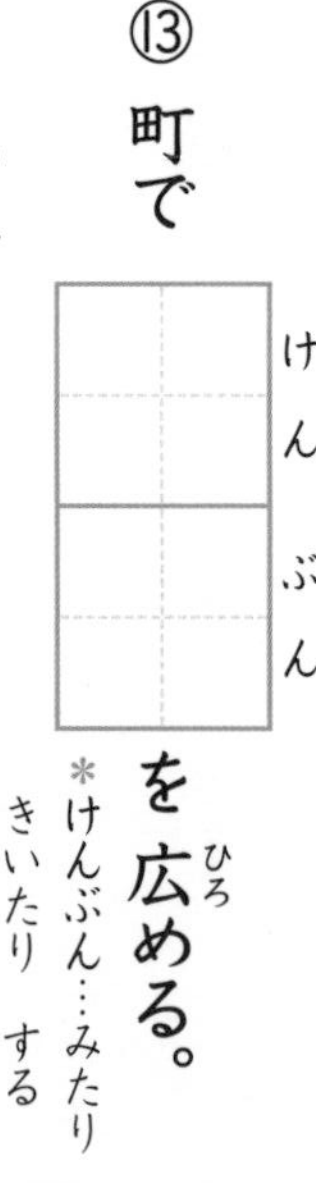（けんぶん）を 広(ひろ)める。

＊けんぶん…みたり きいたり すること。

⑭ 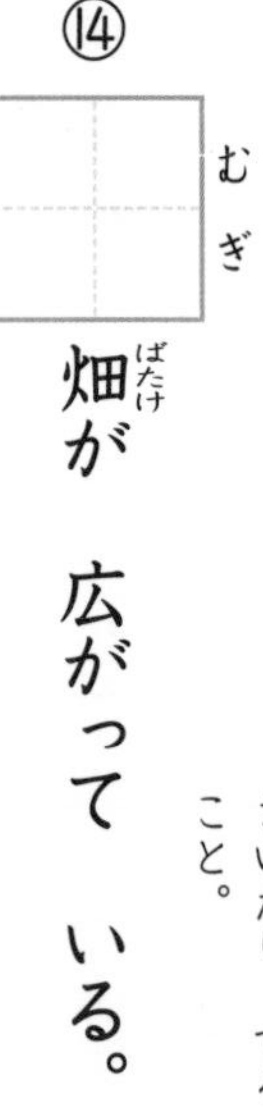（むぎ）畑(ばたけ)が 広がって いる。

⑮ 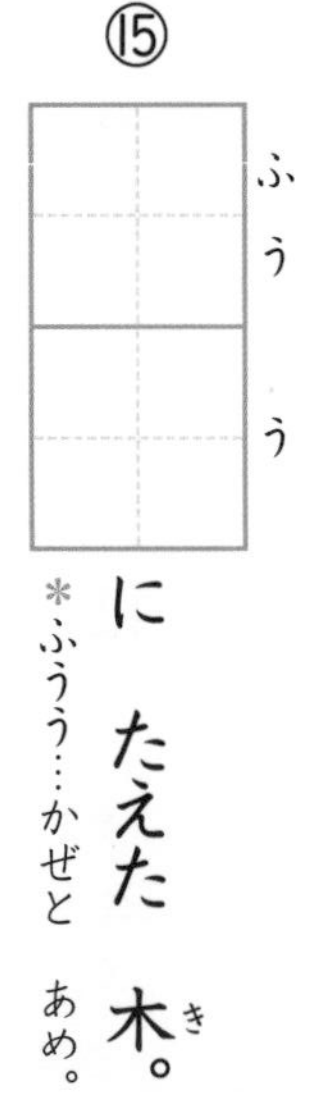（ふうう）に たえた 木(き)。

＊ふうう…かぜと あめ。

⑯ じゅん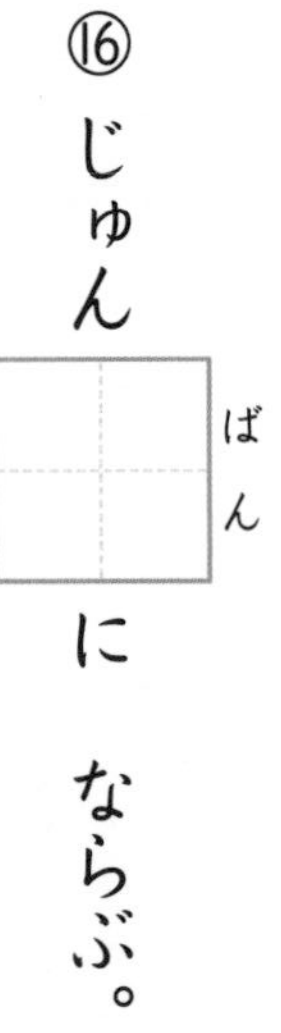（ばん）に ならぶ。

⑰ 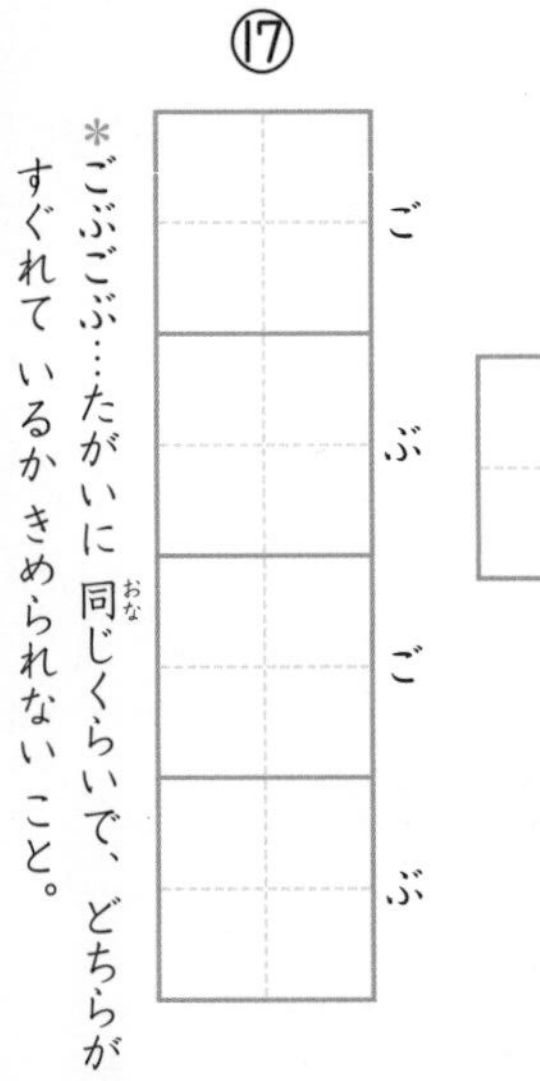（ごぶごぶ）

＊ごぶごぶ…たがいに 同(おな)じくらいで、どちらが すぐれて いるか きめられない こと。

「父」を「ふ」と 読むのは、どれかな？

① 父子　② 父親(おや)　③ 父方(かた)

答え ▶ 91ページ

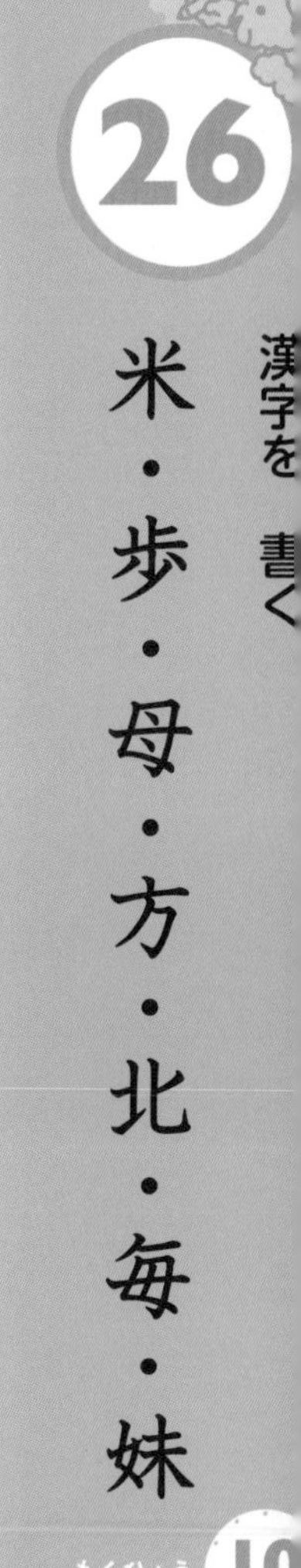

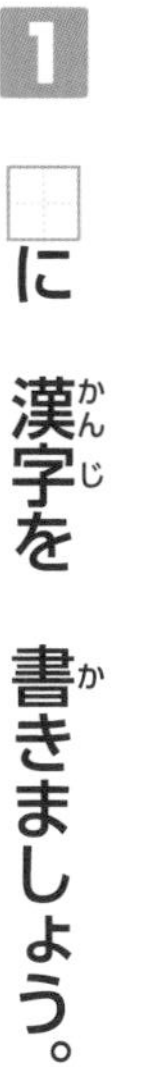

26 漢字を 書く

米・歩・母・方・北・毎・妹

もくひょう 10分

月 日

とく点

1 □に 漢字(かんじ)を 書(か)きましょう。

一つ2点【32点】

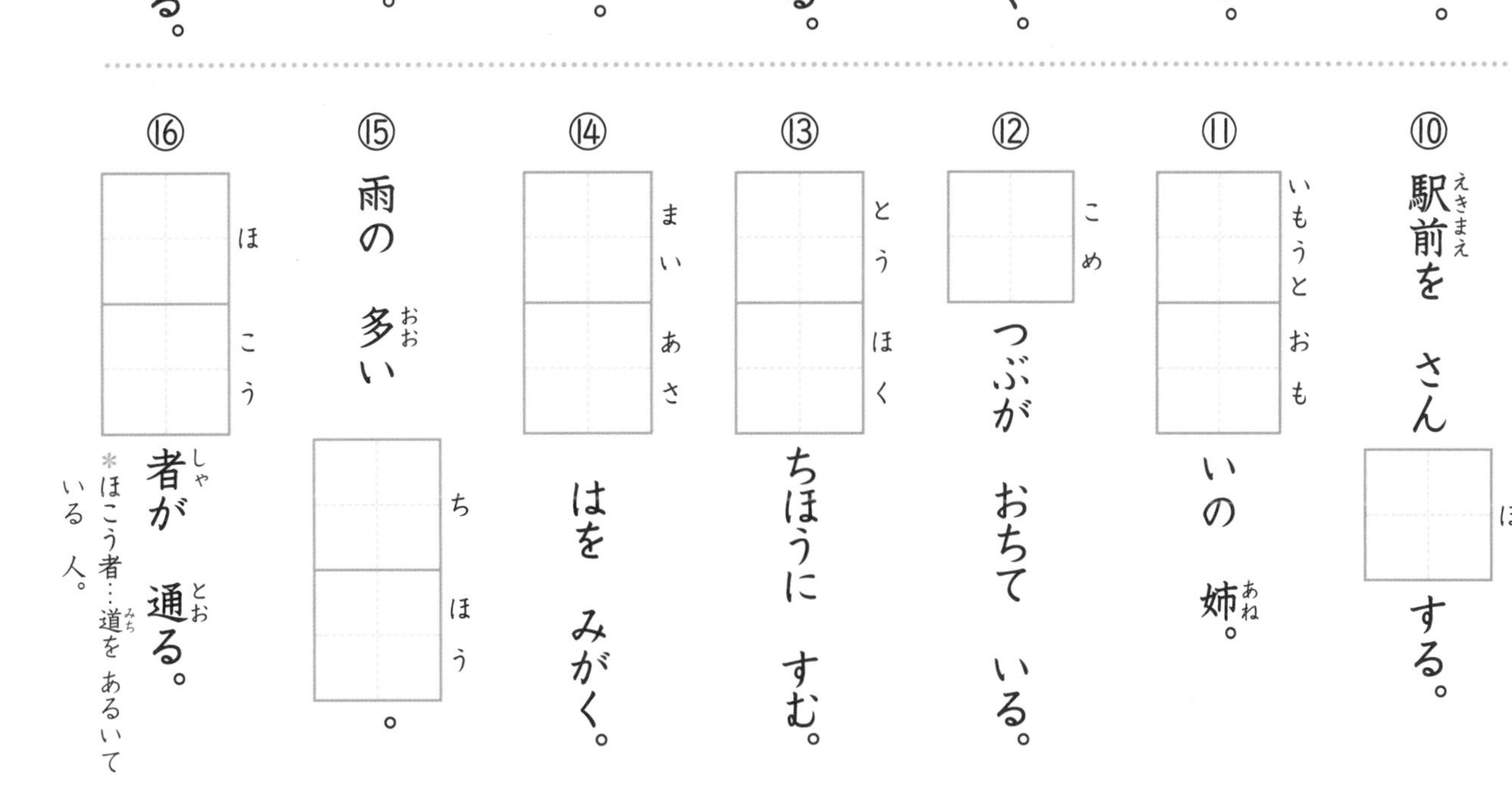

① 野山(のやま)を □(ある)く。

② 公園(こうえん)で □(いもうと)と あそぶ。

③ □(こめ)を たいて 食(た)べる。

④ □□(きたかぜ)が 強(つよ)く ふく。

⑤ □□(ははおや)と 話(はなし)を する。

⑥ パンの 作(つく)り□(かた)を 聞(き)く。

⑦ □□(まいにち) 本を 読(よ)む。

⑧ □□(はくまい)に 麦(むぎ)を まぜる。

⑨ □□(ふぼ)と 出かける。

＊ふぼ…ちちと はは。両親(りょうしん)。

⑩ 駅前(えきまえ)を さん□(ぽ)する。

⑪ □□(いもうとおも)いの 姉(あね)。

⑫ □(こめ)つぶが おちて いる。

⑬ □□(とうほく)ちほうに すむ。

⑭ □□(まいあさ) はを みがく。

⑮ 雨の 多(おお)い □□(ちほう)。

⑯ □□(ほこう)者(しゃ)が 通(とお)る。

＊ほこう者…道(みち)を あるいて いる 人。

2 □に漢字を書きましょう。

一つ4点【68点】

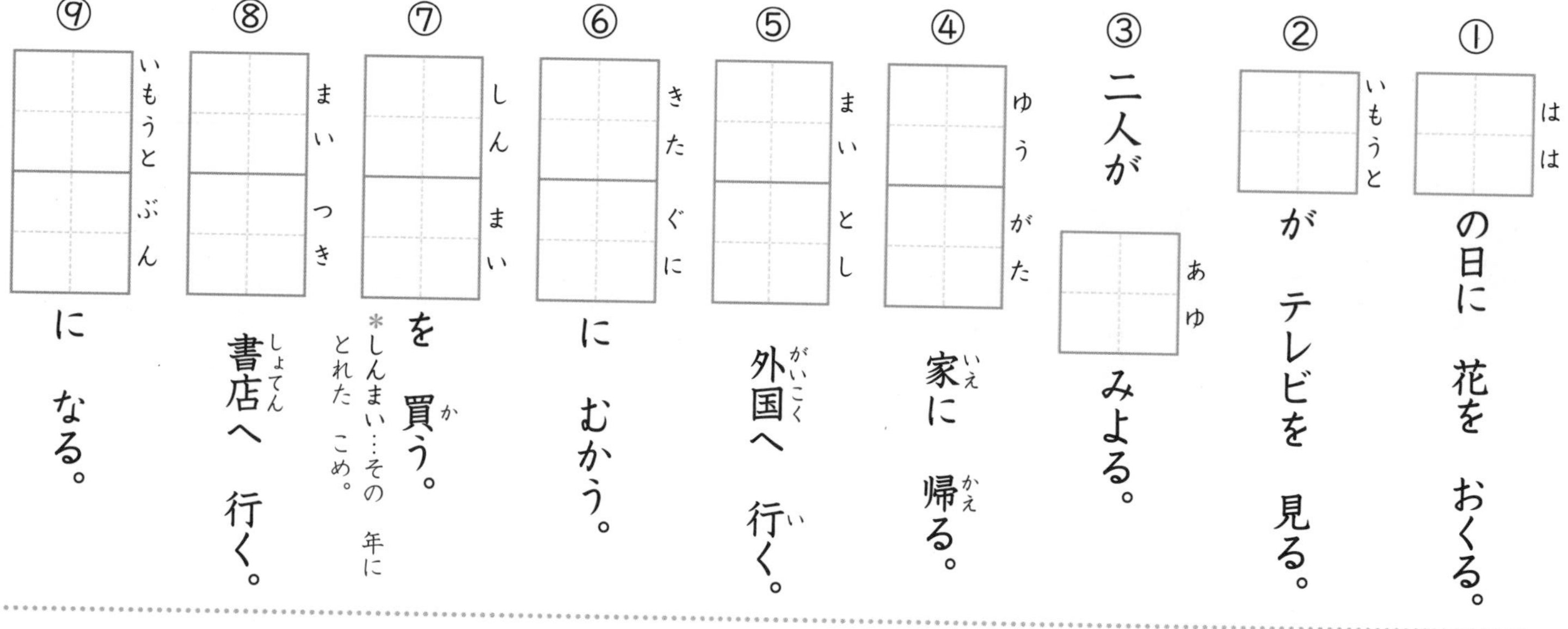

① □□（はは）の日に　花を　おくる。

② □□（いもうと）が　テレビを　見る。

③ 二人が　□（あゆ）みよる。

④ □□（ゆうがた）家に　帰る。

⑤ □□（まいとし）外国へ　行く。

⑥ □□（きたぐに）に　むかう。

⑦ □□（しんまい）を　買う。

＊しんまい…その年にとれたこめ。

⑧ □□（まいつき）書店へ　行く。

⑨ □□（いもうとぶん）に　なる。

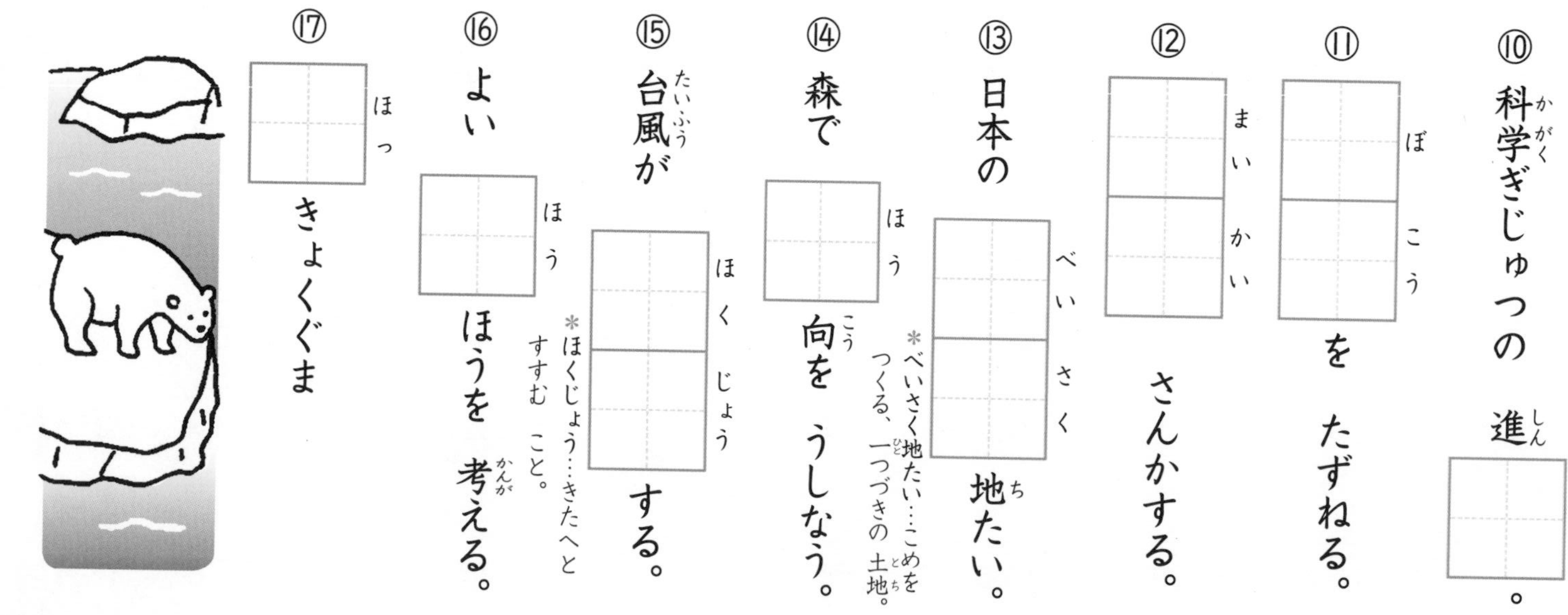

⑩ 科学ぎじゅつの　進□（ほ）。

⑪ □□（ほうこう）を　たずねる。

⑫ □□（まいかい）さんかする。

⑬ 日本の　□□（べいさく）地たい。

＊べいさく地たい…こめをつくる、一つづきの土地。

⑭ 森で　□（ほう）向を　うしなう。

⑮ 台風が　□□（ほくじょう）する。

＊ほくじょう…きたへとすすむこと。

⑯ よい　□（ほう）ほうを　考える。

⑰ □（ほっ）きょくぐま

クイズ

「毎」は　何画で　書くかな？

① 6画　② 7画　③ 8画

答え ▶ 92ページ

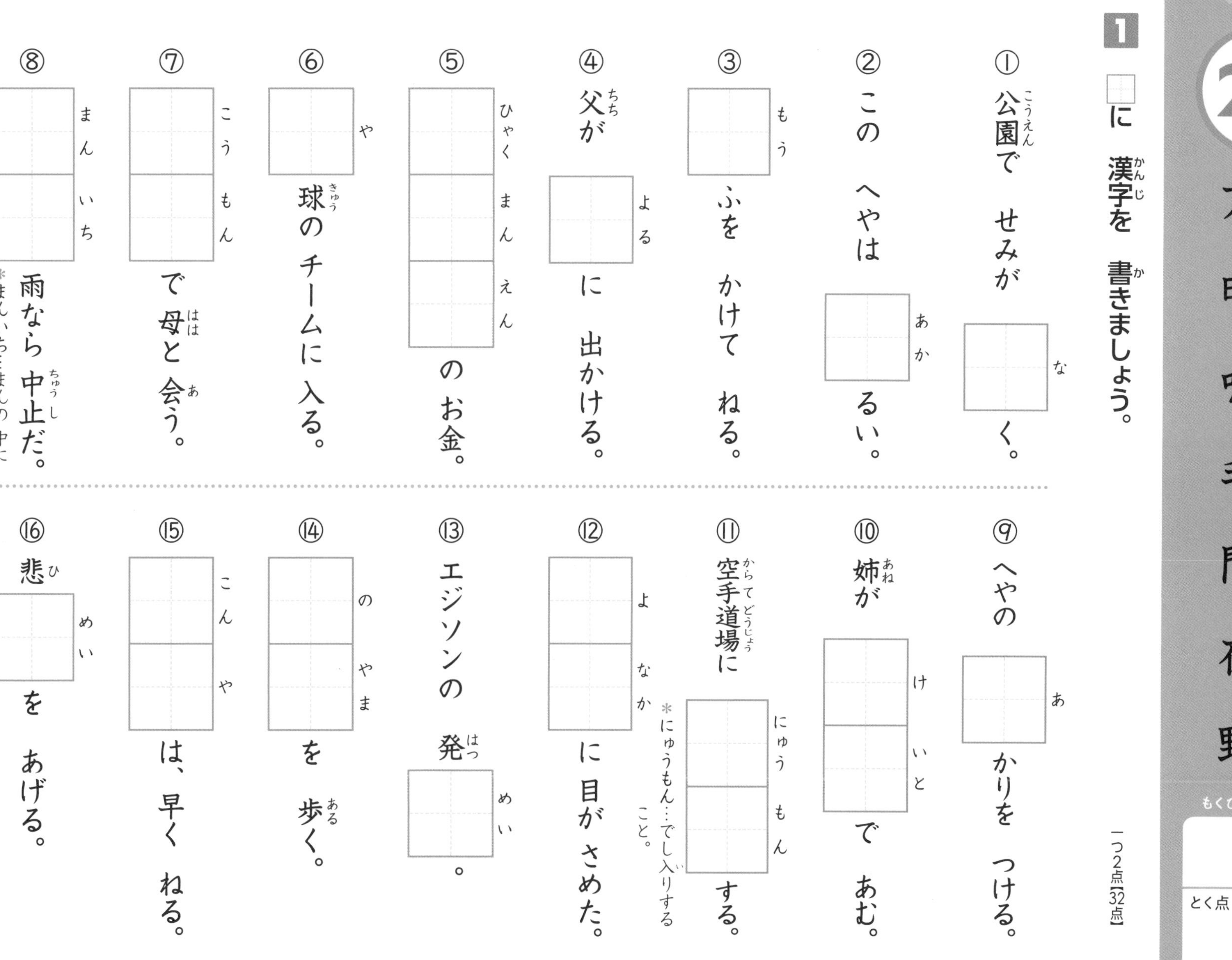

27 漢字を 書く

万・明・鳴・毛・門・夜・野

もくひょう 10分

月　日　とく点　点

1 □に 漢字(かんじ)を 書(か)きましょう。　一つ2点【32点】

① 公園(こうえん)で せみが □(な)く。

② この へやは □(あか)るい。

③ □□(もう)ふを かけて ねる。

④ 父(ちち)が □□(よる)に 出かける。

⑤ □□□(ひゃくまんえん)の お金。

⑥ □(や)球(きゅう)の チームに 入る。

⑦ □□(こうもん)で 母(はは)と 会(あ)う。

⑧ □□(まんいち)雨なら 中止(ちゅうし)だ。
＊まんいち…まんの 中に ひとつ。もしも。

⑨ へやの □(あ)かりを つける。

⑩ 姉(あね)が □□(けいと)で あむ。

⑪ 空手道場(からてどうじょう)に □□(にゅうもん)する。
＊にゅうもん…でし入りする こと。

⑫ □□(よなか)に 目が さめた。

⑬ エジソンの 発(はつ)□(めい)。

⑭ □□(のやま)を 歩(ある)く。

⑮ □□(こんや)は、早く ねる。

⑯ 悲(ひ)□(めい)を あげる。

2 □に 漢字(かんじ)を 書(か)きましょう。

一つ4点【68点】

① もうすぐ （よあ）けだ。

② 木に 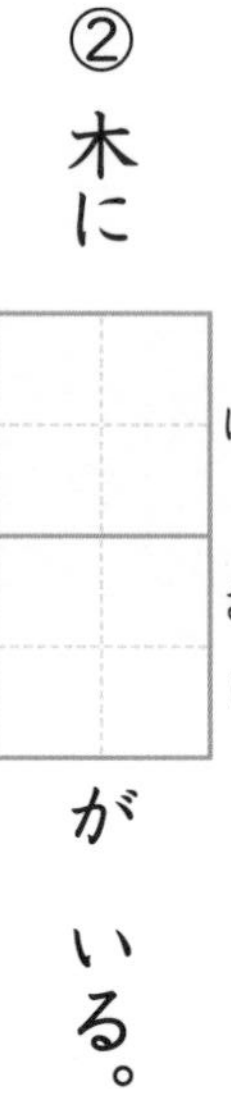（けむし）が いる。

③ 学校の 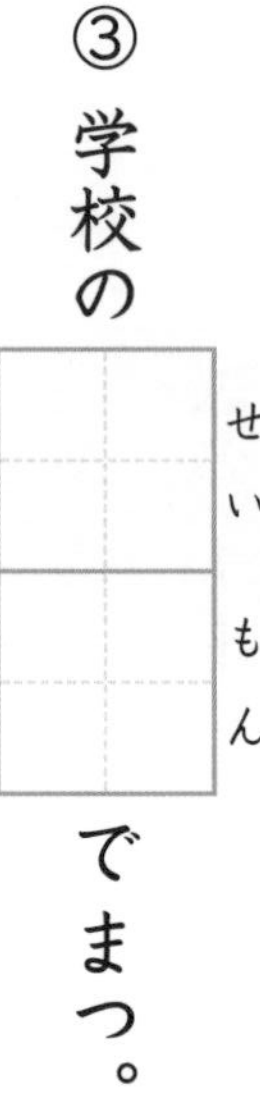（せいもん）で まつ。

④ 母(はは)が 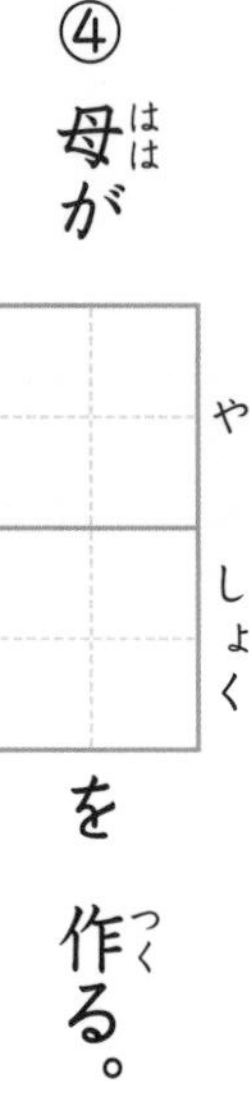（やしょく）を 作(つく)る。

⑤ らい 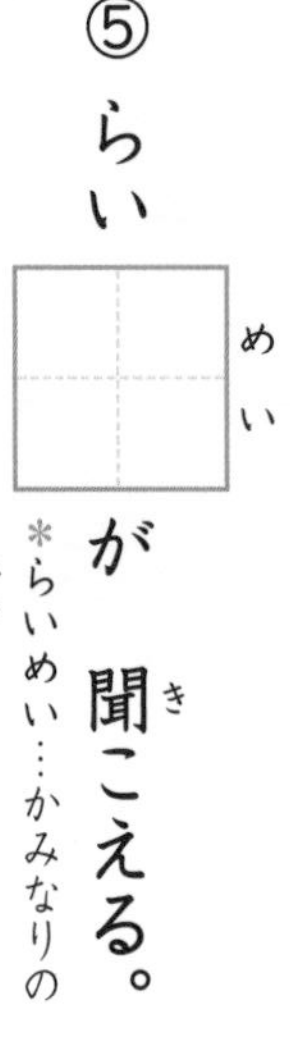（めい）が 聞(き)こえる。
＊らいめい…かみなりの音。

⑥ 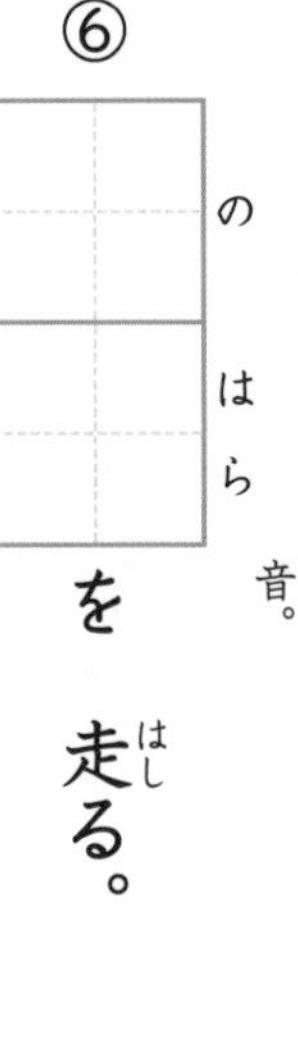（のはら）を 走(はし)る。

⑦ 父(ちち)の 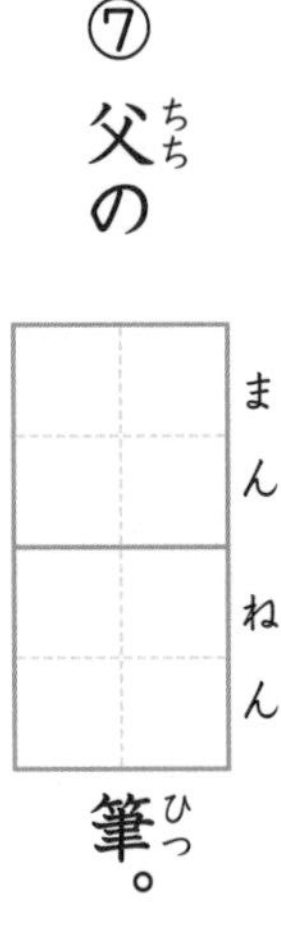（まんねん）筆(ひつ)。

⑧ つかい方(かた)を せつ 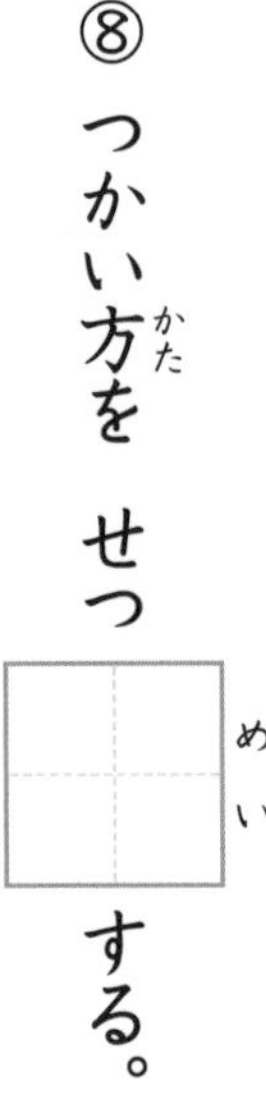（めい）する。

⑨ 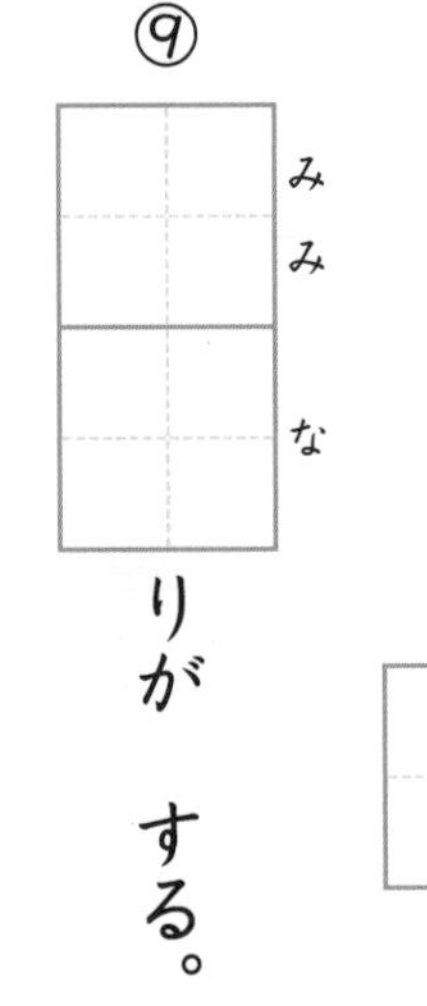（みみな）りが する。

⑩ 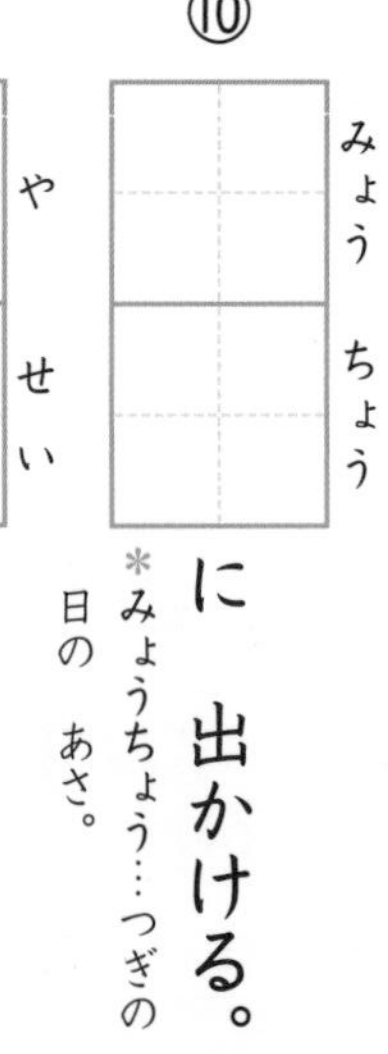（みょうちょう）に 出かける。
＊みょうちょう…つぎの日の あさ。

⑪ 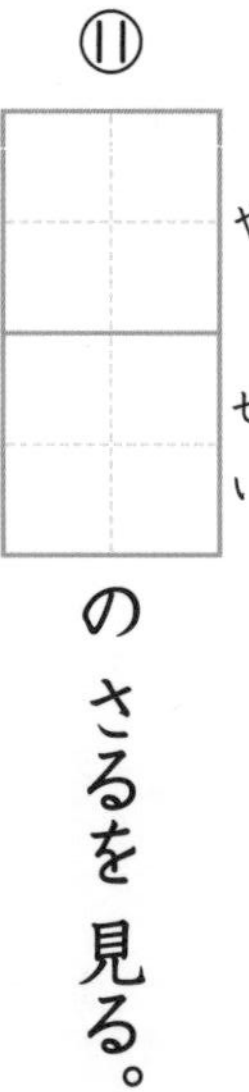（やせい）の さるを 見る。

⑫ 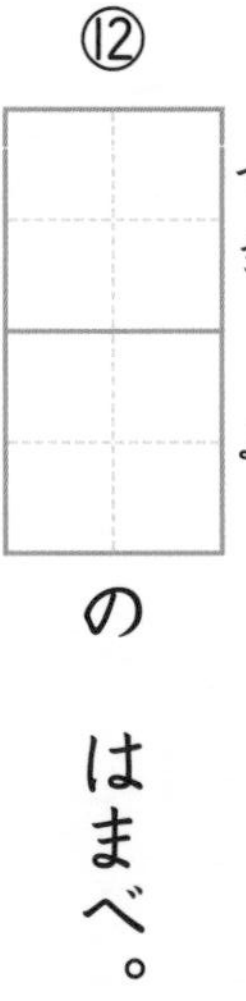（つきよ）の はまべ。

⑬ 虫の せん 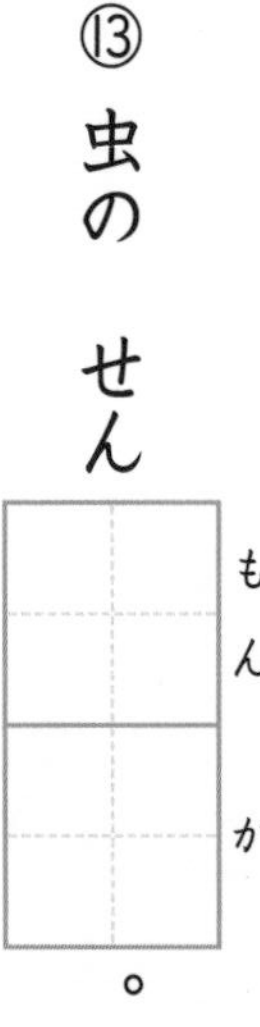（もんか）。

⑭ すずめの 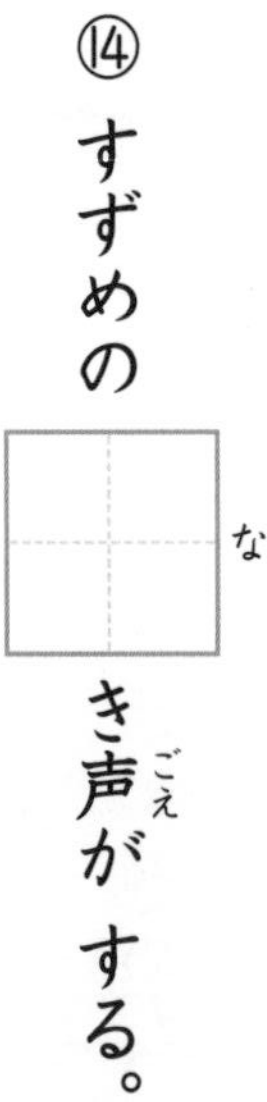（な）き声(ごえ)が する。

⑮ 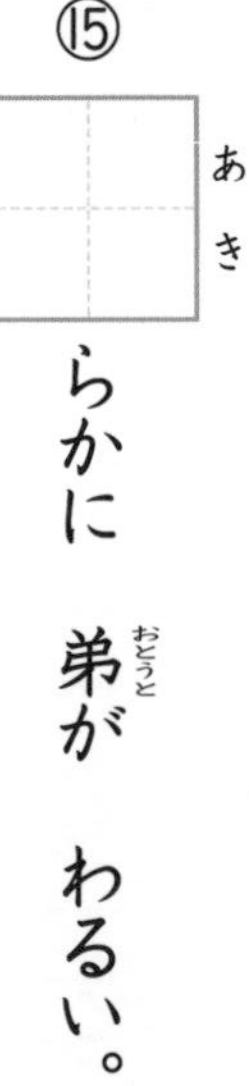（あき）らかに 弟(おとうと)が わるい。

⑯ 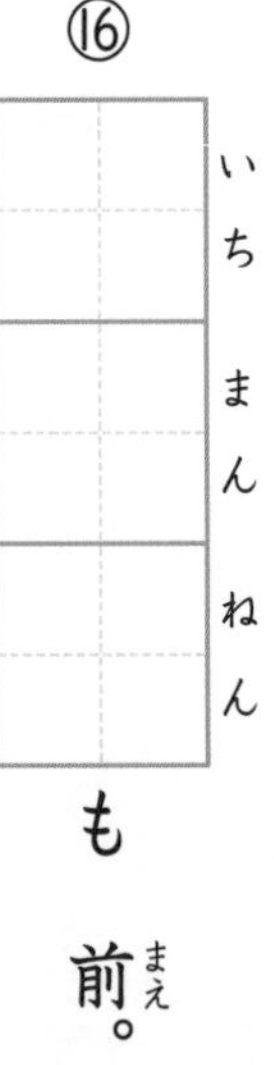（いちまんねん）も 前(まえ)。

⑰ 羊(よう) 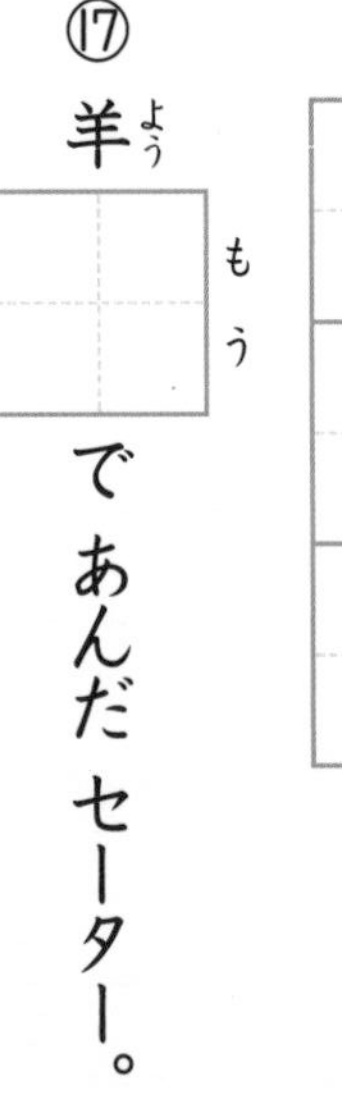（もう）で あんだ セーター。

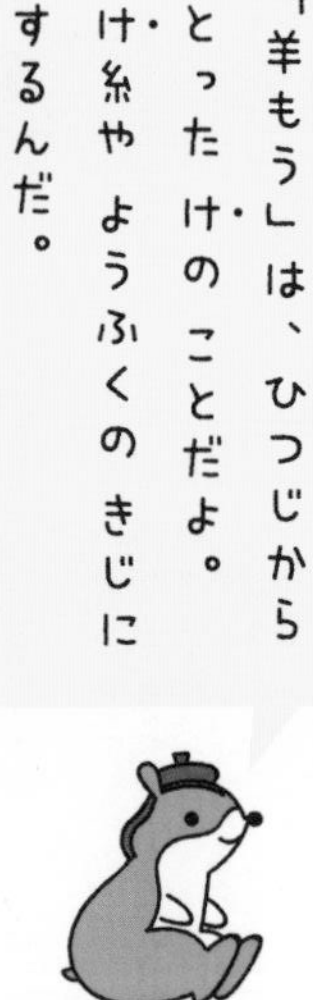

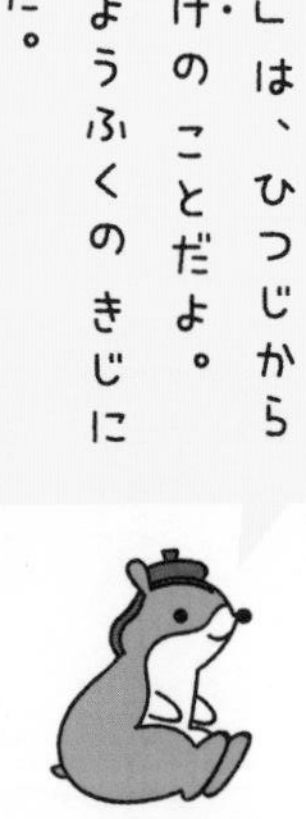

クイズ 「野」を「の」と 読(よ)むのは、どれかな？
① 野草 ② 野道(みち) ③ 野外(がい)

答え ▶ 92ページ

28 漢字を 書く

友・用・曜・来・里・理・話

もくひょう 10分

月　日　とく点　　点

1 □に 漢字を 書きましょう。　一つ2点【32点】

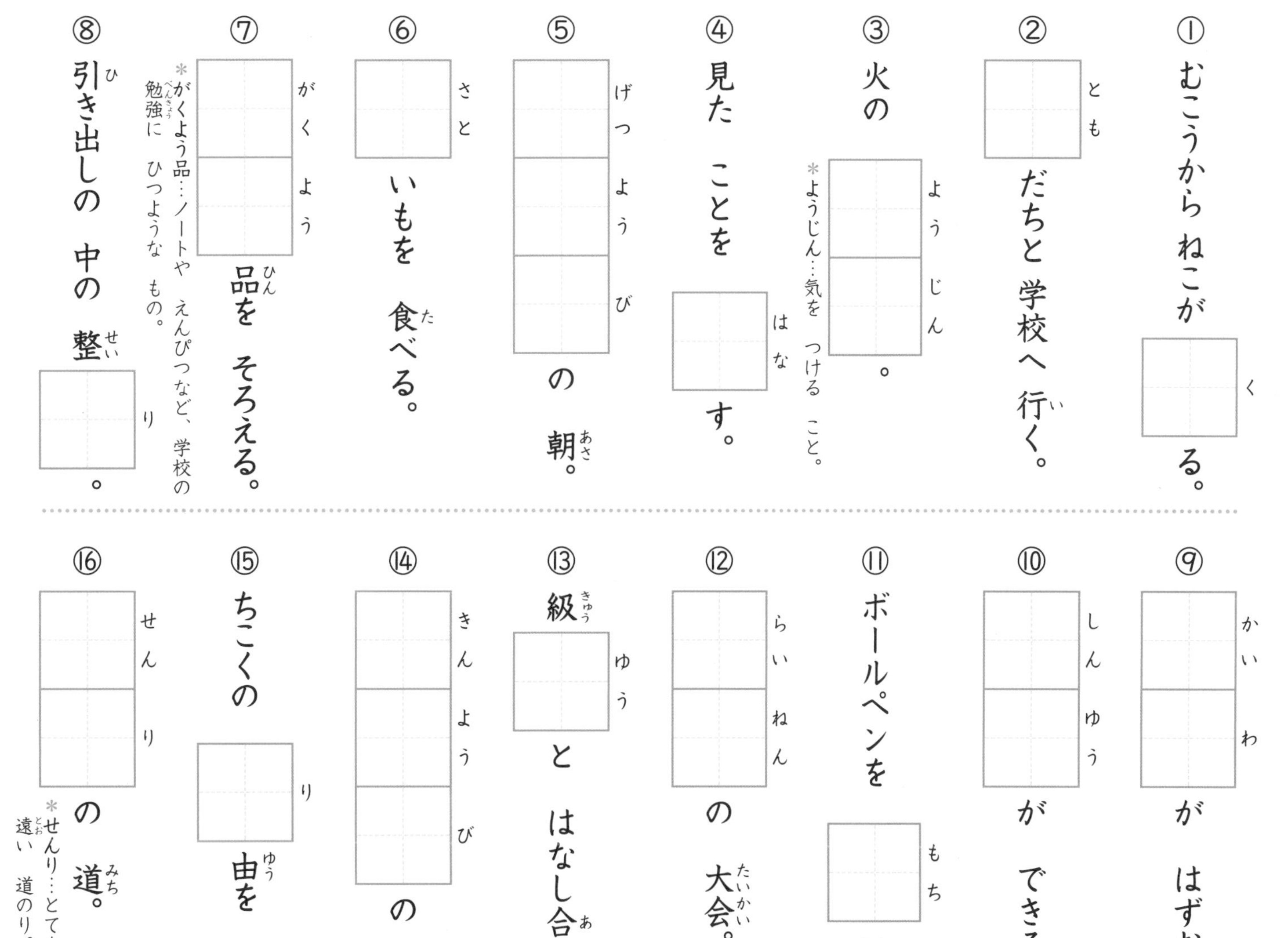

① むこうから ねこが □（く）る。

② □（とも）だちと 学校へ 行く。

③ 火の □□（ようじん）。
＊ようじん…気を つける こと。

④ 見た ことを □（はな）す。

⑤ □□□（げつようび）の 朝。

⑥ □（さと）いもを 食べる。

⑦ □□（がくよう）品を そろえる。
＊がくよう品…ノートや えんぴつなど、学校の 勉強に ひつような もの。

⑧ 引き出しの 中の 整□（り）。

⑨ □□（かいわ）が はずむ。

⑩ □□（しんゆう）が できる。

⑪ ボールペンを □（も）ちいる。

⑫ □□（らいねん）の 大会。

⑬ 級□（ゆう）と はなし合う。

⑭ □□□（きんようび）の 夜。

⑮ ちこくの □（り）由を 言う。

⑯ □□（せんり）の 道。
＊せんり…とても 遠い 道のり。

2 □に 漢字(かんじ)を 書(か)きましょう。

一つ4点【68点】

① おいしい りょう[り]。

② [はな]し声(ごえ)が 聞(き)こえる。

③ [ゆうじん]の 家(いえ)に 行(い)く。

④ [にちようび]の 新聞(しんぶん)。

⑤ 父(ちち)の きょう[り]に 行く。

※きょうり…ふるさと。

⑥ み[らい]の ことを 思(おも)う。

⑦ 母(はは)が [さとがえ]りする。

⑧ やねを しゅう[り]する。

⑨ [しゅわ]で つたえる。

※しゅわ…耳や口のふ自由(じゆう)な人などが、てやゆびをうごかしてする会わのやり方(かた)。

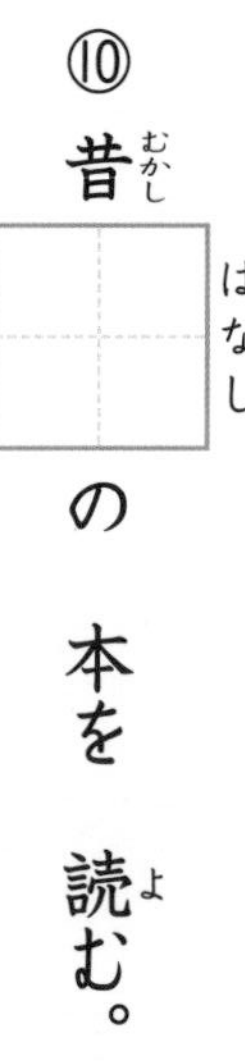

⑩ 昔(むかし)[ばなし]の 本を 読(よ)む。

⑪ かわらない [ゆう]じょう。

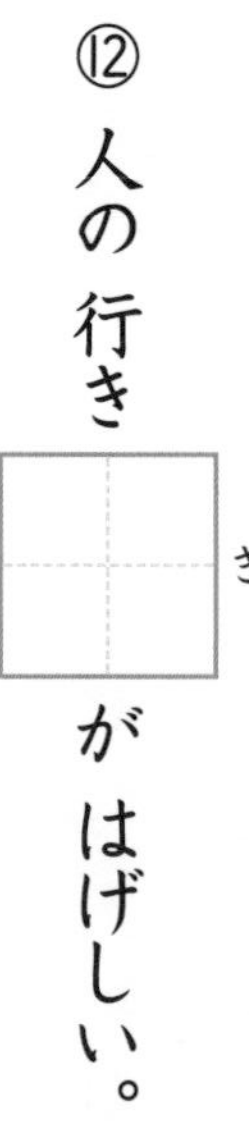

⑫ 人の 行き[き]が はげしい。

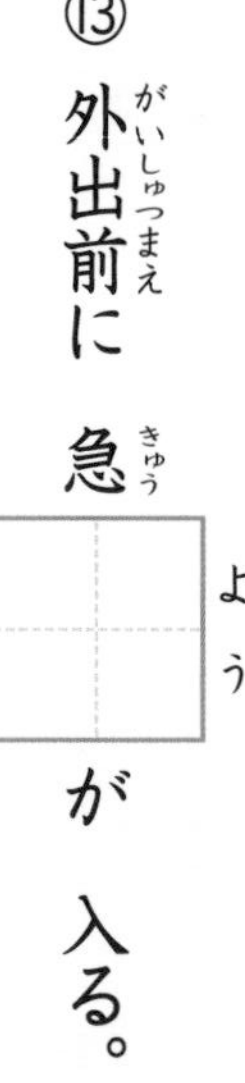

⑬ 外出前(がいしゅつまえ)に 急(きゅう)[よう]が 入る。

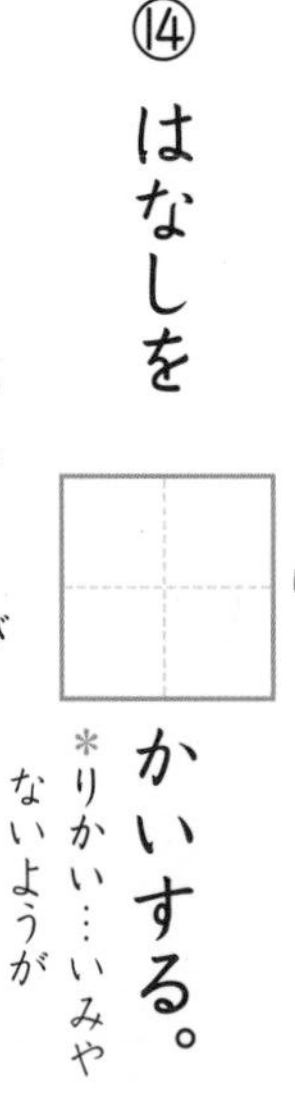

⑭ はなしを [り]かいする。

※りかい…いみやないようが、わかること。

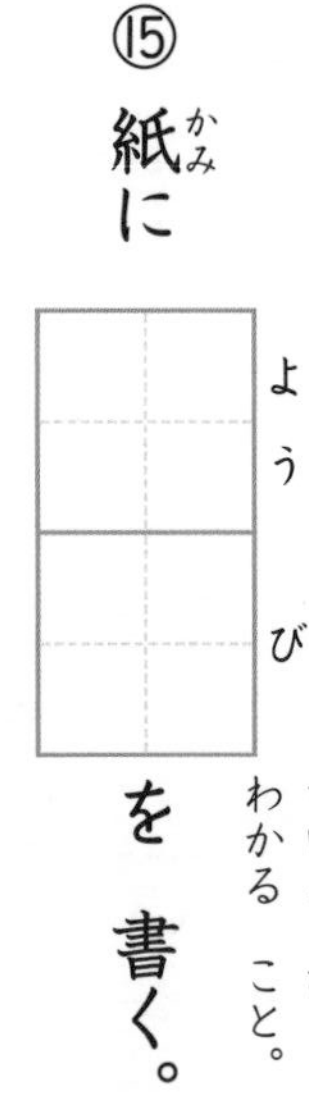

⑮ 紙(かみ)に [ようび]を 書く。

⑯ 十時に [らいてん]する。

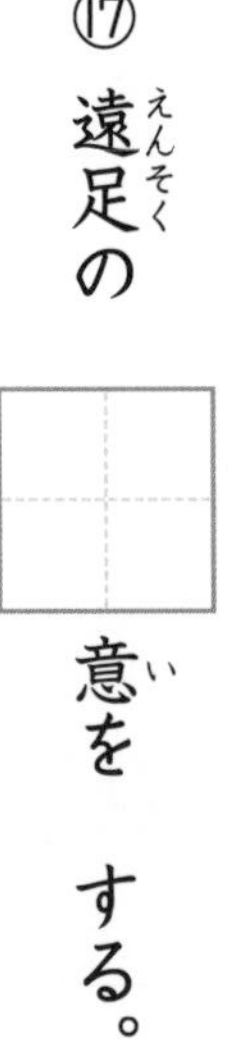

⑰ 遠足(えんそく)の [よう]意(い)を する。

「曜」は 何画(なんかく)で 書くかな？

① 16画 ② 17画 ③ 18画

答え ▶ 92ページ

29 かくにんテスト④

名前　　月　日　もくひょう 15分　とくてん　　てん

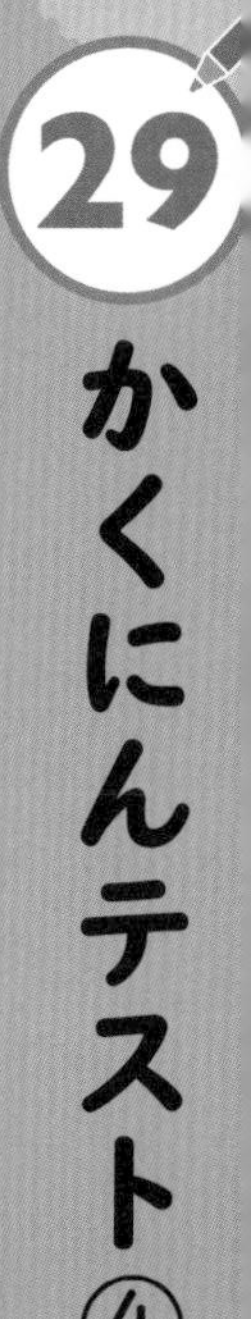

1 □に　あてはまる　漢字(かんじ)を　書(か)きましょう。　一つ3てん【30てん】

① とく□(てん)を　上げる。

② □□(にくたい)を　きたえる。
＊にくたい…人間(にんげん)の　からだ。

③ 童(どう)□(わ)の　絵本(えほん)。

④ □□(でんき)が　通(つう)じる。

⑤ □(よう)事(じ)を　すます。

⑥ □□(かぜとお)しの　よい　へや。

⑦ □□(らいしゅう)は　遠足(えんそく)だ。

⑧ □□(やがい)の　キャンプ場(じょう)。
＊やがい…たてものの　そと。

⑨ 二年二組(にくみ)　□□(いちどう)。
＊いちどう…その　場所(ばしょ)に　いる　すべての　人。

⑩ □□□(じゅうごや)の　月見。
＊じゅうごや…むかしの　こよみで、毎月(まいつき)じゅうご日(にち)の　まん月(げつ)の　よる。

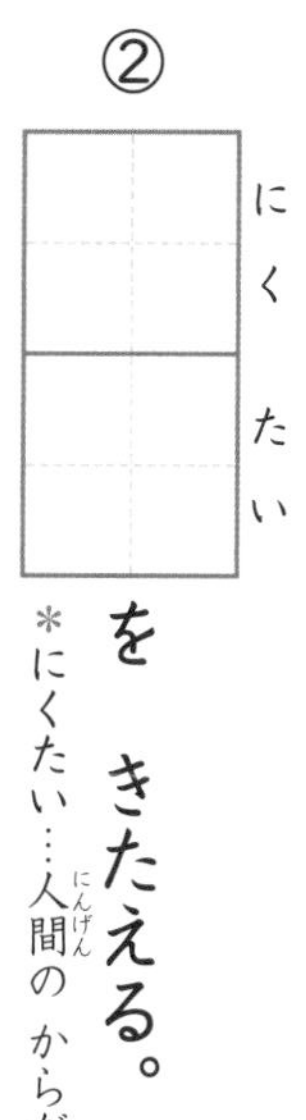
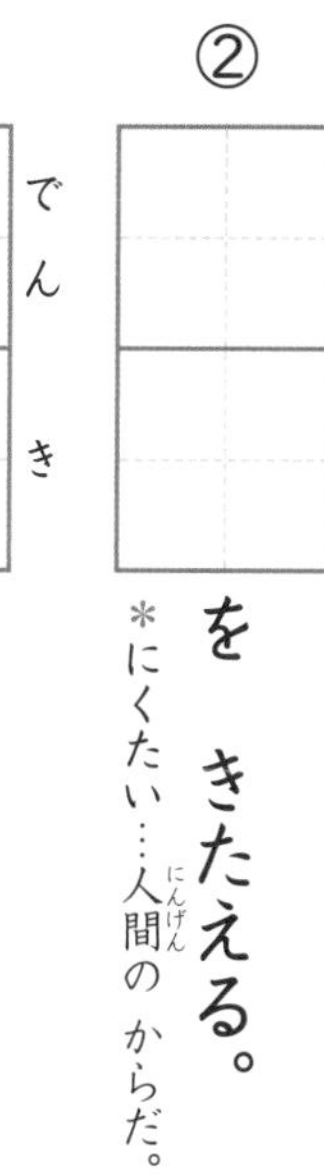
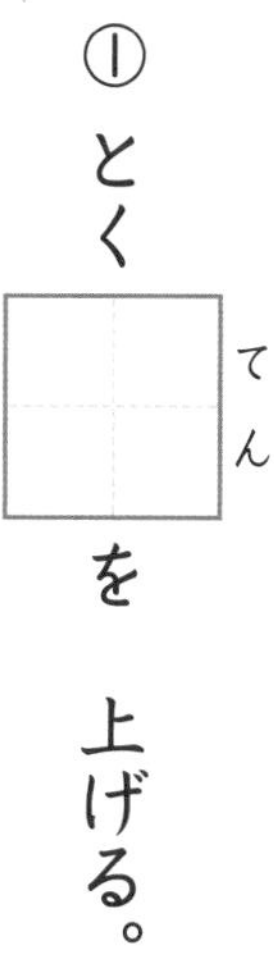
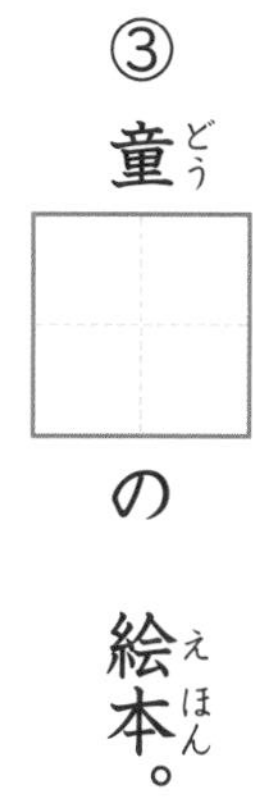
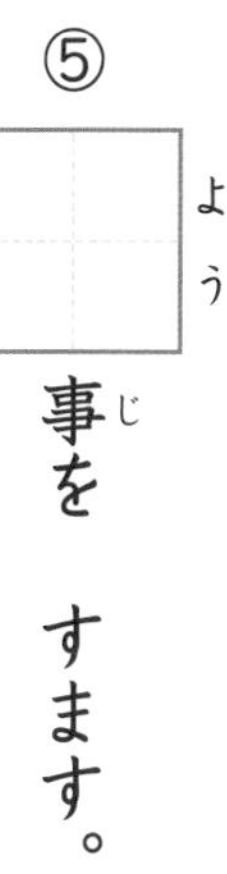
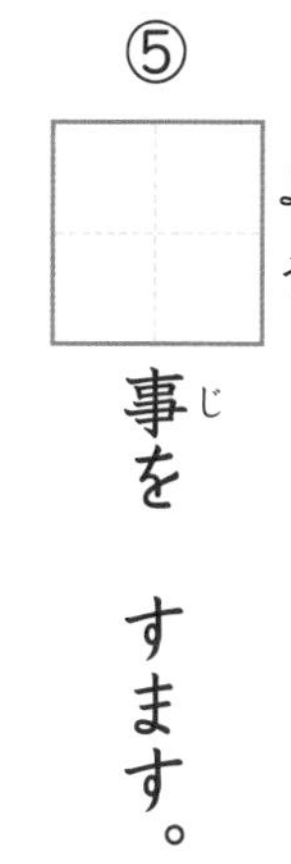

2 ――の　言葉(ことば)を、漢字と　おくりがなで　（　）に　書きましょう。　一つ6てん【18てん】

① ただちに　へやに　入る。　（　　）

② 妹(いもうと)は、あかるい　せいかくだ。　（　　）

③ 道(みち)が　二つに　わかれる。　（　　）

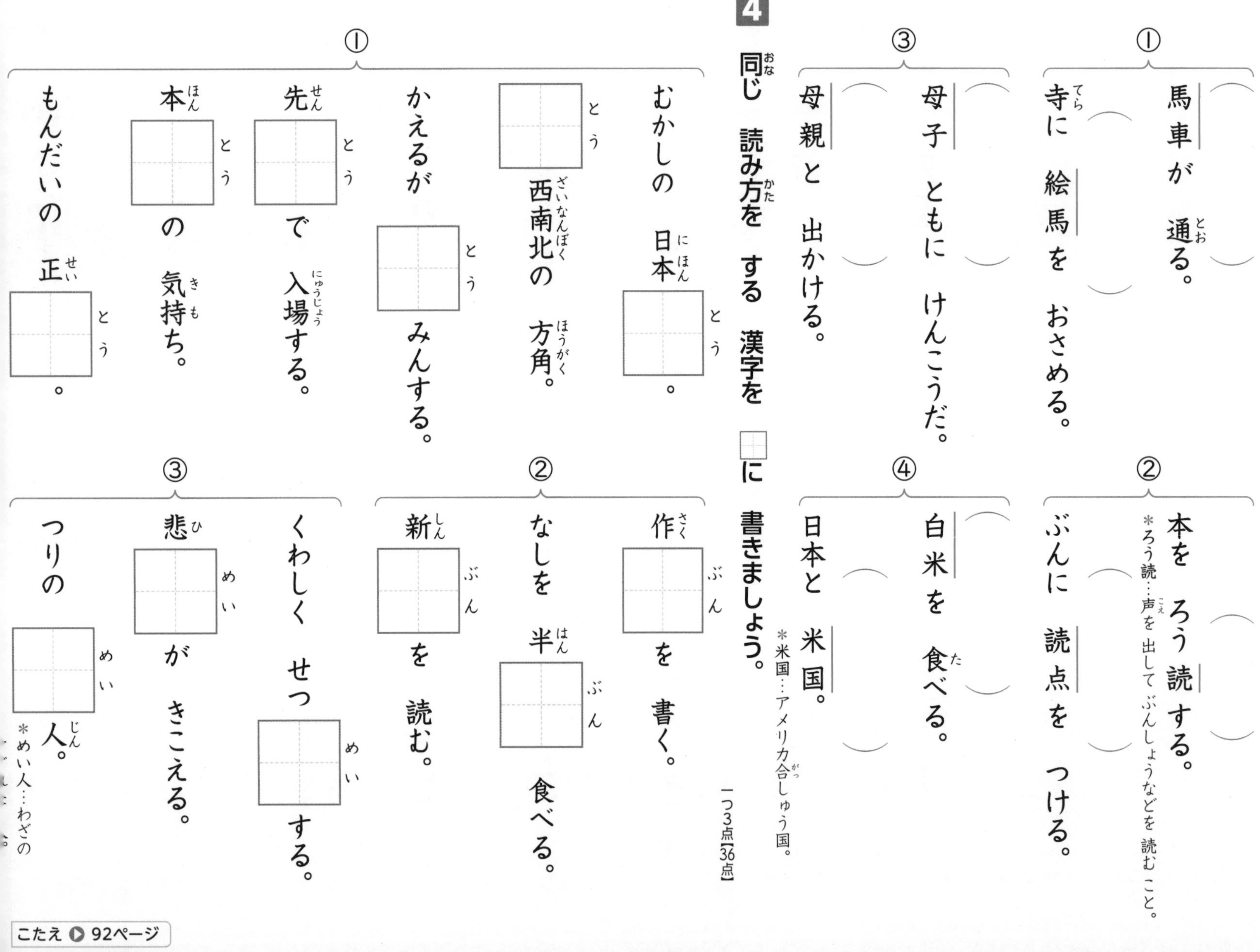

3 ――の漢字の読みがなを（　）に書きましょう。　一つ2点【16点】

①
馬車が通る。（　）
寺に絵馬をおさめる。（　）

②
本をろう読する。（　）
＊ろう読…声を出してぶんしょうなどを読むこと。
ぶんに読点をつける。（　）

③
母子ともにけんこうだ。（　）
母親と出かける。（　）

④
白米を食べる。（　）
日本と米国。（　）
＊米国…アメリカ合しゅう国。

4 同じ読み方をする漢字を□に書きましょう。　一つ3点【36点】

①
むかしの日本□（とう）。
西南北の□（とう）方角。
かえるが□（とう）みんする。
先□（とう）で入場する。
本□（とう）の気持ち。
もんだいの正□（とう）。

②
作□（ぶん）を書く。
なしを半□（ぶん）食べる。
新□（ぶん）を読む。

③
くわしくせつ□（めい）する。
悲□（めい）がきこえる。
つりの□（めい）人。
＊めい人…わざのすぐれた人。

こたえ ▶ 92ページ

30 二年の 全漢字テスト①

名前

もくひょう 15分

月

とく点

1 □に 漢字を かきましょう。 一つ2点【40点】

① 妹の 手を （ひ）く。

② 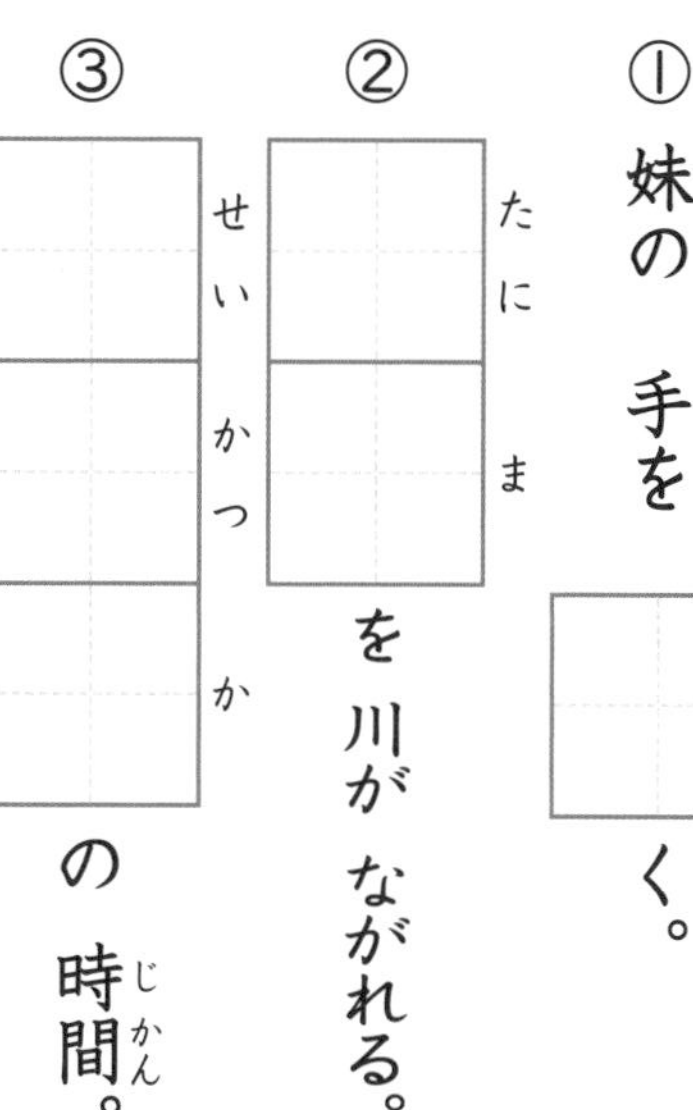（たにま）を 川が ながれる。

③ （せいかつか）の 時間。

④ ダイヤモンドが 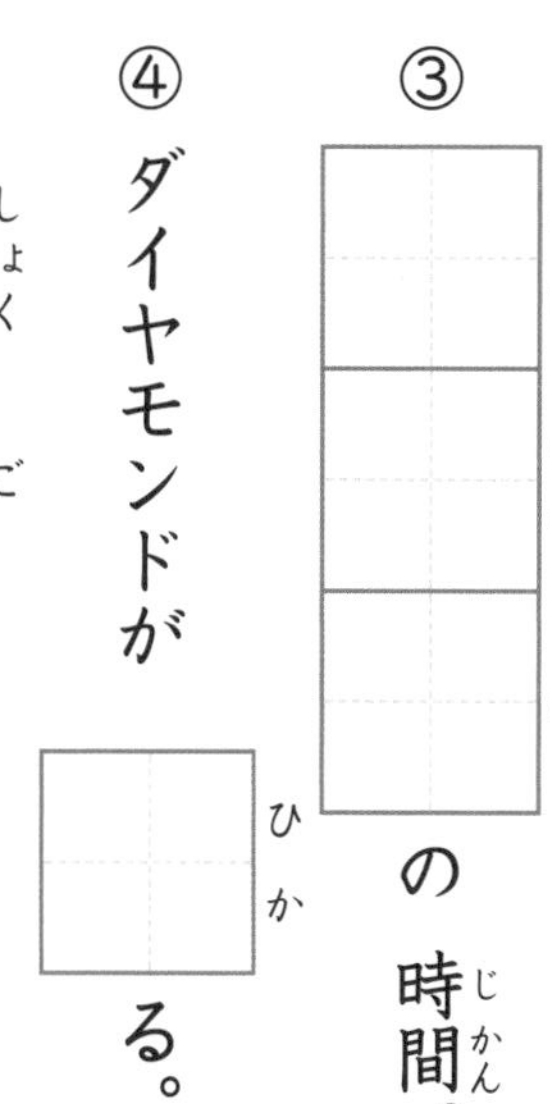（ひか）る。

⑤ 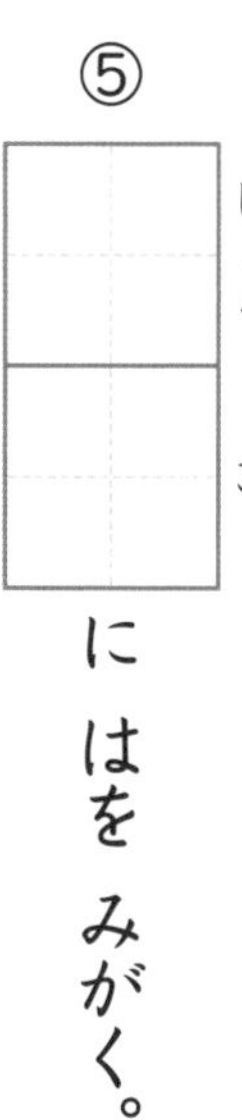（しょくご）に はを みがく。

⑥ 公園で 友だちと （あ）う。

⑦ 火山が 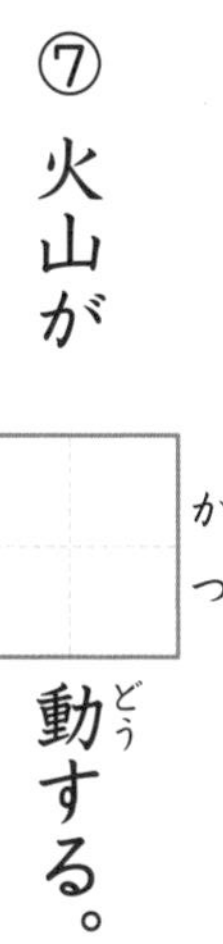（かつ）動する。

⑧ 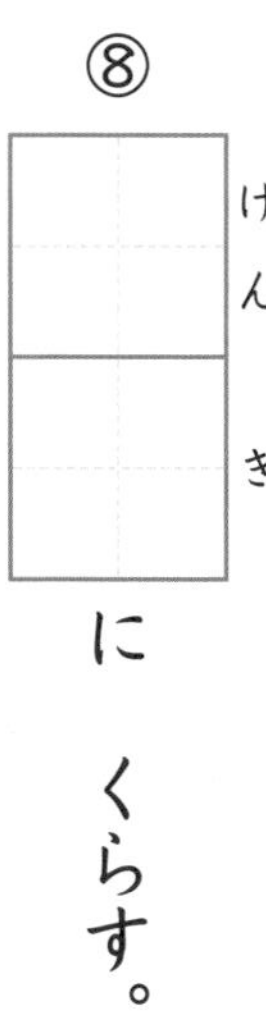（げんき）に くらす。

⑨ 家で 勉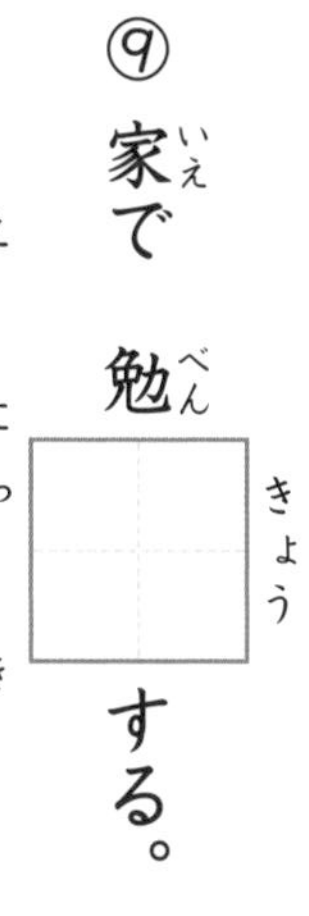（きょう）する。

⑩ 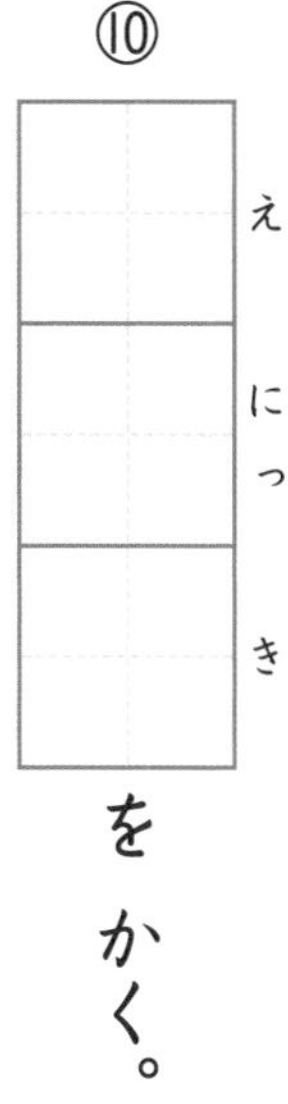（えにっき）を かく。

⑪ 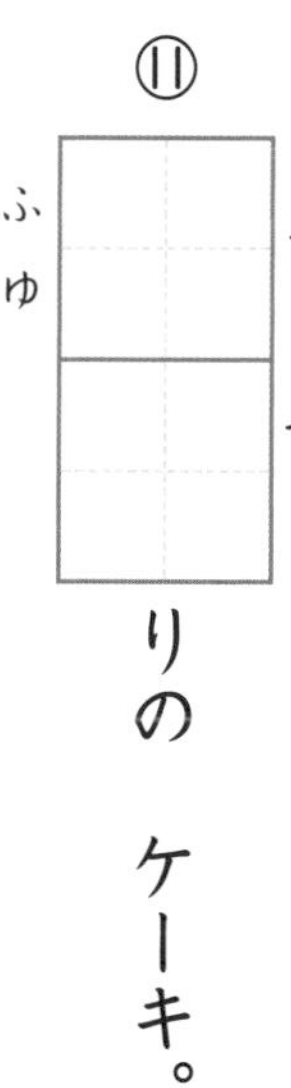（てづく）りの ケーキ。

⑫ 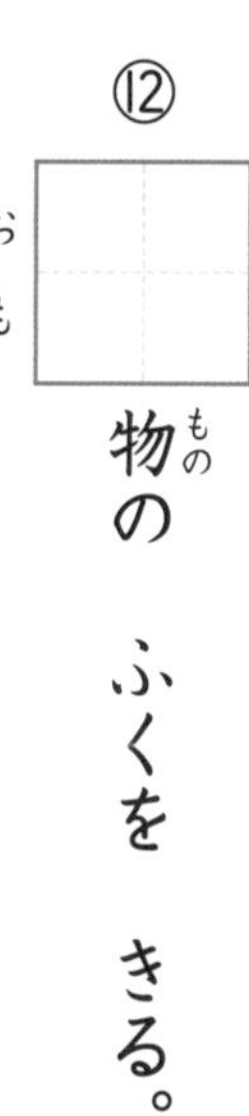（ふゆ）物の ふくを きる。

⑬ 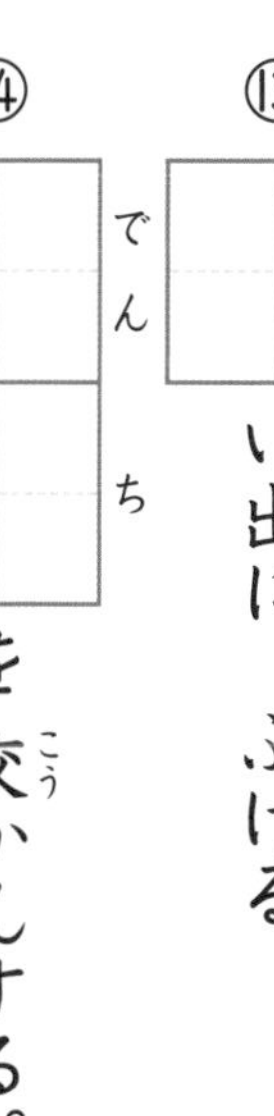（おも）い出に ふける。

⑭ （でんち）を 交かんする。

⑮ 父は 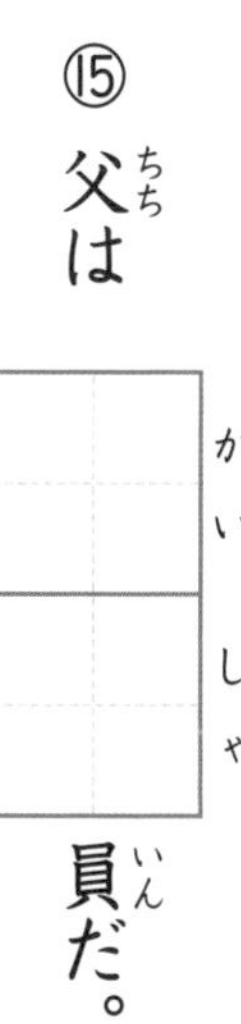（かいしゃ）員だ。

⑯ 言葉づかいを 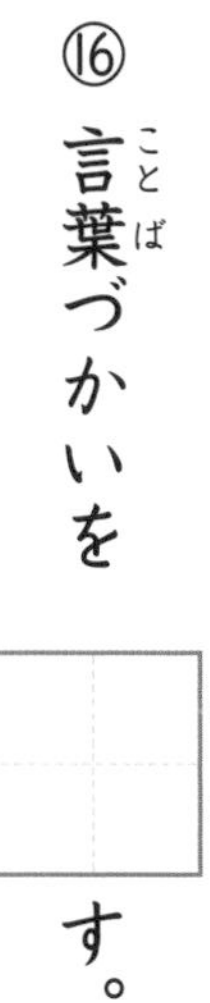（なお）す。

⑰ 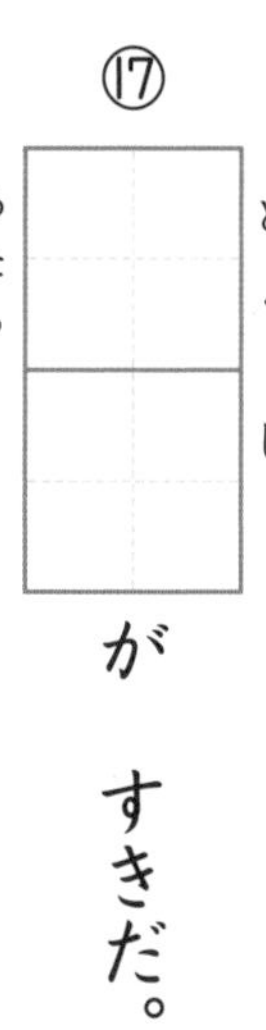（どくしょ）が すきだ。

⑱ （あたら）しい 年を むかえる。

⑲ 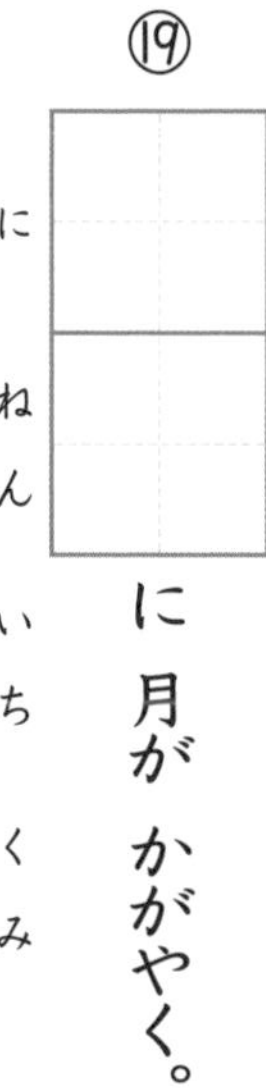（ほしぞら）に 月が かがやく。

⑳ 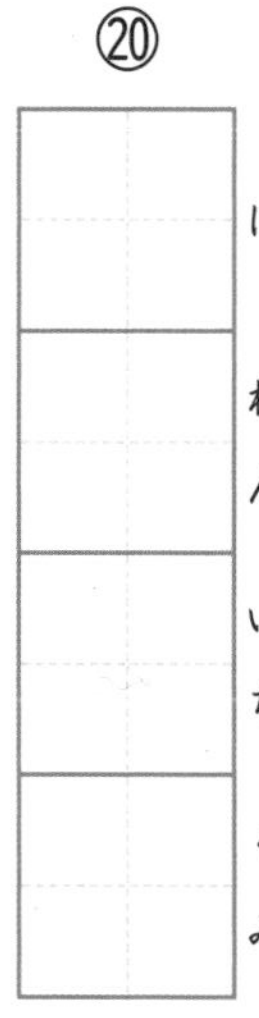（にねんいちくみ）

2 □に漢字(かんじ)を書(か)きましょう。

一つ3点【60点】

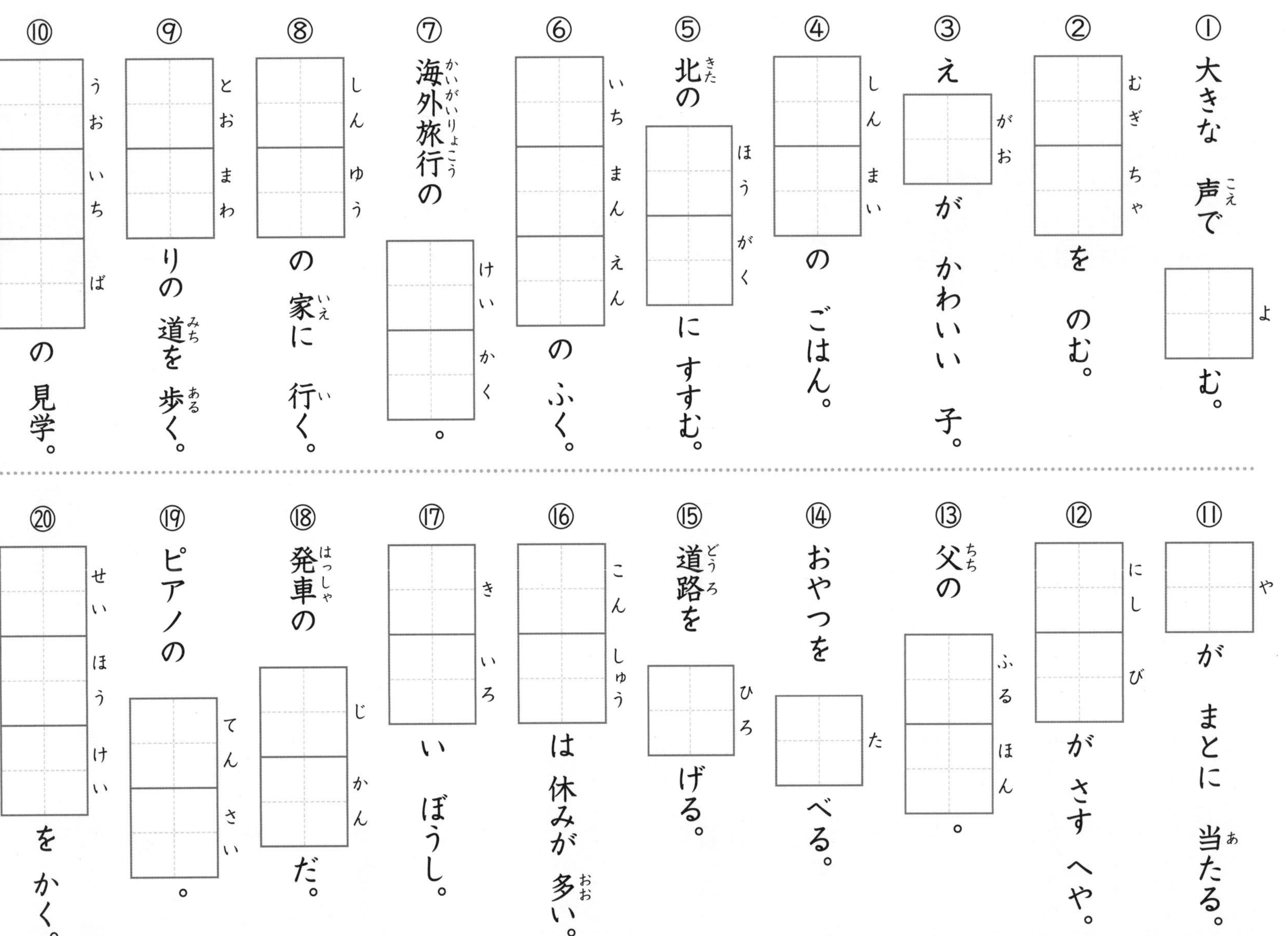

① 大きな声(こえ)で□(よ)む。

② □□(むぎちゃ)をのむ。

③ え□(がお)がかわいい子。

④ □□(しんまい)のごはん。

⑤ 北(きた)の□□(ほうがく)にすすむ。

⑥ □□□(いちまんえん)のふく。

⑦ 海外旅行(かいがいりょこう)の□□(けいかく)。

⑧ □□(しんゆう)の家(いえ)に行(い)く。

⑨ □□(とおまわ)りの道(みち)を歩(ある)く。

⑩ □□□(うおいちば)の見学。

⑪ □(や)がまとに当(あ)たる。

⑫ □□(にしび)がさすへや。

⑬ 父(ちち)の□□(ふるほん)。

⑭ おやつを□(た)べる。

⑮ 道路(どうろ)を□(ひろ)げる。

⑯ □□(こんしゅう)は休みが多(おお)い。

⑰ □□(きいろ)いぼうし。

⑱ 発車(はっしゃ)の□□(じかん)だ。

⑲ ピアノの□□(てんさい)。

⑳ □□□(せいほうけい)をかく。

答え ▶ 93ページ

31 二年の 全漢字テスト②

名前　　もくひょう 15分　　月　日　とく点

1 □に 漢字を 書きましょう。　一つ2点【40点】

① すずめが （にわ） いる。
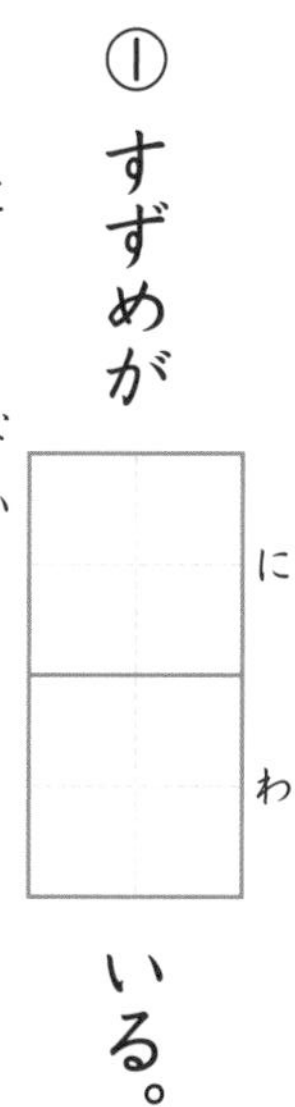

② （こくない） を 旅行する。
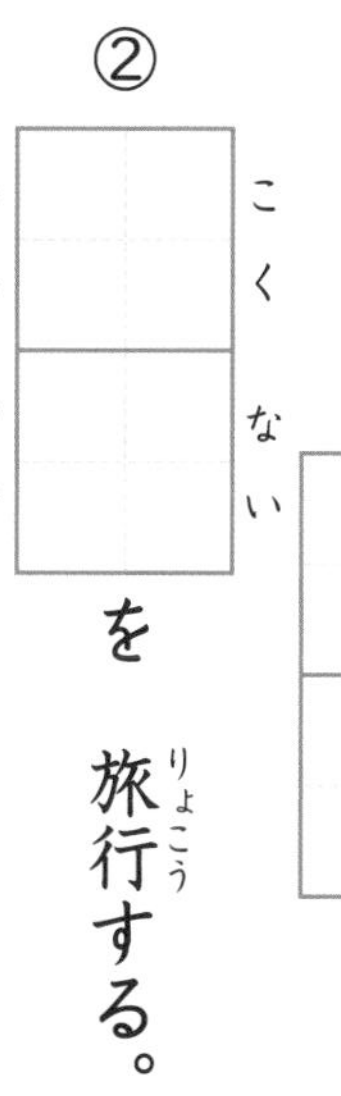

③ （なつやす） みの よてい。
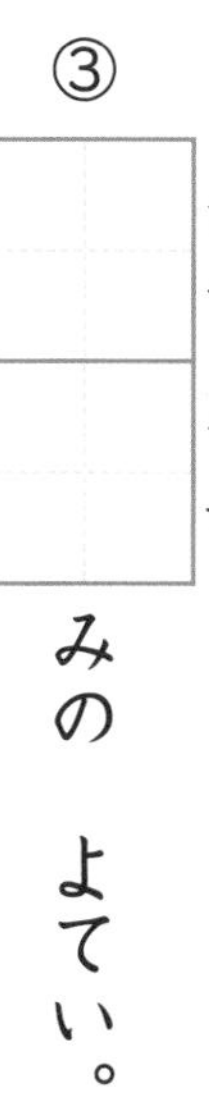

④ クイズの 答えを （かんが） える。
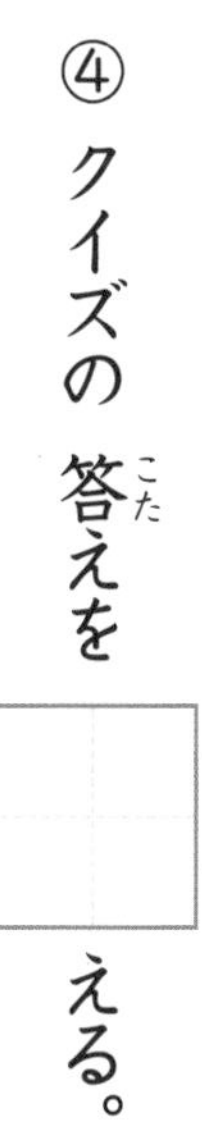

⑤ （かい） 岸に なみが よせる。
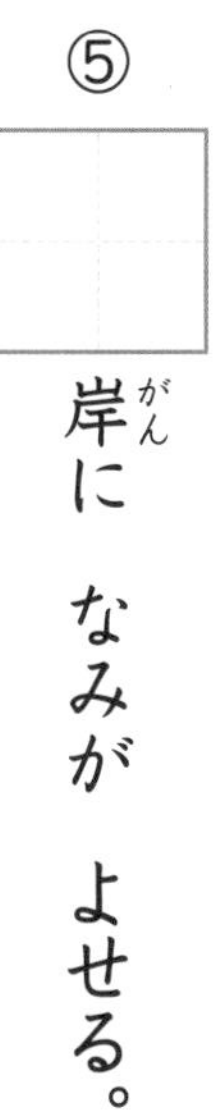

⑥ はてしない （くうかん）。
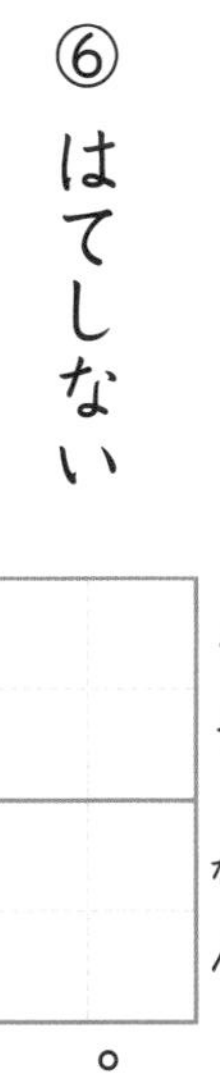

⑦ （こと） 葉の いみを しらべる。
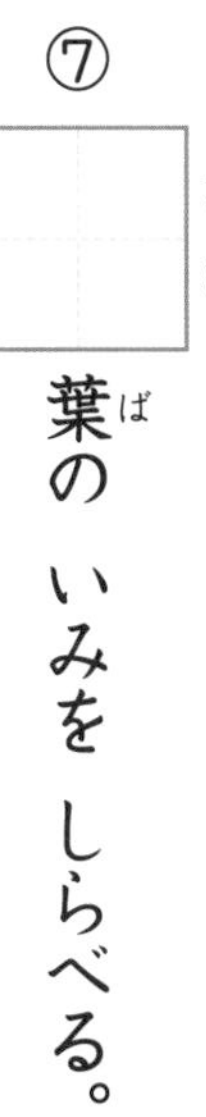

⑧ いそいで 家に （かえ） る。
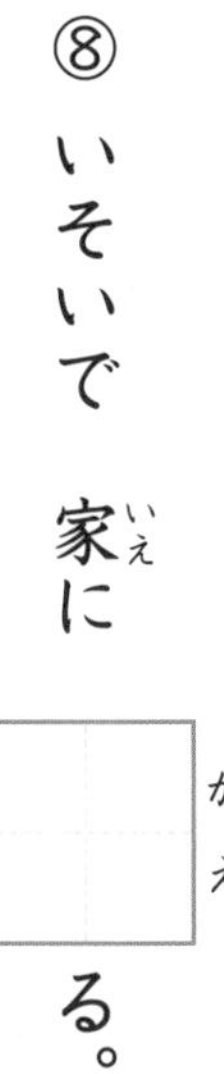

⑨ こくごを （おし） える 先生。

⑩ （がいこくご） を 学ぶ。
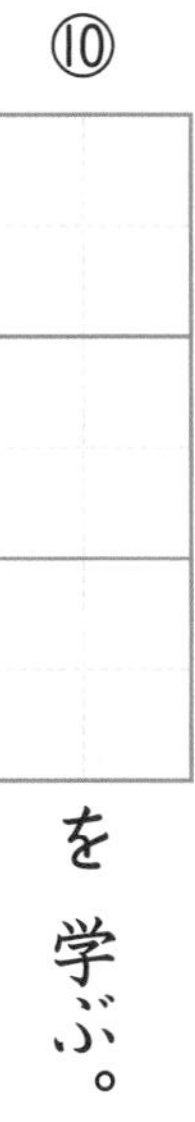

⑪ むねに 手を （あ） てる。
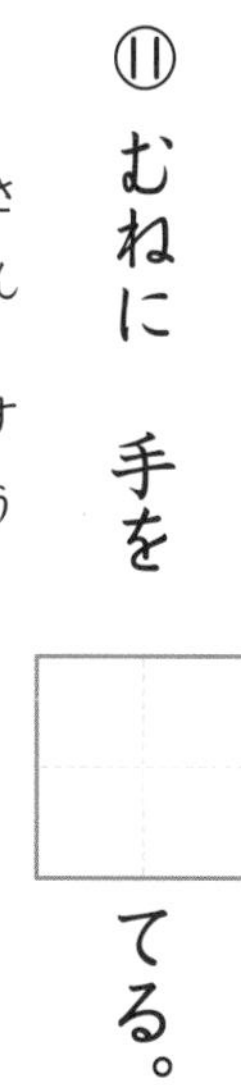

⑫ （さんすう） の もんだい。
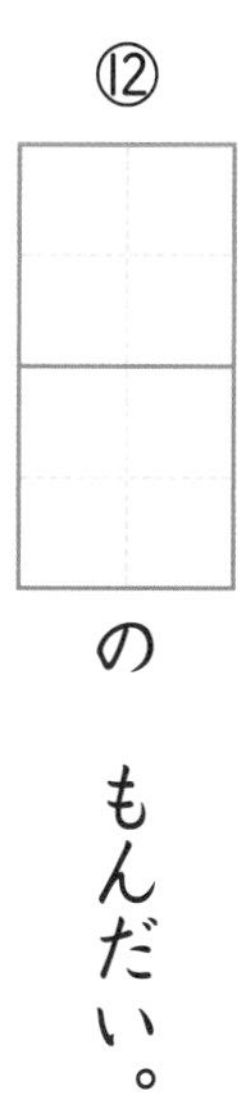

⑬ 一方 （つうこう） の 道。
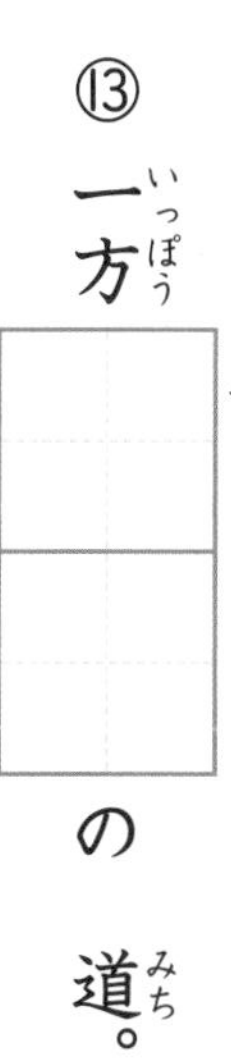

⑭ 町で （し） り合いに 会う。
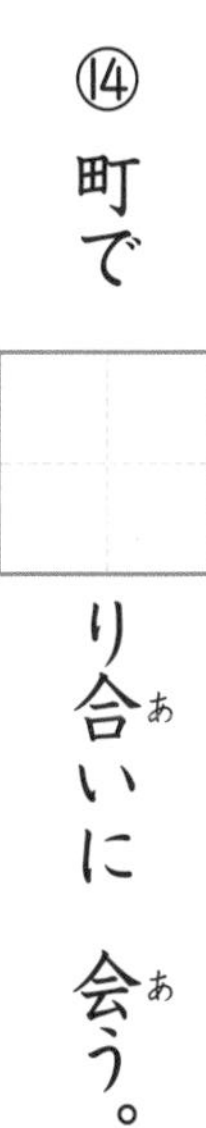

⑮ 力の （きょうじゃく） を つける。
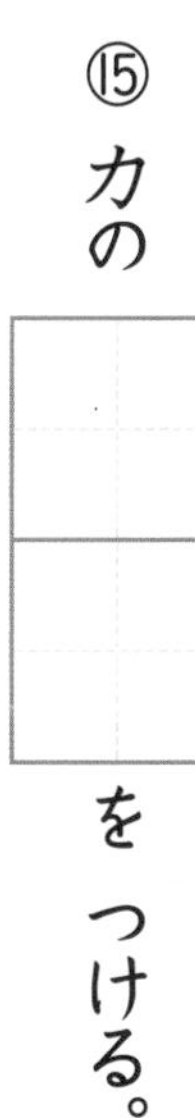

⑯ さんかする 人が （すく） ない。

⑰ 五十メートルきょう （そう）

⑱ （しんせつ） に おしえる。
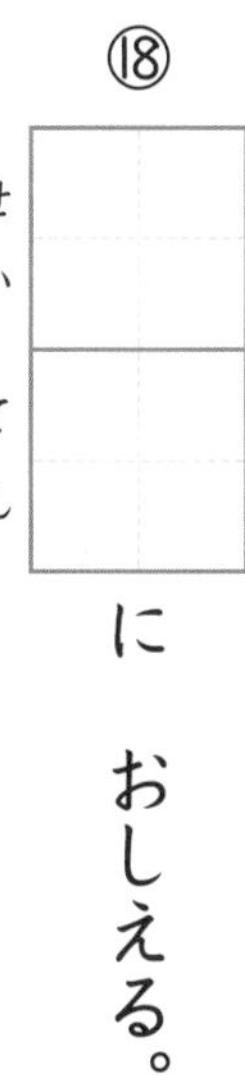

⑲ （せいてん） に めぐまれる。
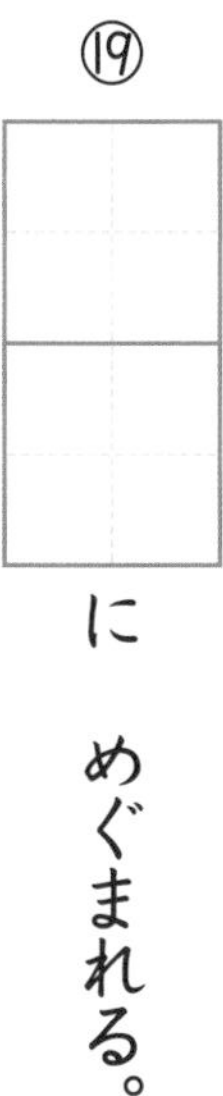

⑳ 白い （がようし）。

2 □に かんじを 書(か)きましょう。

一つ3てん【60てん】

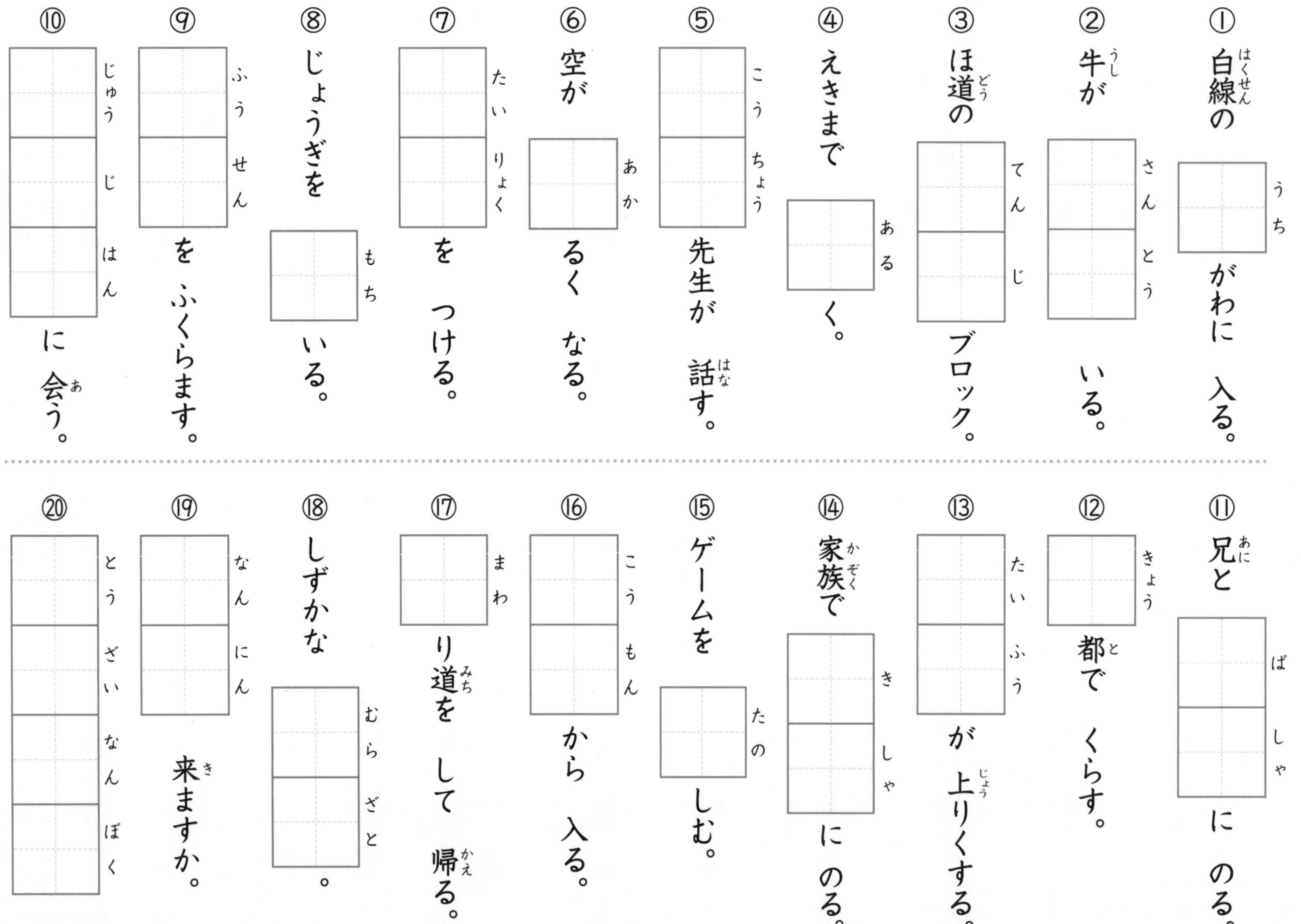

① 白線(はくせん)の □(うち)がわに 入る。

② 牛(うし)が □□(さんとう) いる。

③ ほ道(どう)の □□(てんじ)ブロック。

④ えきまで □(ある)く。

⑤ □□(こうちょう)先生が 話(はな)す。

⑥ 空が □(あか)るく なる。

⑦ □□(たいりょく)を つける。

⑧ じょうぎを □(も)ちいる。

⑨ □□(ふうせん)を ふくらます。

⑩ □□□(じゅうじはん)に 会(あ)う。

⑪ 兄(あに)と □□(ばしゃ)に のる。

⑫ □(きょう)都(と)で くらす。

⑬ □□(たいふう)が 上(じょう)りくする。

⑭ 家族(かぞく)で □□(きしゃ)に のる。

⑮ ゲームを □(たの)しむ。

⑯ □□(こうもん)から 入る。

⑰ □(まわ)り道(みち)を して 帰(かえ)る。

⑱ しずかな □□(むらざと)。

⑲ □□(なんにん) 来(き)ますか。

⑳ □□□□(とうざいなんぼく)

答え ▶ 93ページ

32 二年の全漢字テスト③

名前　　もくひょう 15分　　月　　とく点

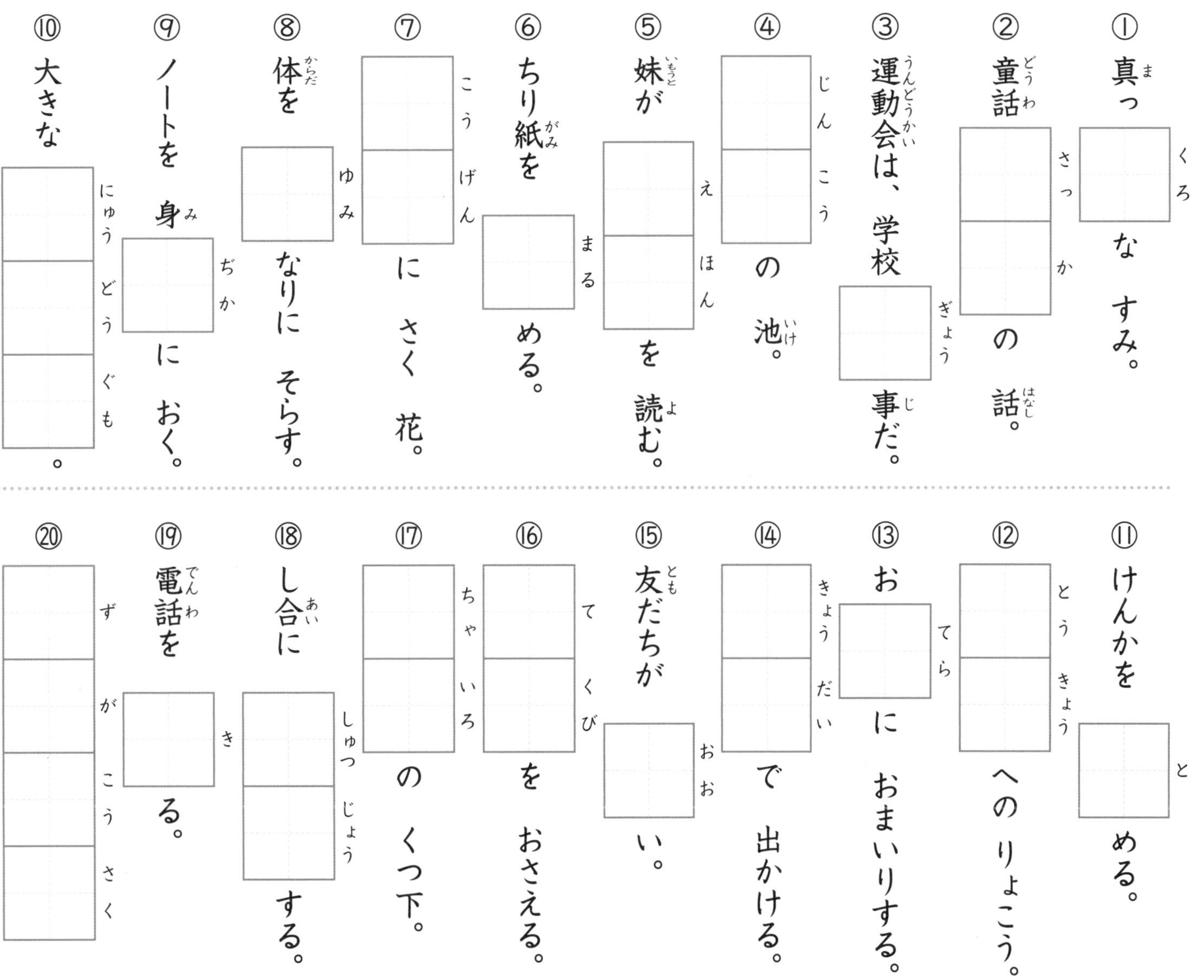

1 □に　漢字を　書きましょう。　一つ2点【40点】

① 真っ□(くろ)な　すみ。
② 童話□□(さっか)の　話。
③ 運動会は、学校□(ぎょう)事だ。
④ □□(じんこう)の　池。
⑤ 妹が□□(えほん)を　読む。
⑥ ちり紙を□(まる)める。
⑦ □□(こうげん)に　さく　花。
⑧ 体を□(ゆみ)なりに　そらす。
⑨ ノートを　身□(ぢか)に　おく。
⑩ 大きな□□□(にゅうどうぐも)。
⑪ けんかを□(と)める。
⑫ □□(とうきょう)への　りょこう。
⑬ お□(てら)に　おまいりする。
⑭ □□(きょうだい)で　出かける。
⑮ 友だちが□(おお)い。
⑯ □□(てくび)を　おさえる。
⑰ □□(ちゃいろ)の　くつ下。
⑱ し合に□□(しゅつじょう)する。
⑲ 電話を□(き)る。
⑳ □□□□(ずがこうさく)

2 □に 漢字(かんじ)を かきましょう。

一つ3点【60点】

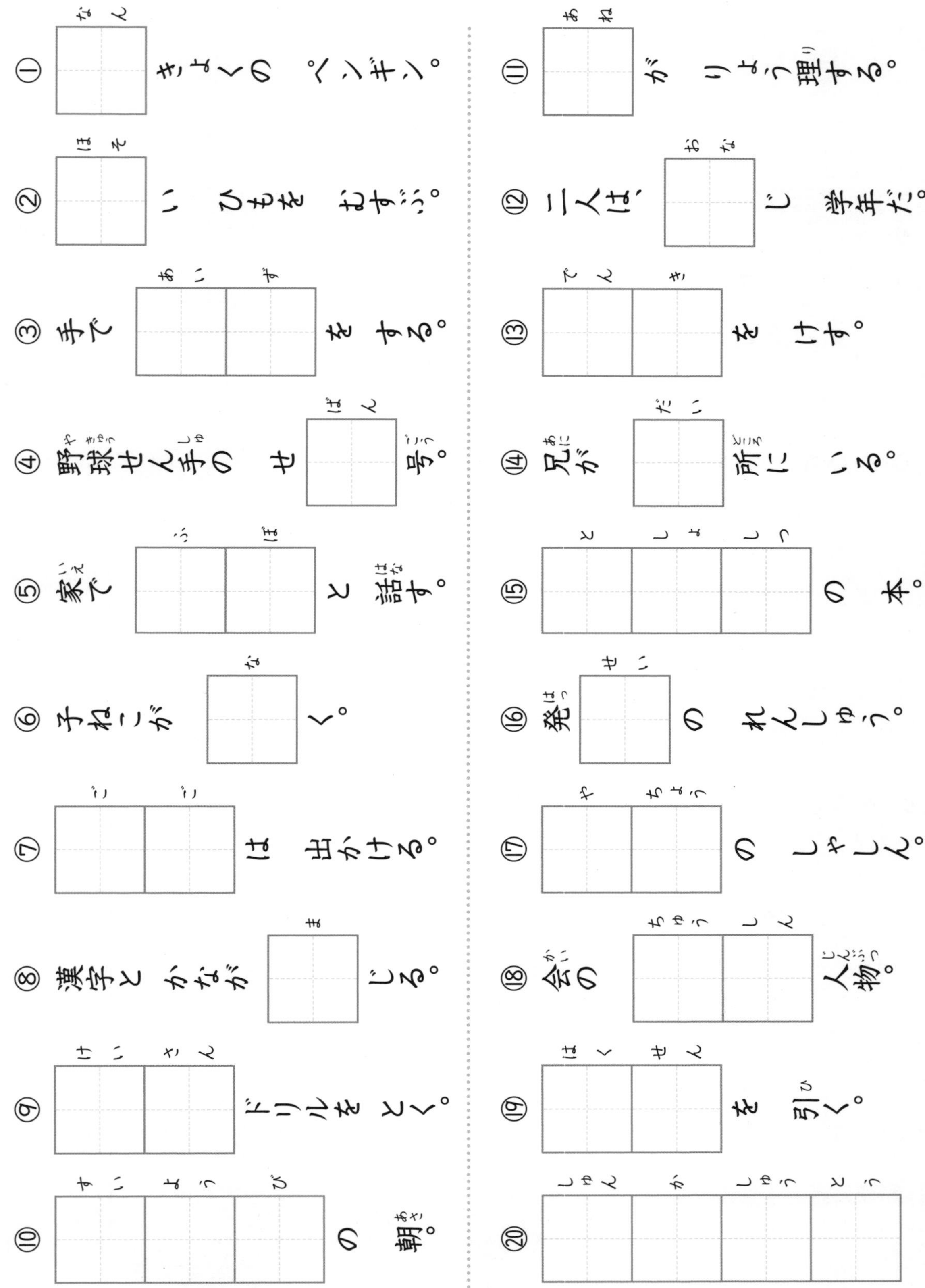

① □（なん）きょくの ペンギン。

② □（ほそ）い ひもを むすぶ。

③ 手で □□（あいず）を する。

④ 野球(やきゅう)せん手(しゅ)の せ □（ばん）号(ごう)。

⑤ 家(いえ)で □□（ぶぼ）と 話(はな)す。

⑥ 子ねこが □（な）く。

⑦ □□（ごご）は 出かける。

⑧ 漢字と かなが □（ま）じる。

⑨ □□（けいさん）ドリルを とく。

⑩ □□□（すいようび）の 朝(あさ)。

⑪ □（あね）が りょう理(り)する。

⑫ 二人は、□（おな）じ 学年だ。

⑬ □□（でんき）を けす。

⑭ 兄(あに)が □（だい）所(どころ)に いる。

⑮ □□□（としょしつ）の 本。

⑯ 発(はっ)□（せい）の れんしゅう。

⑰ □□（やちょう）の しゃしん。

⑱ 会(かい)の □□（ちゅうしん）人物(じんぶつ)。

⑲ □□（はくせん）を 引(ひ)く。

⑳ □□□□（しゅんかしゅうとう）

答え ▶ 93ページ

33 二年の 全漢字（ぜんかんじ）テスト④

1 □に 漢字（かんじ）を 書（か）きましょう。 一つ2点【40点】

① 体育館（たいいくかん）で 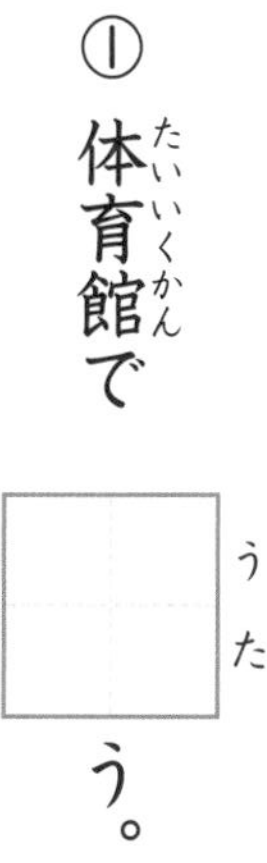（うた）う。

② 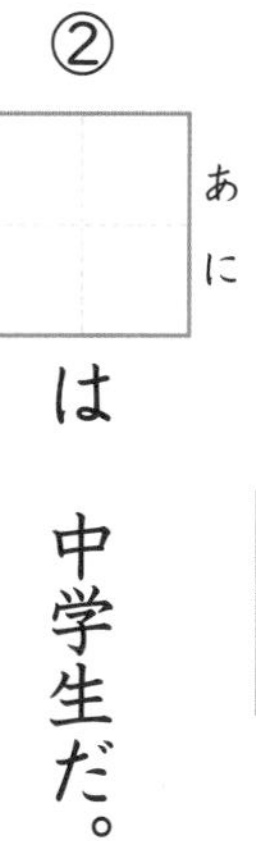（あに）は 中学生だ。

③ 町の 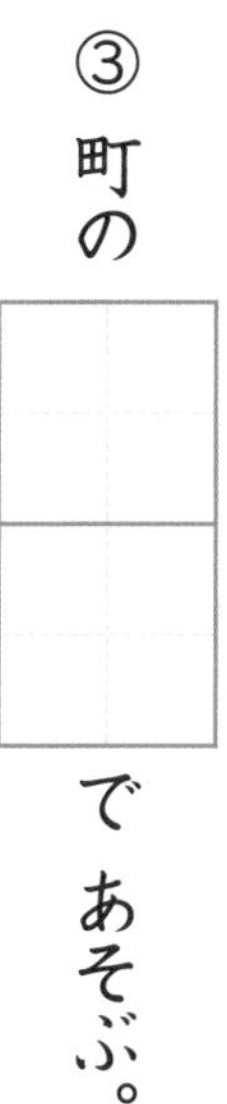（こうえん）で あそぶ。

④ ねだんが 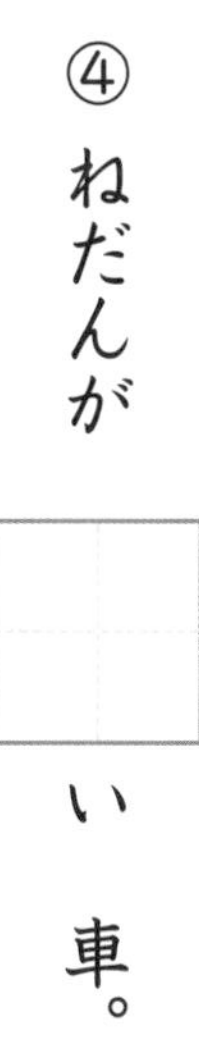（たか）い 車。

⑤ 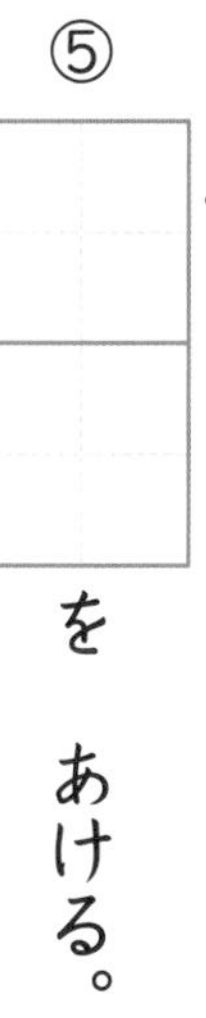（あまど）を あける。

⑥ 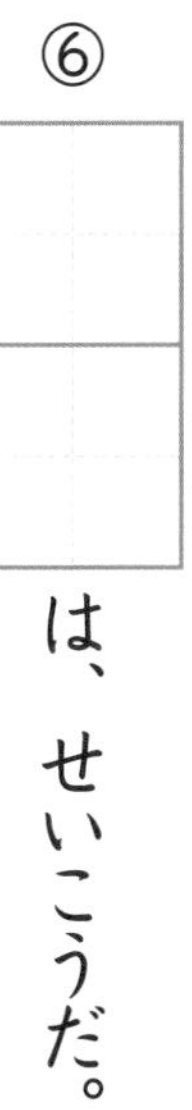（こんかい）は、せいこうだ。

⑦ 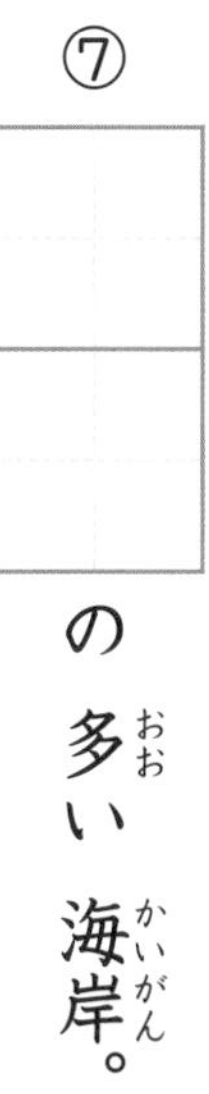（がんせき）の 多（おお）い 海岸（かいがん）。

⑧ 父（ちち）は 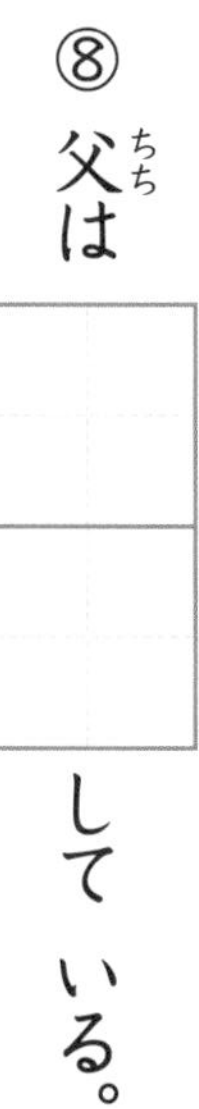（がいしゅつ）して いる。

⑨ 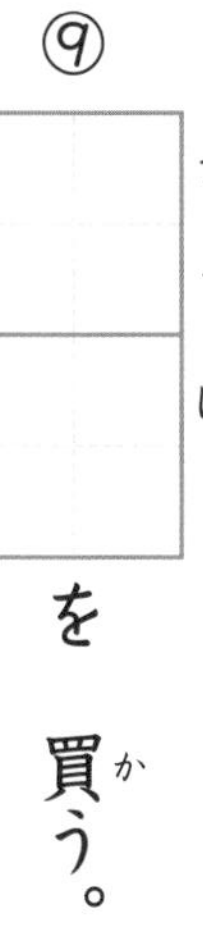（ぎゅうにく）を 買（か）う。

⑩ 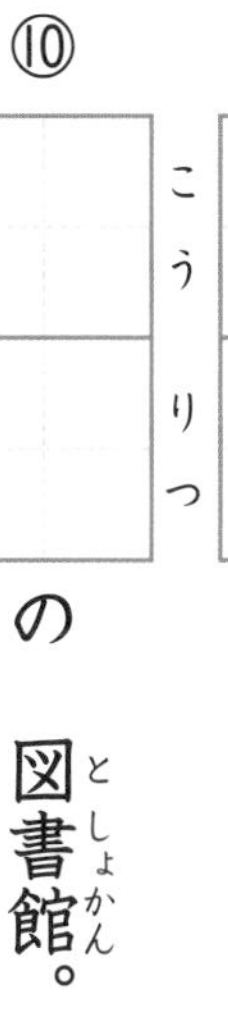（こうりつ）の 図書館（としょかん）。

⑪ 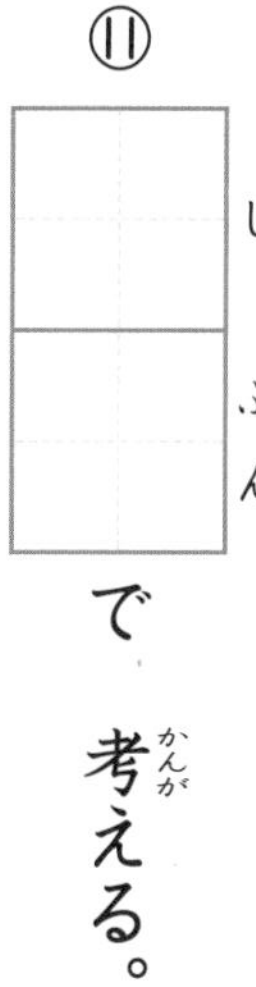（じぶん）で 考（かんが）える。

⑫ しつもんに 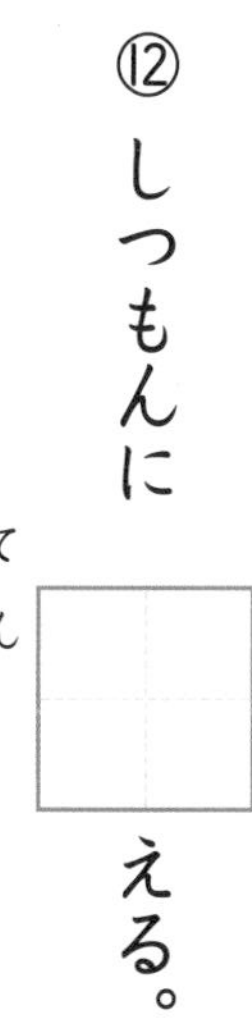（こた）える。

⑬ ここの 開（かい）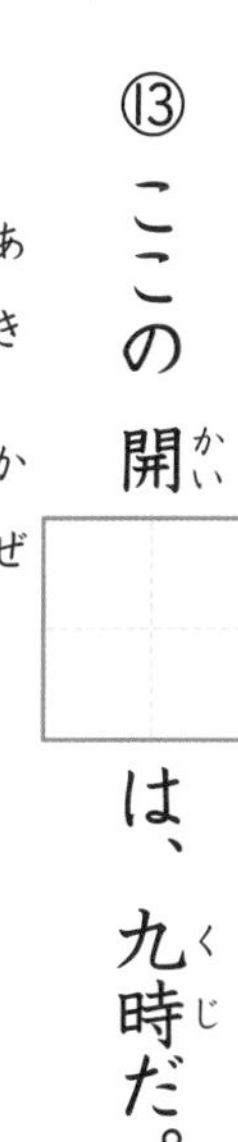（てん）は、九（く）時（じ）だ。

⑭ 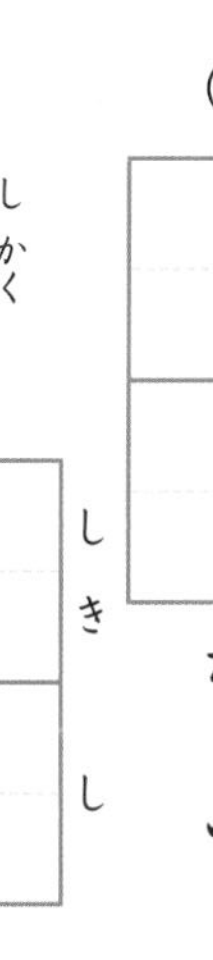（あきかぜ）が ふく。

⑮ 四角（しかく）い 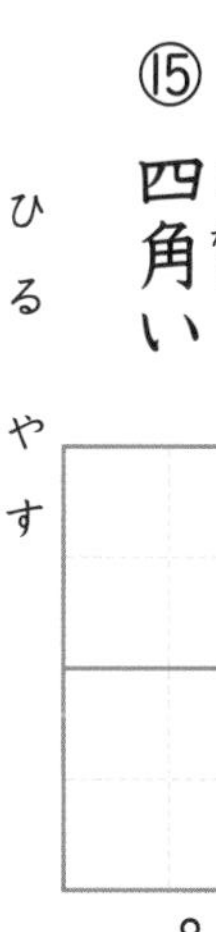（しきし）。

⑯ （ひるやす）みに 食事（しょくじ）する。

⑰ 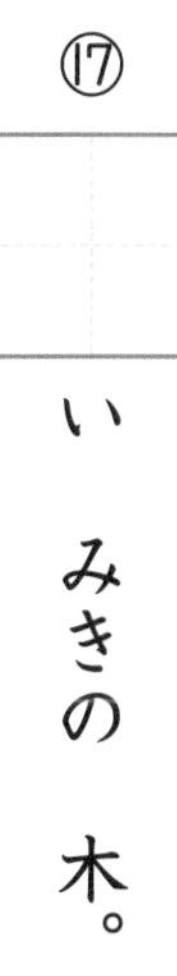（ふと）い みきの 木。

⑱ 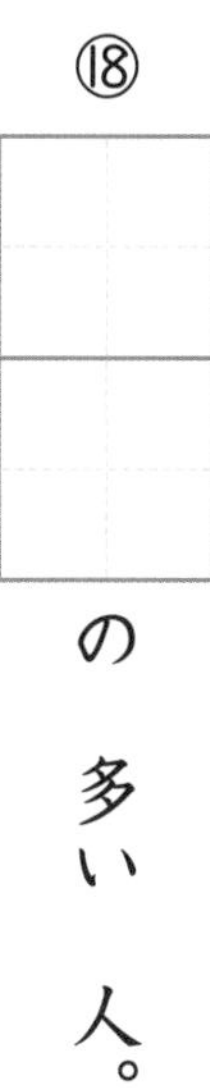（くちかず）の 多い 人。

⑲ 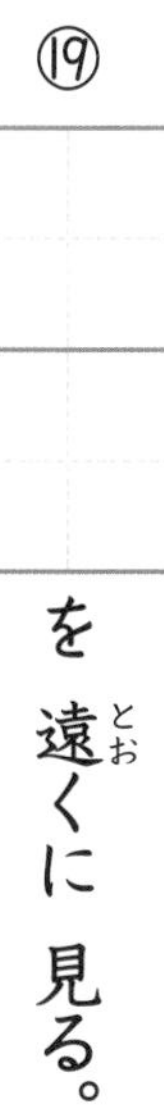（ゆきやま）を 遠（とお）くに 見る。

⑳ 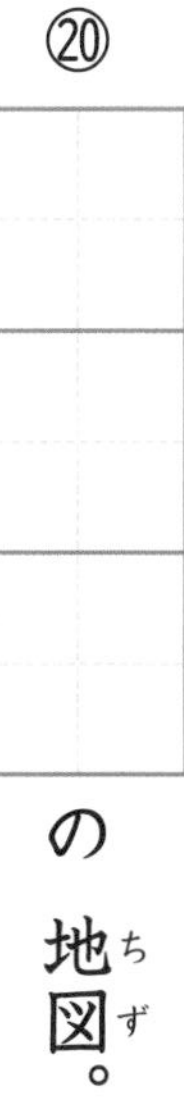（しちょうそん）の 地図（ちず）。

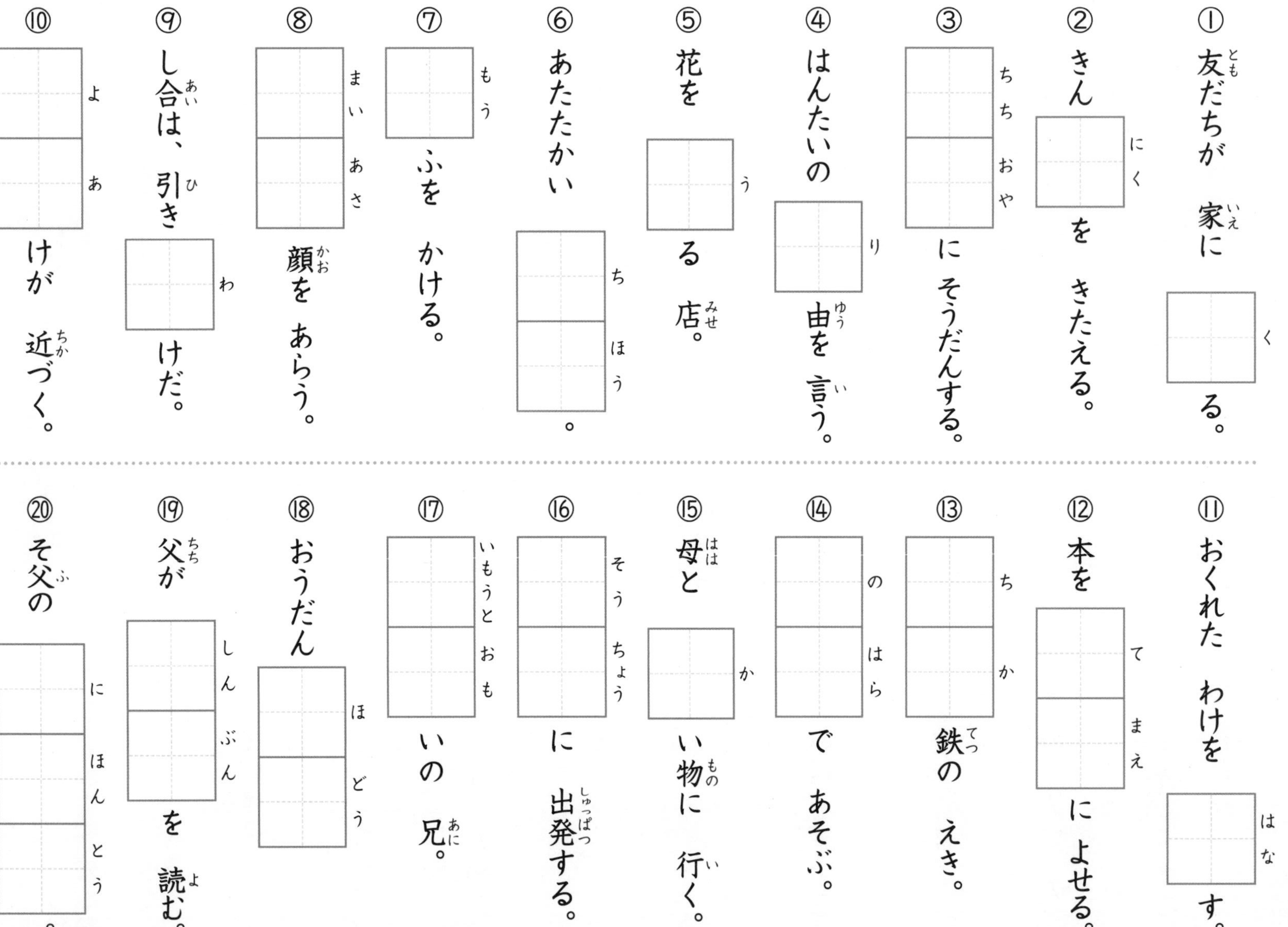

2 □に漢字(かんじ)を書(か)きましょう。　一つ3点【60点】

① 友(とも)だちが 家(いえ)に □［く］る。
② き□［にく］を きたえる。
③ □□［ちちおや］に そうだんする。
④ はんたいの □［り］由(ゆう)を 言(い)う。
⑤ 花を □［う］る 店(みせ)。
⑥ あたたかい □□［ちほう］。
⑦ □［もう］ふを かける。
⑧ □□［まいあさ］顔(かお)を あらう。
⑨ し合(あい)は、引(ひ)き □［わ］けだ。
⑩ □□［よあ］けが 近(ちか)づく。
⑪ おくれた わけを □［はな］す。
⑫ 本を □□［てまえ］に よせる。
⑬ □□［ちか］鉄(てつ)の えき。
⑭ □□［のはら］で あそぶ。
⑮ 母(はは)と □［か］い物(もの)に 行(い)く。
⑯ □□［そうちょう］に 出発(しゅっぱつ)する。
⑰ □□［いもうとおも］いの 兄(あに)。
⑱ おうだん □□［ほどう］
⑲ 父(ちち)が □□［しんぶん］を 読(よ)む。
⑳ そ父(ふ)の □□□［にほんとう］。

答え ▶ 93ページ

34 三年の 漢字
漢・習・問・調・筆

もくひょう 10分
月 日
とく点　点

1 （　）には 読(よ)みがなを、□には 漢字(かんじ)を 書(か)きましょう。　一つ4点【40点】

漢　13画
読みかた　音 カン　くん ―

① 漢字の 書きとり。（　）
② 漢文を 読む。（　）
＊漢文…中国(ちゅうごく)で むかしから つかわれて きた 文章(ぶんしょう)。
③ 漢方 薬(やく)を のむ。（　）

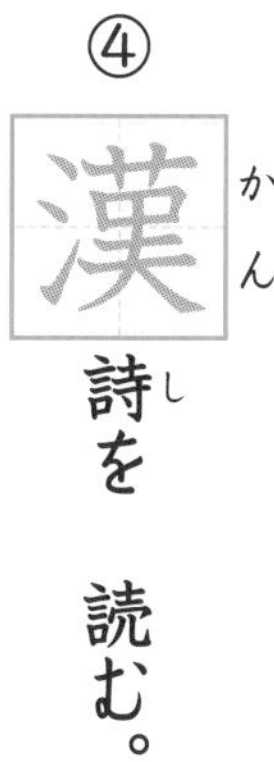
④ □(かん) 詩(し)を 読む。

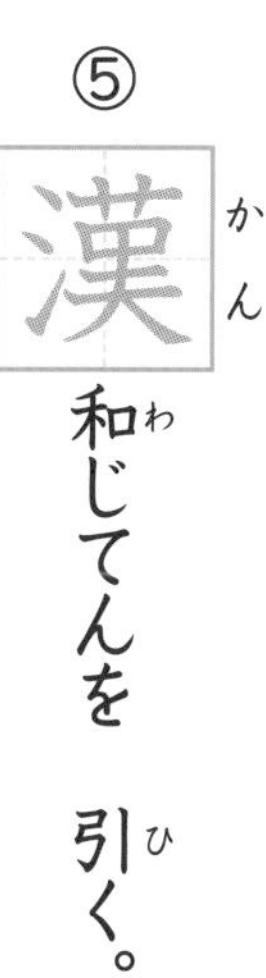
⑤ □(かん) 和(わ)じてんを 引(ひ)く。

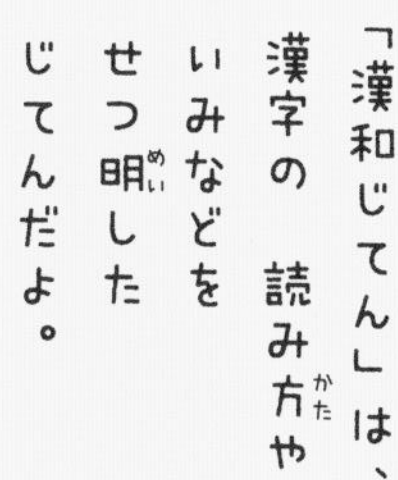

習　11画
読みかた　音 シュウ　くん ならう
はねる

① 早ね早起(はやお)きの 習かん。（　）
② 国語(こくご)の 予(よ)習を する。（　）
③ 水泳(すいえい)を 習う。（　）

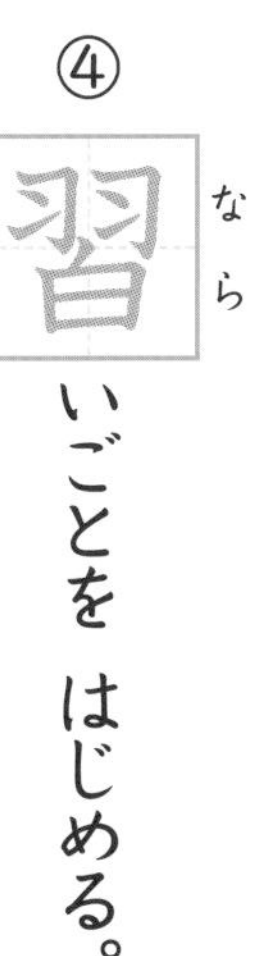
④ □(なら)いごとを はじめる。

⑤ 野球(やきゅう)の 練(れん)□(しゅう)。

2 （　）には読み（よ）がなを、□には漢字（かんじ）を書（か）きましょう。　一つ4点【60点】

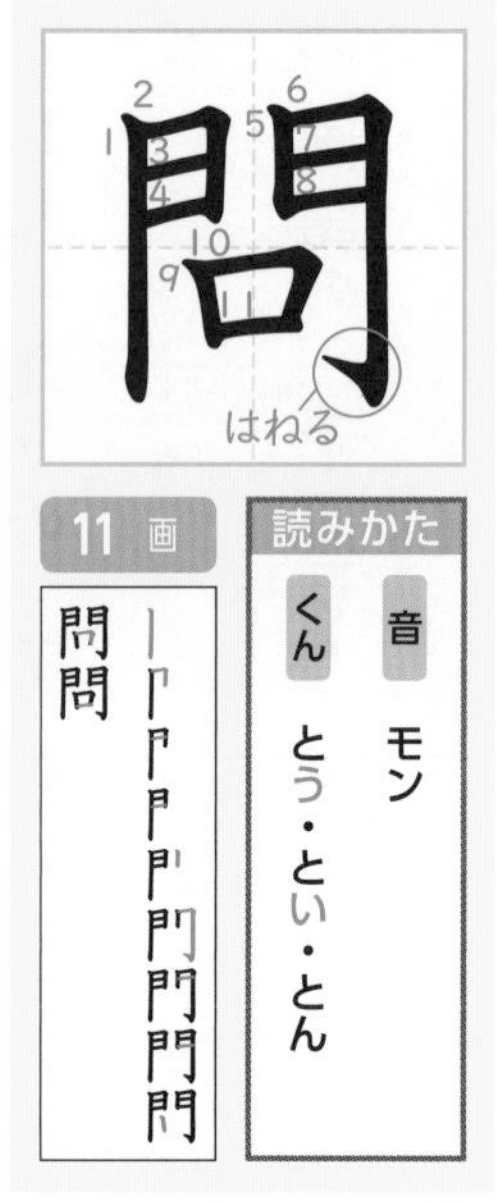

問　11画

読みかた　音　モン　くん　とう・とい・とん

丨 𠃌 𠃌 𠃌 門 門 門 門 問 問 問

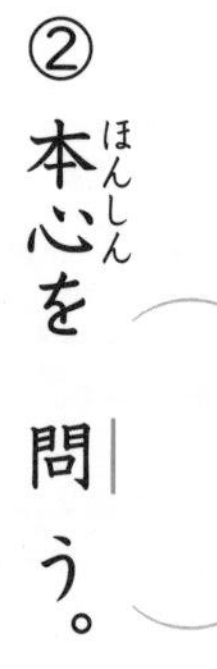

① 先生に　しつ問する。（　）

② 本心（ほんしん）を　問う。（　）

③ □（もん）題（だい）を　とく。

④ □（と）いに　答（こた）える。

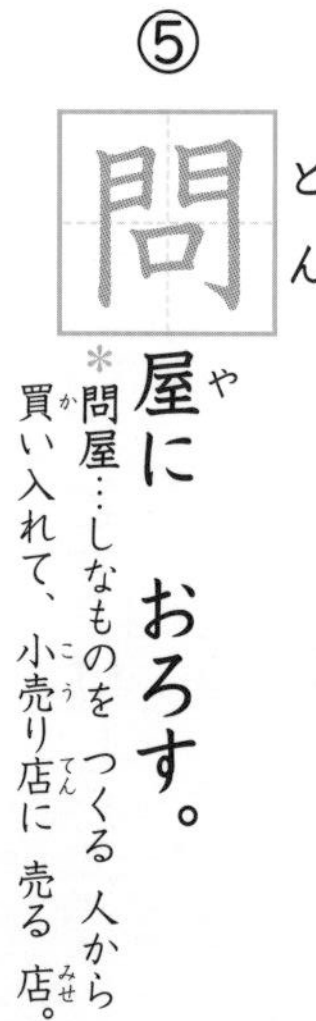

⑤ □（とん）屋（や）に　おろす。

＊問屋…しなものを　つくる　人から買（か）い入れて、小売（こう）り店（てん）に　売る　店（みせ）。

調　15画

読みかた　音　チョウ　くん　しらべる・（ととのう）・（ととのえる）

丶 亠 亠 亖 言 言 言 訂 訂 訶 訶 調 調 調 調

① 声（こえ）の　調子が　よい。（　）

② 言葉（ことば）の　いみを　調べる。（　）

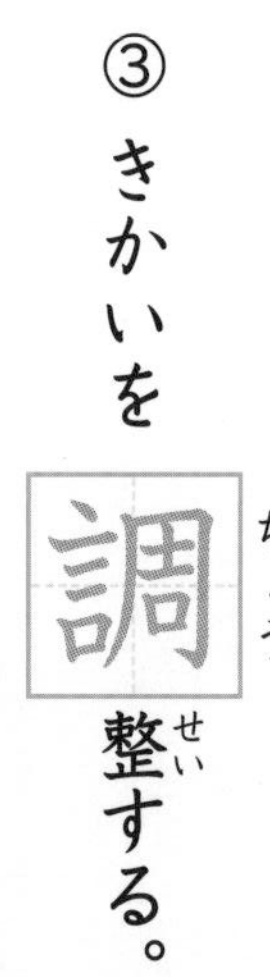

③ きかいを　□（ちょう）整（せい）する。

④ □□（ちょうり）を　ならう。

＊調り…りょうりを　すること。

⑤ 図書室（としょしつ）で　□（しら）べる。

筆　12画

読みかた　音　ヒツ　くん　ふで

丿 𠂉 𠂉 𠂉 𥫗 𥫗 𥫗 笁 笁 笔 笔 筆

① えん筆を　けずる。（　）

② 筆で　書く。（　）

③ 文章（ぶんしょう）の　□（ひっ）者（しゃ）。

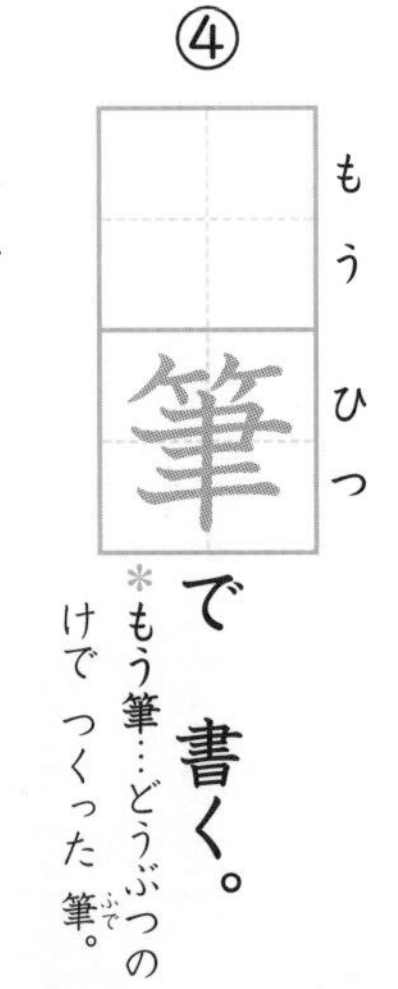

④ □□（もうひつ）で　書く。

＊もう筆…どうぶつの　けで　つくった　筆（ふで）。

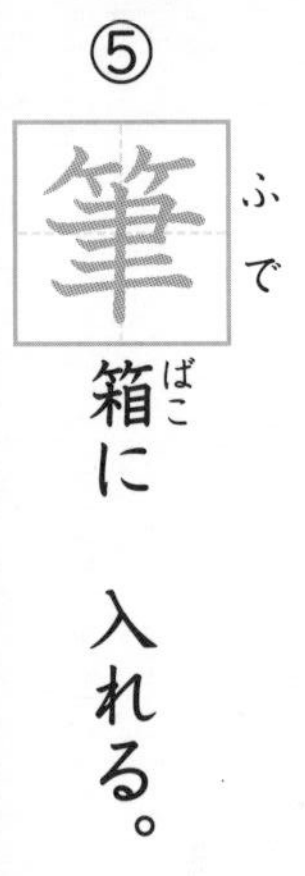

⑤ □（ふで）箱（ばこ）に　入れる。

答え ▶ 94ページ

35 三年の 漢字

安・全・期・待・陽

もくひょう 10分　月　日　とく点　点

1 （　）には 読(よ)みがなを、□には 漢字(かんじ)を 書(か)きましょう。　一つ4点【40点】

安　すこし 出す

読みかた　音 アン　くん やすい

6画　丶 丶丶 宀 宊 安 安

① 安 全(ぜん)に くらす。

② 安 心 して ねる。

③ 安 い おかしを 買(か)う。

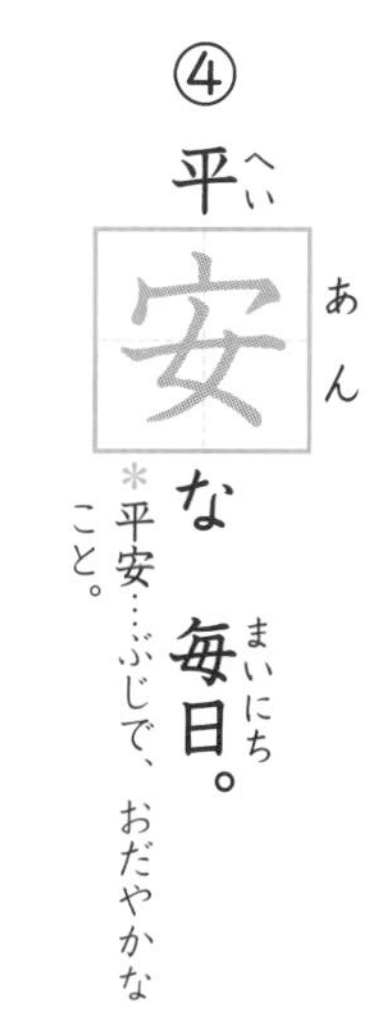

④ 平(へい)［安］(あん)な 毎日(まいにち)。

＊平安…ぶじで、おだやかな こと。

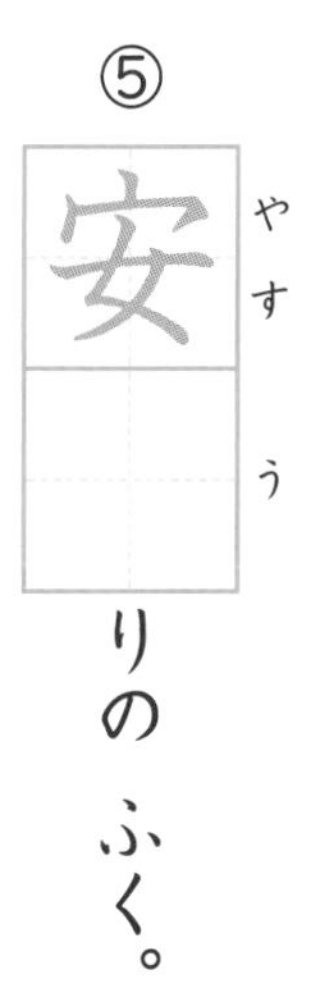

⑤［安］［　］(やすう)りの ふく。

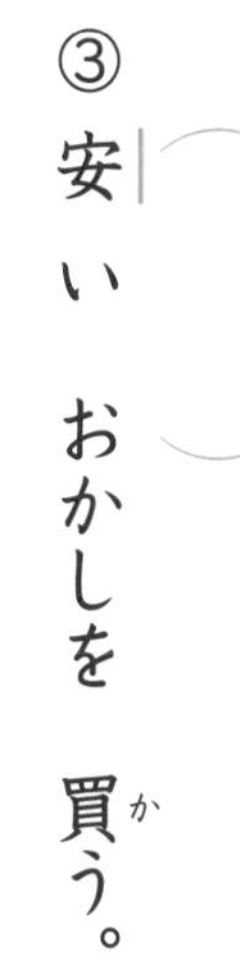

全　つける

読みかた　音 ゼン　くん まったく・すべて

6画　ノ 人 𠆢 今 仝 全

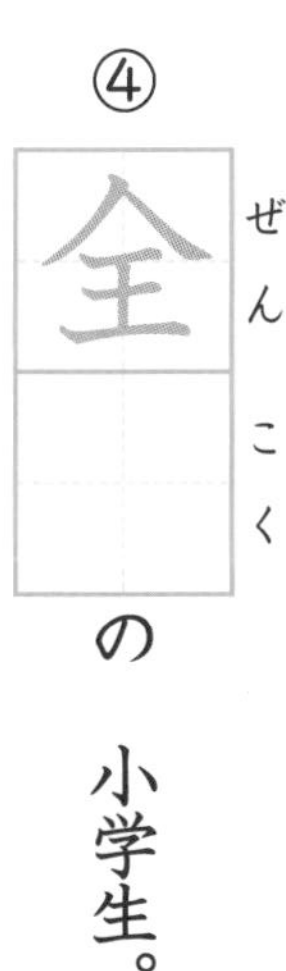

① 全 員(いん)が 集合(しゅうごう)する。

② 全 力を つくす。

③ 学校の 全 ての 人たち。

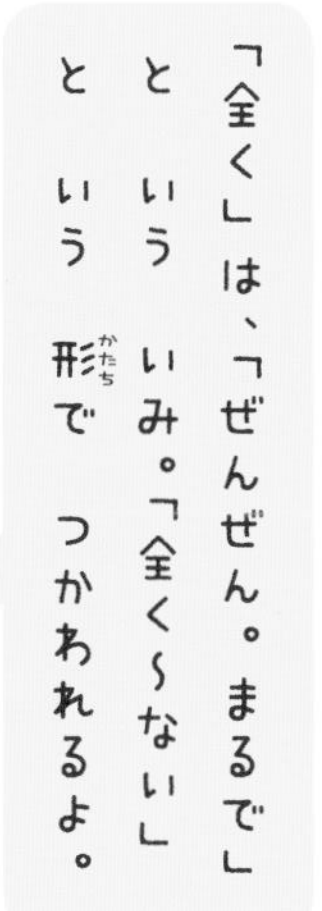

④［全］［　］(ぜんこく)の 小学生。

⑤［全］(まった)く わからない。

「全く」は、「ぜんぜん。まるで」と いう いみ。「全く〜ない」と いう 形(かたち)で つかわれるよ。

2 （　）には読みがなを、□には漢字を書きましょう。

一つ4点【60点】

期　はねる

12画　一 十 廾 廾 甘 甘 苴 其 其 期 期 期

読みかた　音　キ・（ゴ）　くん　―

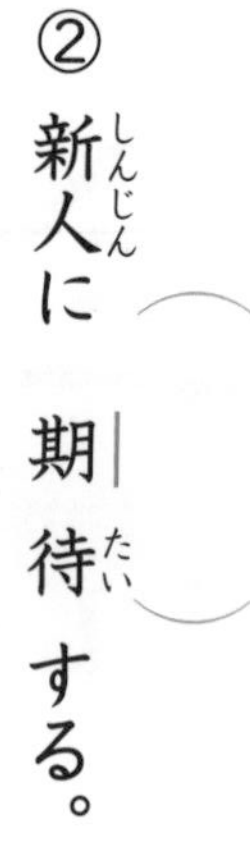
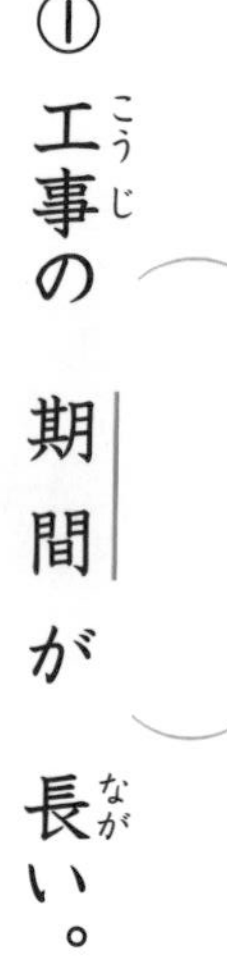

① 工事（こうじ）の期間（　　）が長（なが）い。

② 新人（しんじん）に期待（　　）（たい）する。

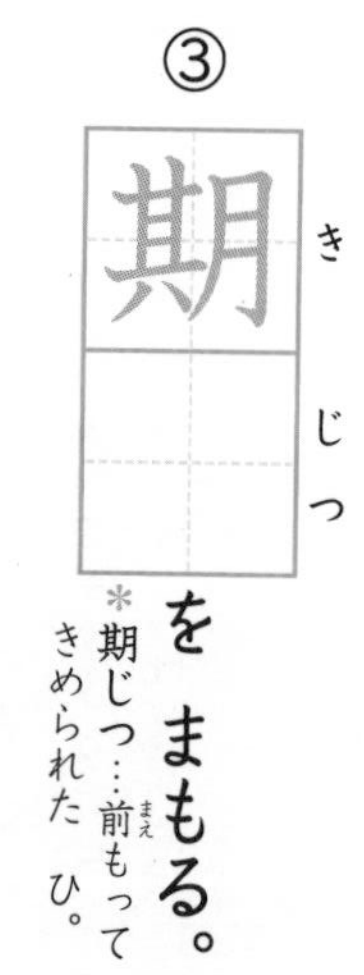

③ 期（き）□（じつ）をまもる。

＊期じつ…前（まえ）もってきめられたひ。

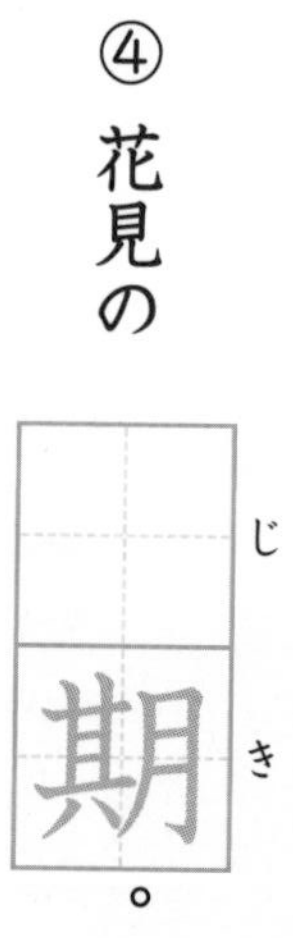

④ 花見の□（じ）期（き）。

⑤ 定（てい）期（き）けんをつかう。

待　はねる

9画　ノ ク 彳 彳 彳 徉 待 待 待

読みかた　音　タイ　くん　まつ

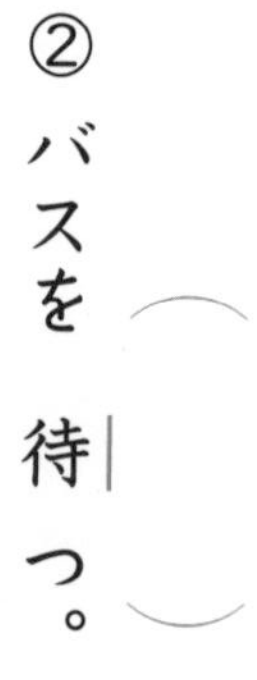
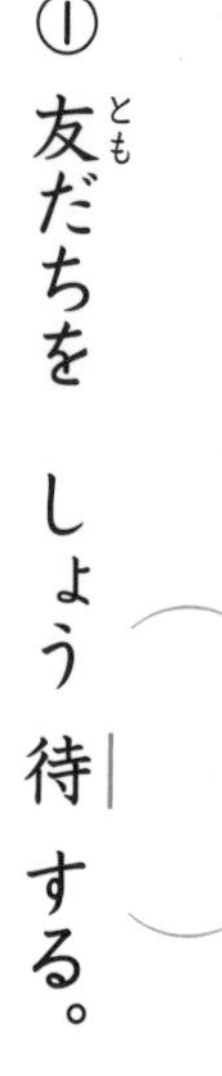

① 友（とも）だちをしょう待（　　）する。

② バスを待（　　）つ。

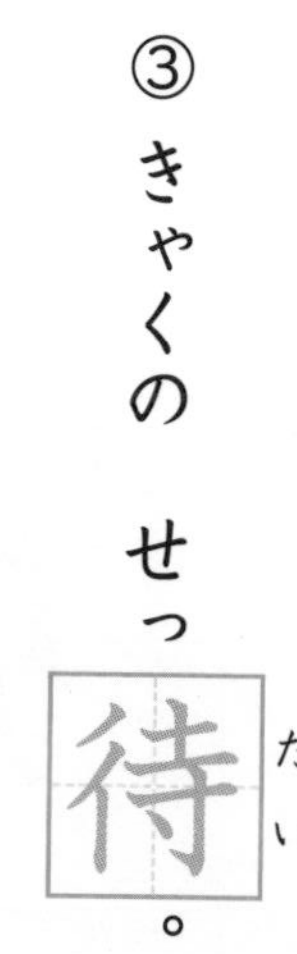

③ きゃくのせっ待（たい）。

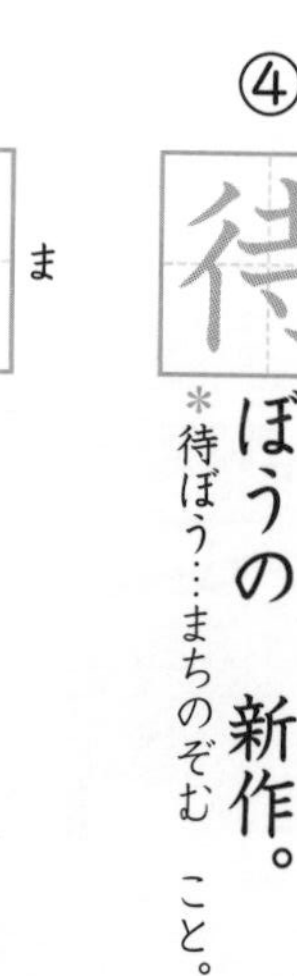

④ 待（たい）ぼうの新作（しんさく）。

＊待ぼう…まちのぞむこと。

⑤ 待（ま）ち合（あ）わせの場所（ばしょ）。

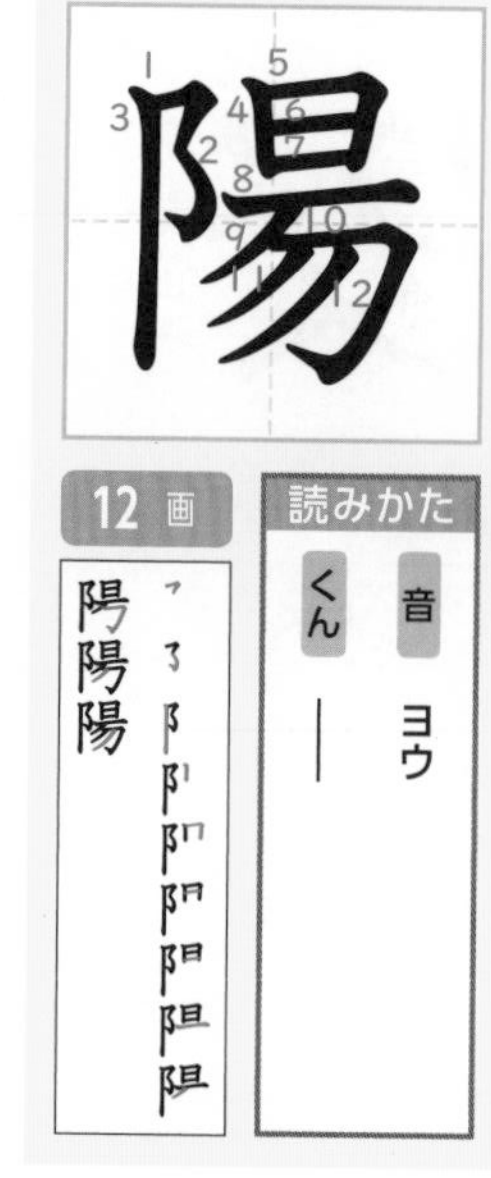

陽

12画　㇇ ㇋ 阝 阝 阝 阝 阝 阝 阝 阝 陽 陽 陽

読みかた　音　ヨウ　くん　―

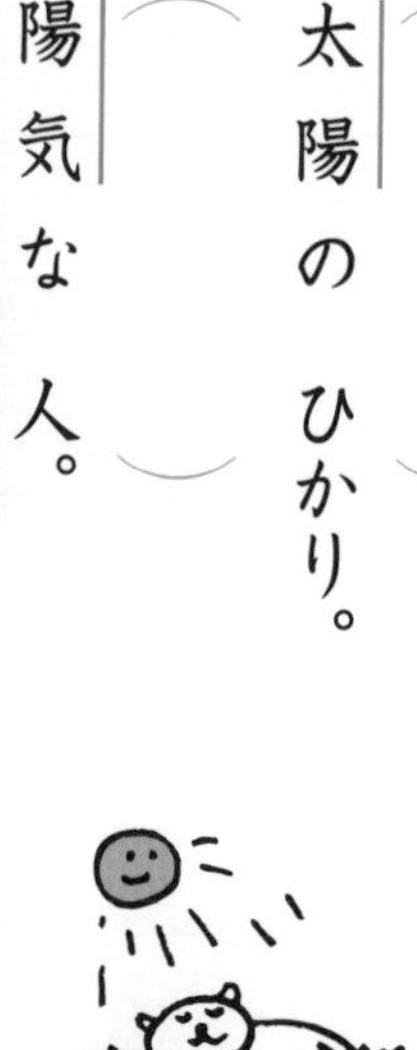

① 太陽（　　）のひかり。

② 陽気（　　）な人。

③ 春（はる）らしい陽（よう）□（き）。

④ 春の陽（よう）□（こう）。

⑤ 陽（よう）□（しゅん）のころ。

答え ▶ 94ページ

36 三年の 漢字
身・息・指・族・飲

もくひょう 10分

月　日

とく点　　点

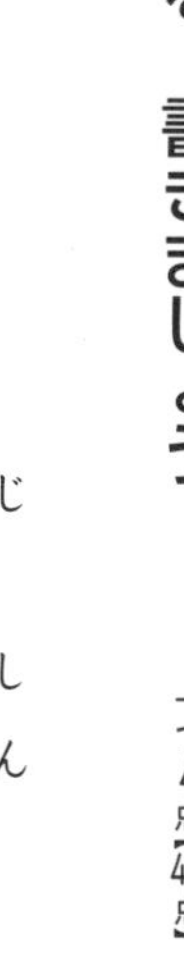

1 （　）には 読みがなを、□には 漢字を 書きましょう。　一つ4点【40点】

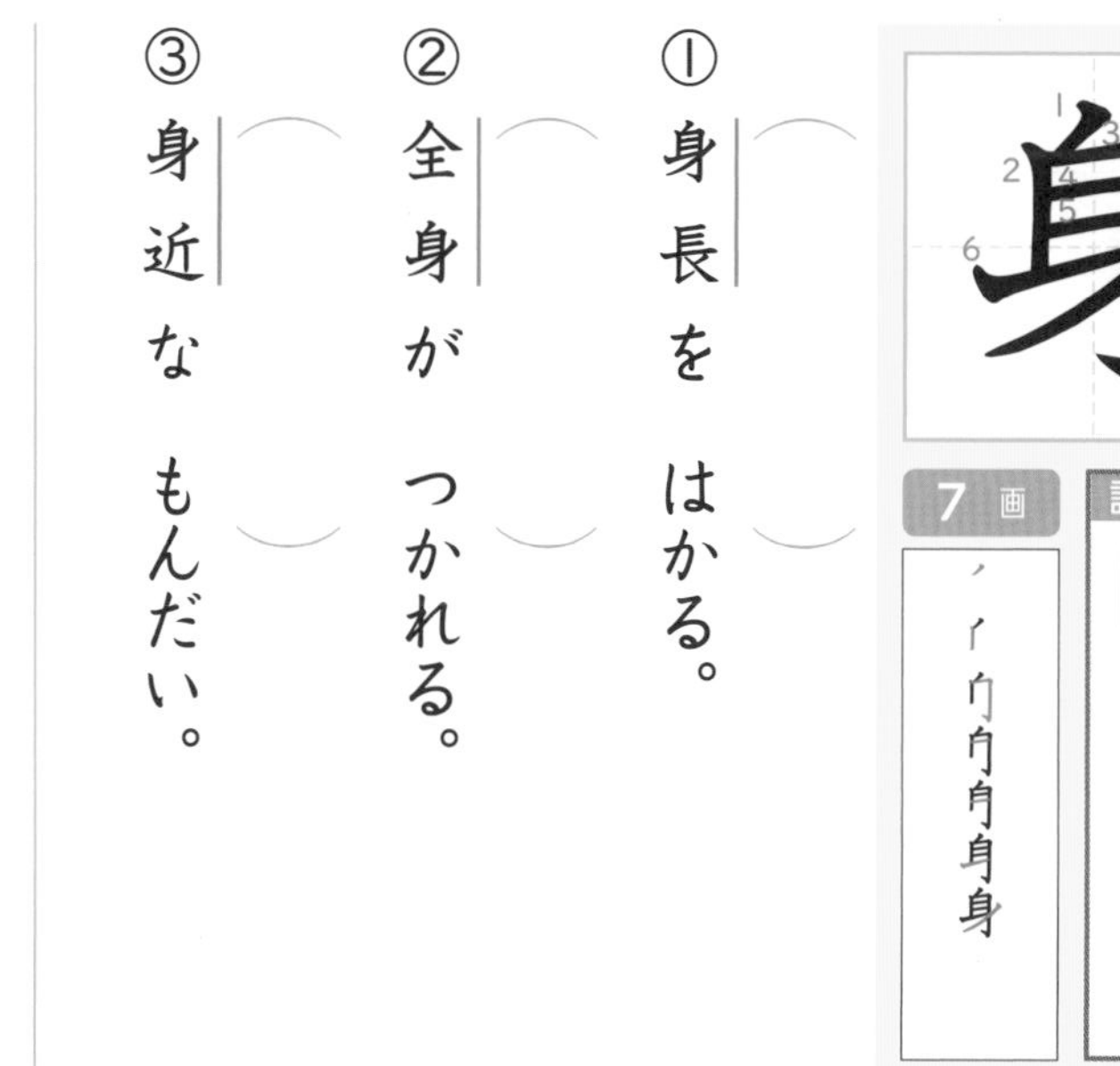

身（つき出す）
7画　ノ 丆 冂 冃 自 自 身
読みかた　音 シン　くん み

① 身長を はかる。

② 全身が つかれる。

③ 身近な もんだい。

④ じぶん［自］［身］
（じ しん）

⑤ ［身］［内］が あつまる。
（み うち）
＊身うち…家族や 親せき。

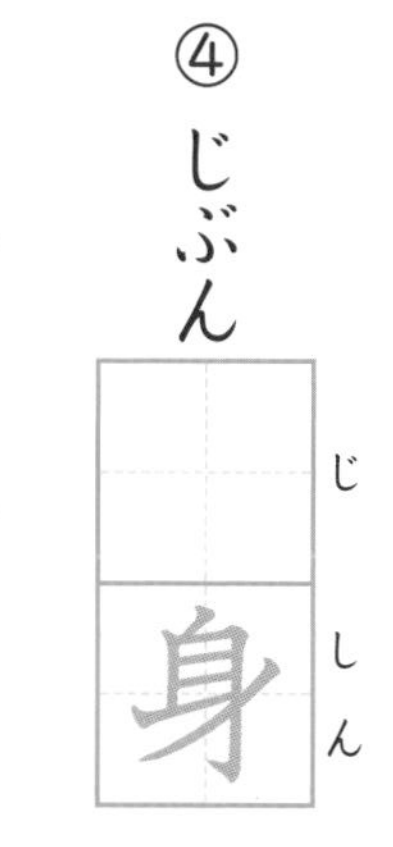

息（はねる・とめる）
10画　ノ 丆 冂 冃 自 自 自 自 息 息
読みかた　音 ソク　くん いき

① 木かげで 休息する。
＊休息…体を 休めること。

② 息を ふきかける。

③ 息切れが する。

④ しかが［生］［息］する。
（せい そく）
＊せい息…いきものが いきて いる こと。せい活し、

⑤ ため［息］を つく。
（いき）

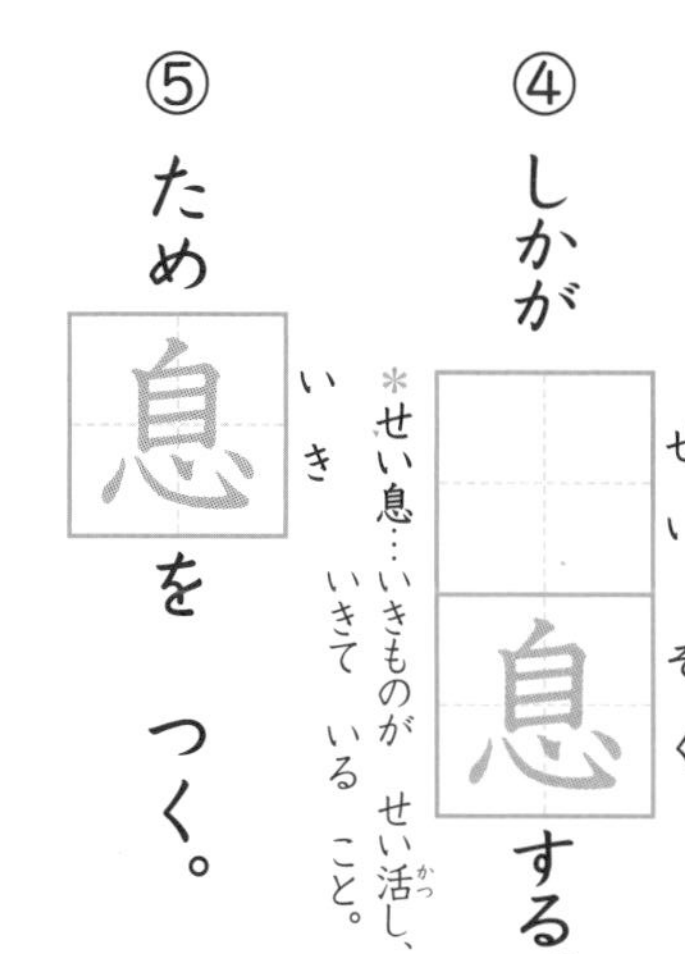

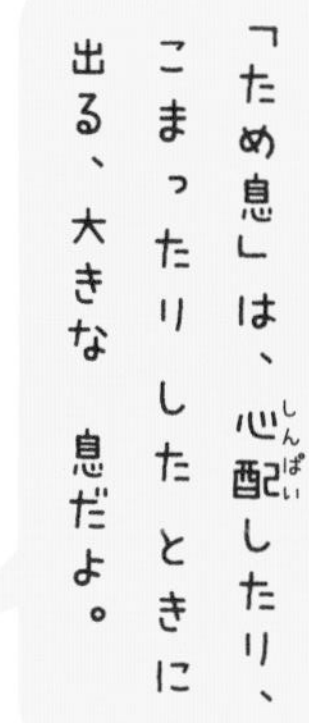

2 （　）には読みがなを、□には漢字を書きましょう。

一つ4点【60点】

指　9画

一 十 才 扌 扩 扑 指 指 指

読みかた　音　シ　くん　ゆび・さす

① 電車(でんしゃ)の指(　)定(てい)せき。

② 指(　)を鳴(な)らす。

③ 会長(かいちょう)に□(し)□(めい)する。

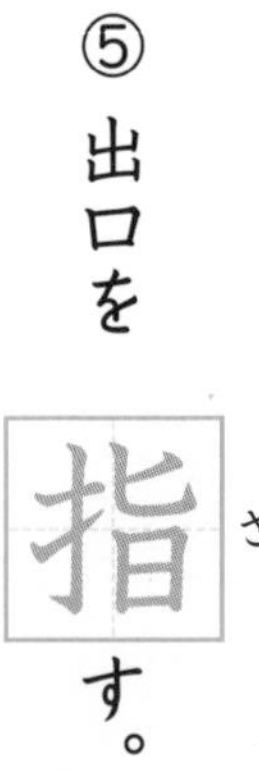

④ しんじゅの□(ゆび)わ。

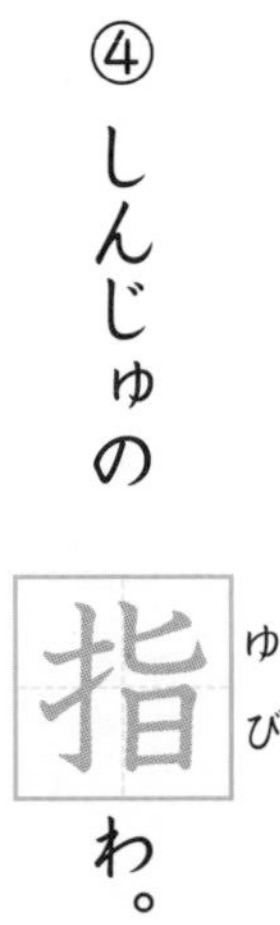

⑤ 出口を□(さ)す。

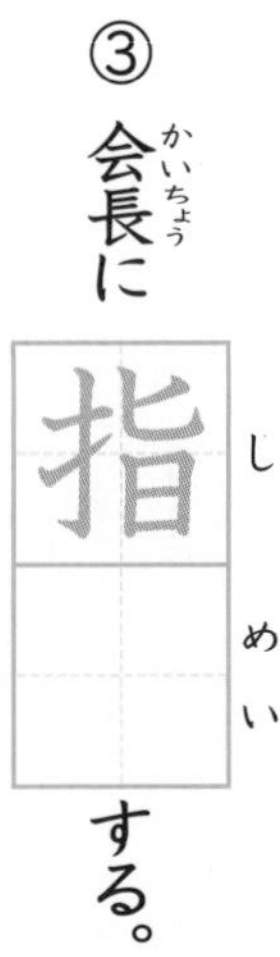

族　11画

丶 亠 方 方 方 方 扩 於 旌 族 族

読みかた　音　ゾク　くん　—

① 家族(　)で旅行(りょこう)する。

② みん族(　)のれきし。

③ 王家(おうけ)の□(いち)□(ぞく)。

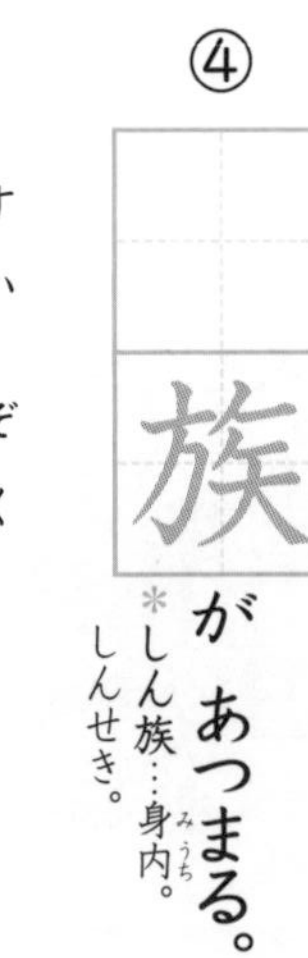

④ □(しん)□(ぞく)があつまる。

＊しん族…身内(みうち)。しんせき。

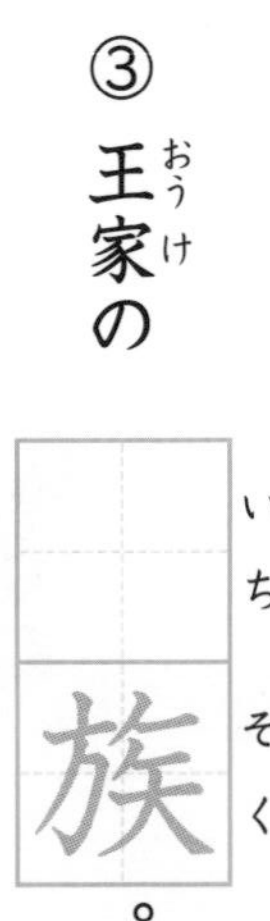

⑤ □(すい)□(ぞく)館(かん)の魚(さかな)。

飲　12画

ノ 𠆢 𠆢 今 今 今 今 飠 飠 飲 飲 飲

読みかた　音　イン　くん　のむ

① 飲食店(　)が多(おお)い。

② 水を飲(　)む。

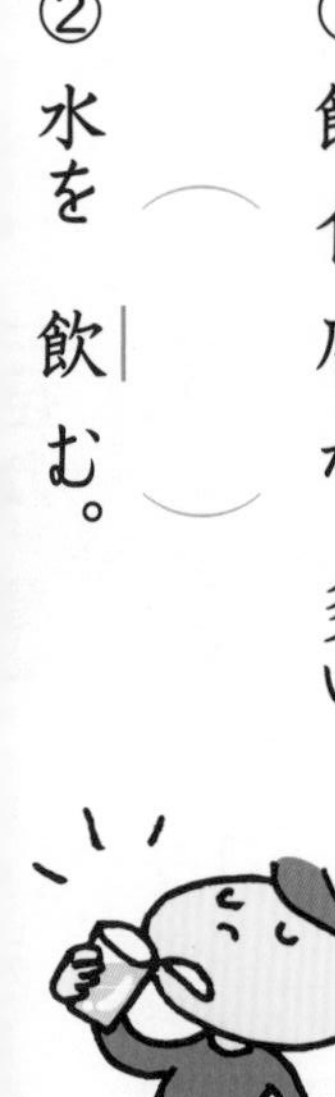

③ 酒運転(しゅうんてん)□(いん)きん止(し)。

④ □(いん)りょう水(すい)を買(か)う。

＊飲りょう水…飲(の)むための水。飲み水。

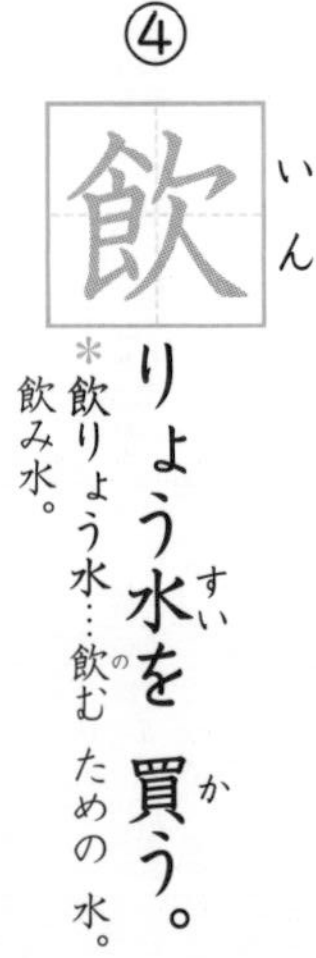

⑤ □(の)み物(もの)を用意(ようい)する。

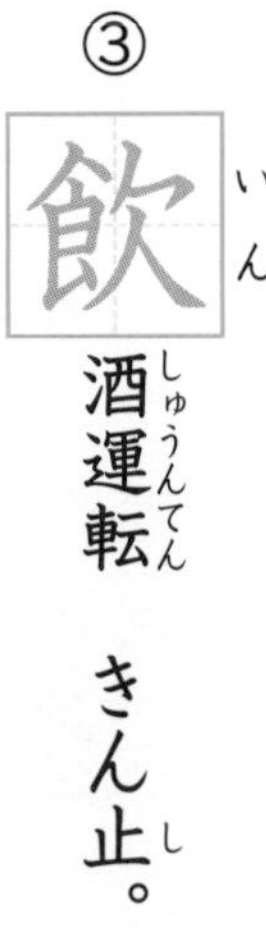

答え ▶ 94ページ

37 苦・短・深・暗・秒

もくひょう 10分　月　日　とく点　点

1 （　）には 読(よ)みがなを、□には 漢字(かんじ)を 書(か)きましょう。　一つ4点【40点】

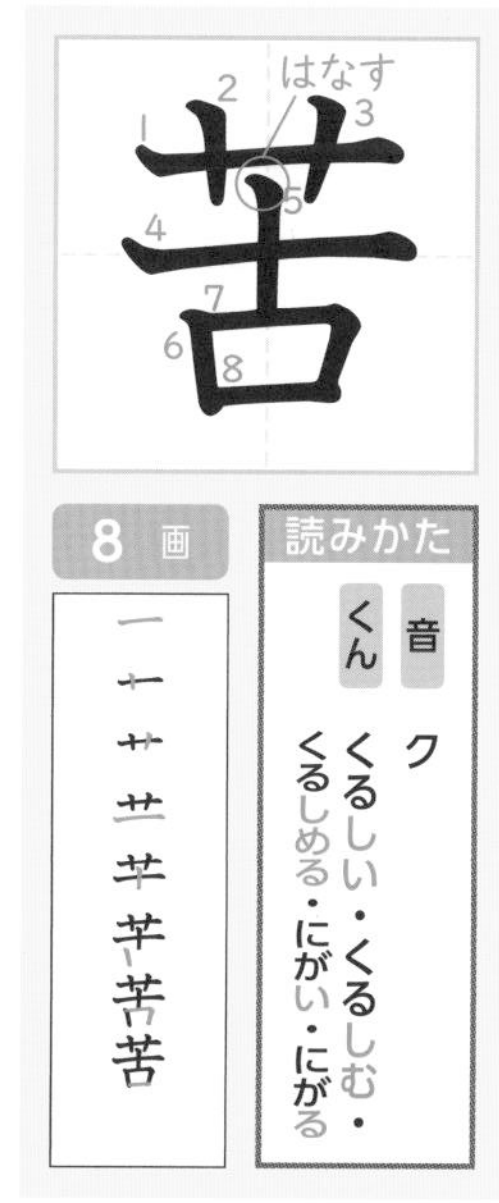

苦　8画
読みかた　音 ク　くん くるしい・くるしむ・くるしめる・にがい・にがる
一 十 廾 艹 苹 芊 苦 苦

① けっしょうせんは、苦（　）せんした。

② ねつが 出て、苦（　）しい。

③ 苦（　）い くすり。

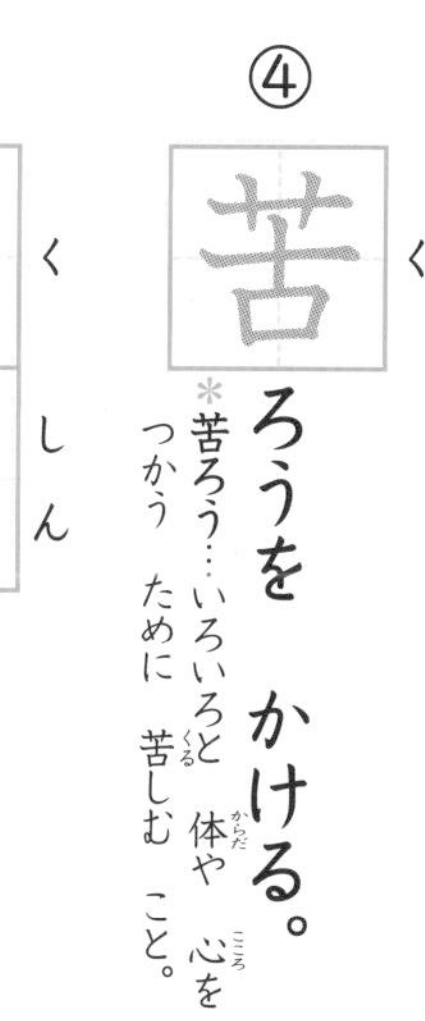

④ □(く)ろうを かける。
＊苦ろう…いろいろと 体(からだ)や 心(こころ)を つかう ために 苦しむ こと。

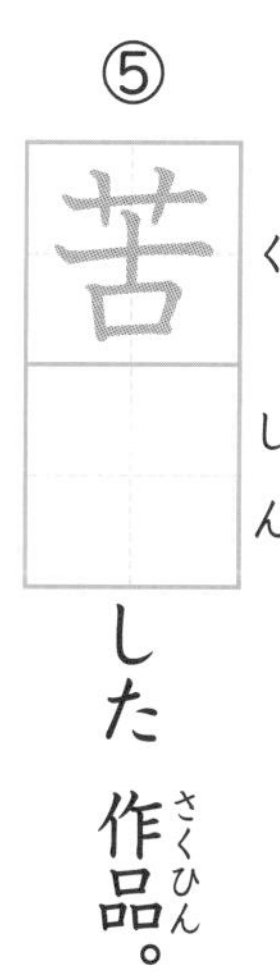

⑤ □(く)□(しん)した 作品(さくひん)。

短　12画
読みかた　音 タン　くん みじかい
ノ ㇒ 𠂉 チ 矢 矢 矢 知 知 矩 短 短

① 短（　）時間で 食事(しょくじ)する。

② かみの毛(け)が 短（　）い。

③ 気短（　）な 人。

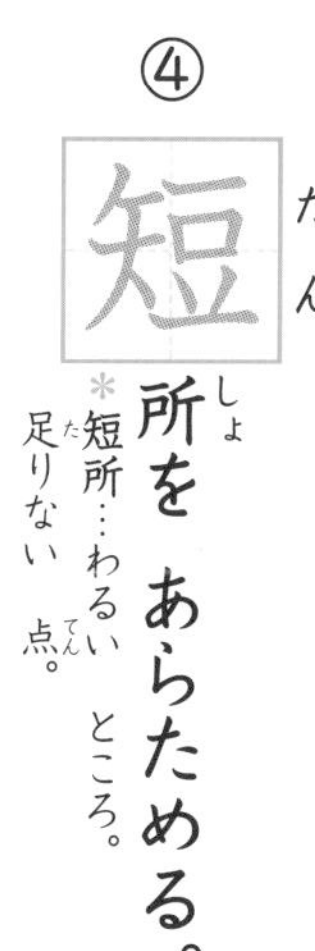

④ □(たん)所(しょ)を あらためる。
＊短所…わるい ところ。足(た)りない 点(てん)。

⑤ □(て)□(みじか)に 話(はな)す。

「て短」は、大切(たいせつ)な ことだけを 短く かんたんに、話したり 書いたり する ようすだよ。

2 （　）には よみがなを、□には 漢字を 書きましょう。

一つ4点【60点】

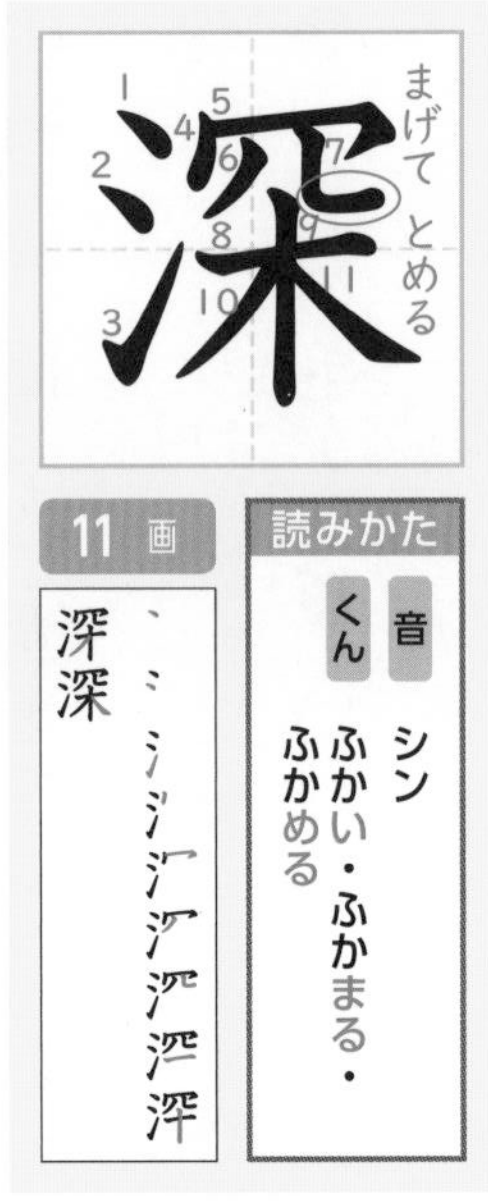

① ラジオの 深夜 放送。

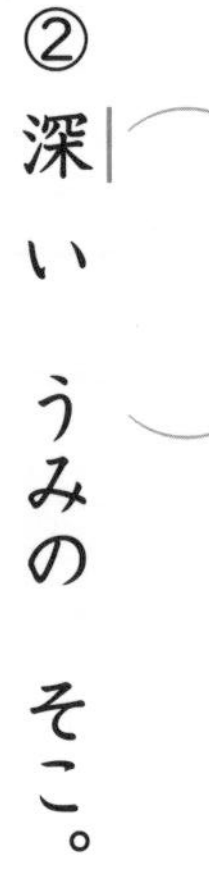

② 深い うみの そこ。

③ 深□□ しんかいぎょ

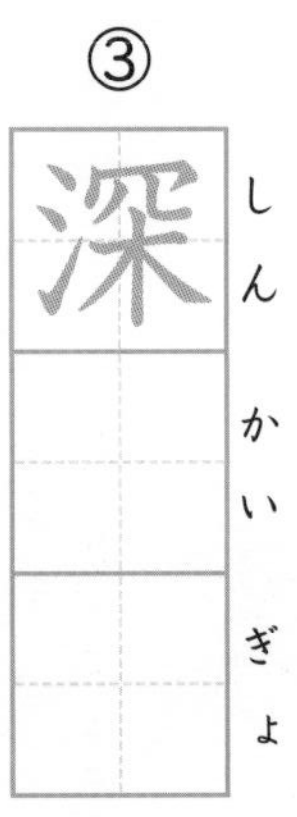

④ 深 しん きゅうを する。

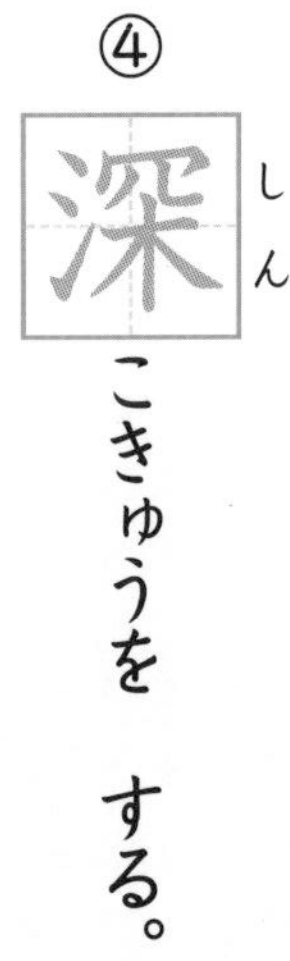

⑤ □深 すいしん 百メートル
＊すい深…うみや 川などの 水の 深さ。

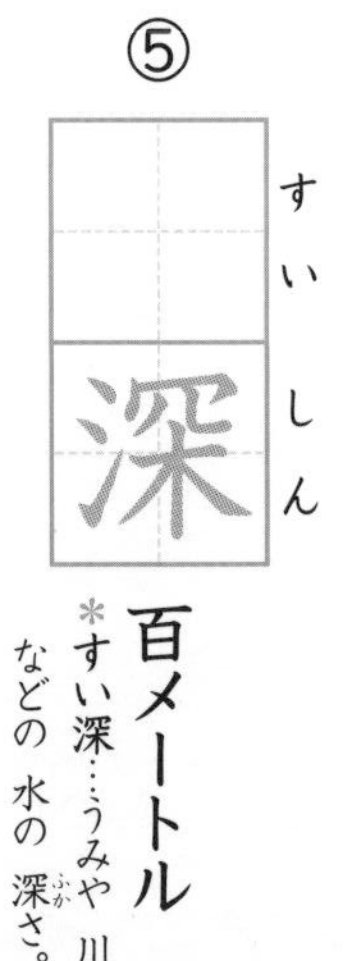

① 九九を 暗記 する。

② 暗い へやに 入る。

③ □暗 めいあん が 分かれる。
＊めい暗…しあわせと、ふしあわせ。

④ 真っ 暗 くら な 夜道。

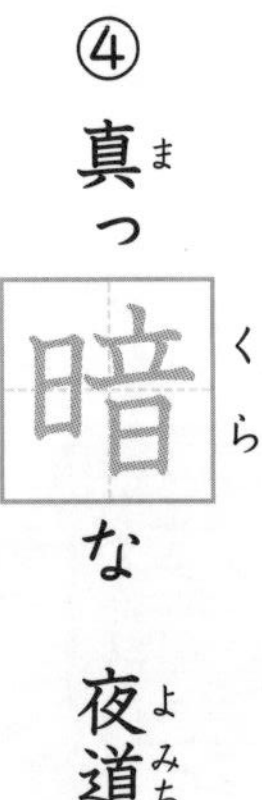

⑤ 暗 くら やみから 出る。

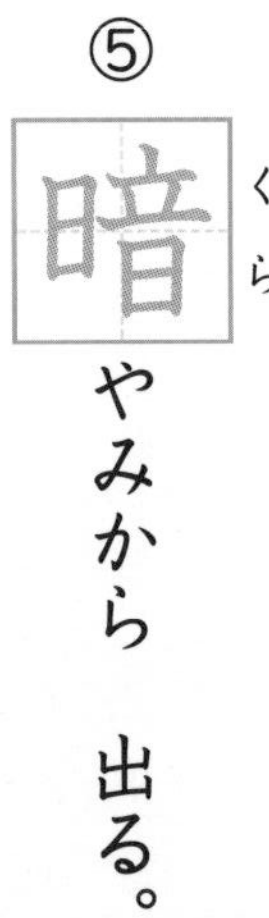

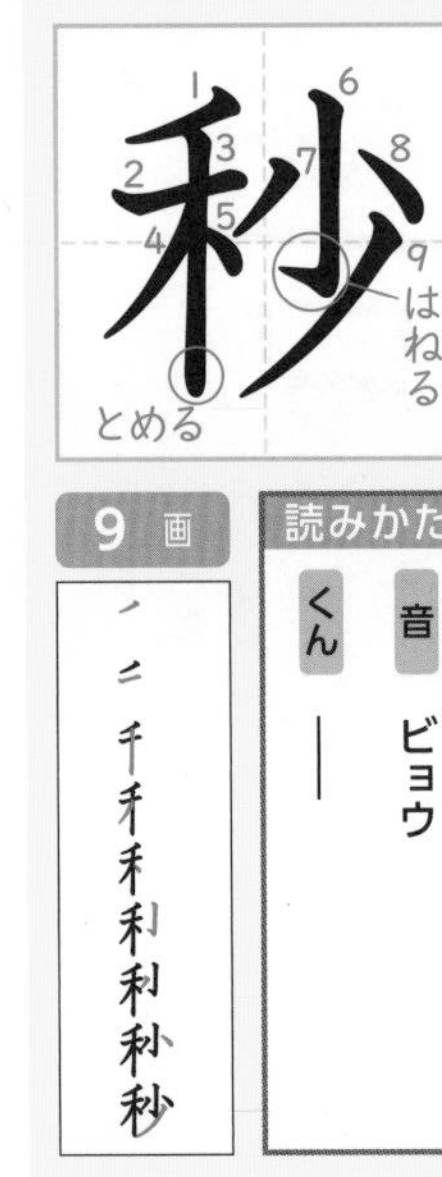

① 秒速 三十メートルの 風。
＊秒速…一秒間に すすむ きょりで あらわした はやさ。

② 一分は 六十秒だ。

③ □秒 ごびょう 数える。

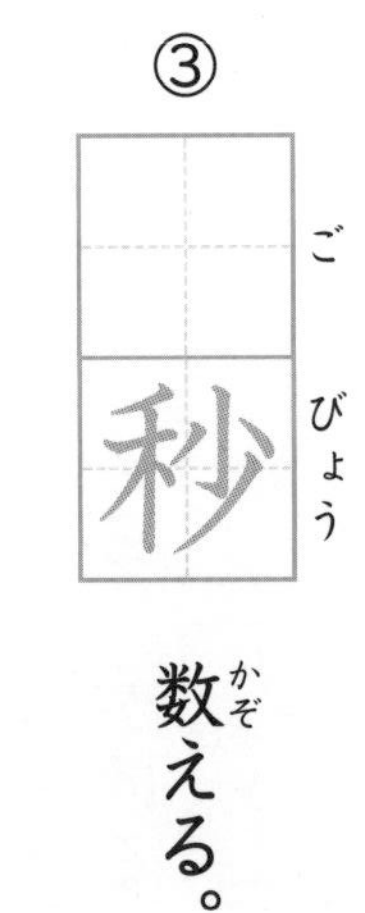

④ 時計の 秒 びょう しん。
＊秒しん…秒の 目もりを さす はり。

⑤ 秒□ びょうよ みに 入る。

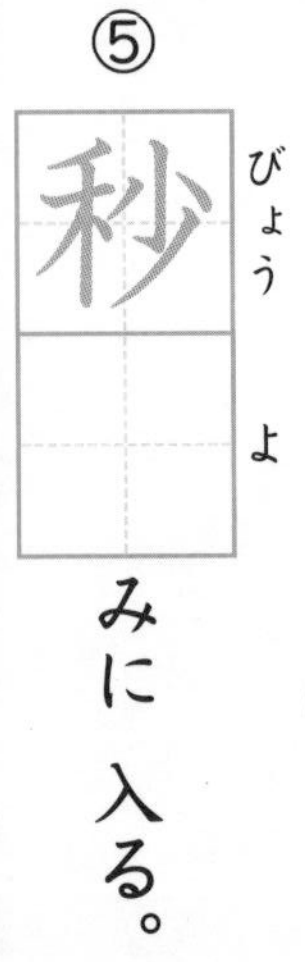

答え ▶ 94ページ

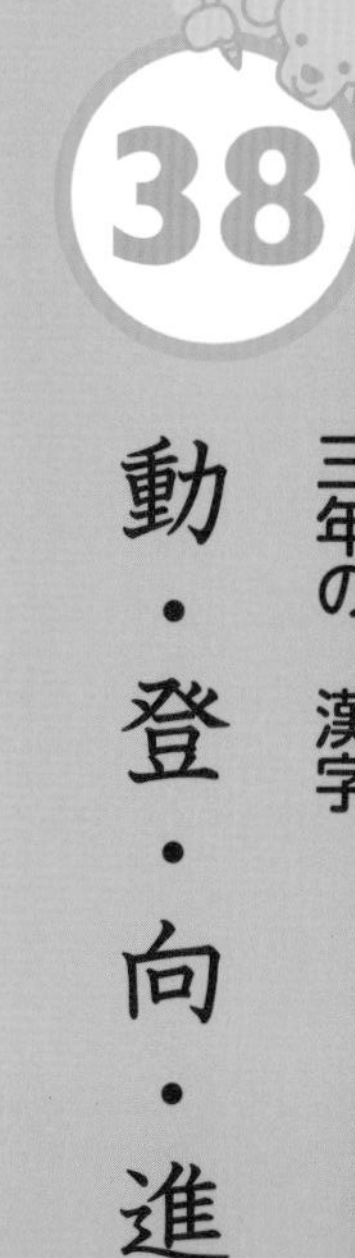

38 三年の 漢字 動・登・向・進・返

1 （　）には 読みがなを、□には 漢字を 書きましょう。 一つ4点【40点】

① 動物園に 行く。（　）

② 自動ドアの ある 店。（　）

③ 車が 動く。（　）

④ 学校の 運［どう］［かい］。

⑤ 身［うご］き できない。

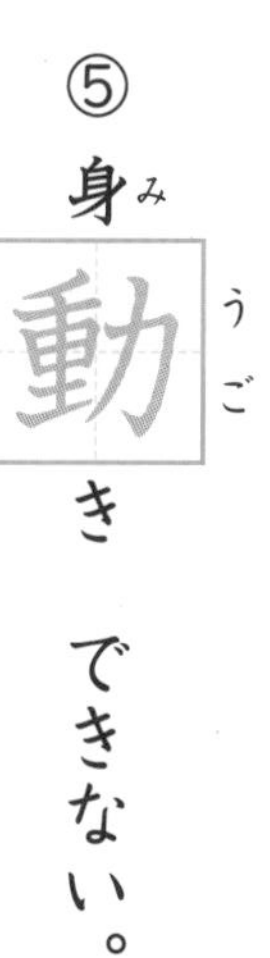

① 登山を 楽しむ。（　）

② 八時に 登校する。（　）

③ 近くの やまに 登る。（　）

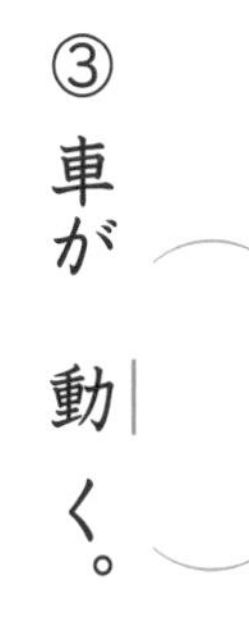

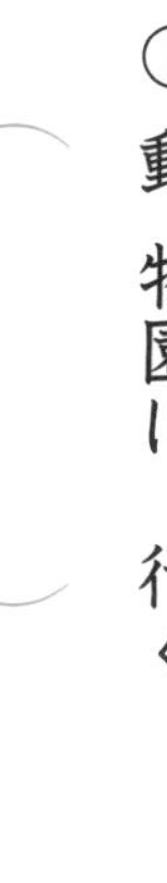

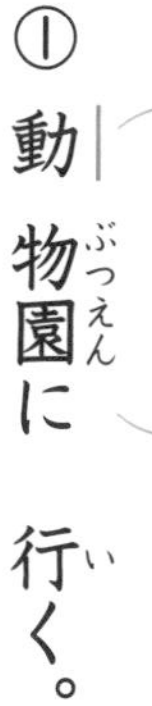

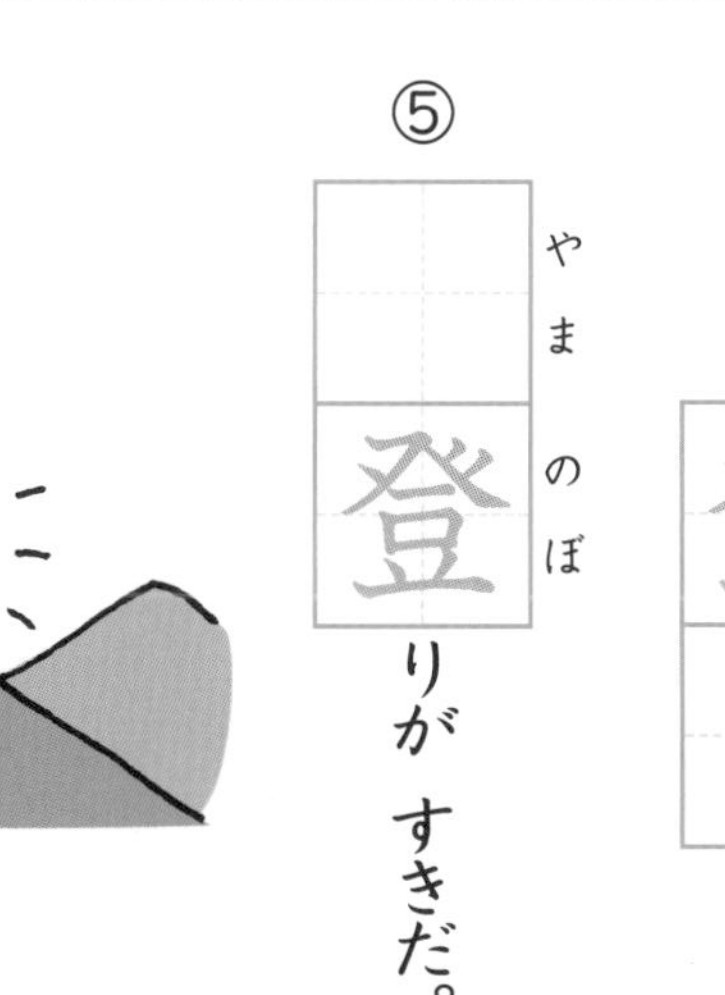

④ 歌手が［とう］［じょう］する。

⑤ ［やま］［のぼ］りが すきだ。

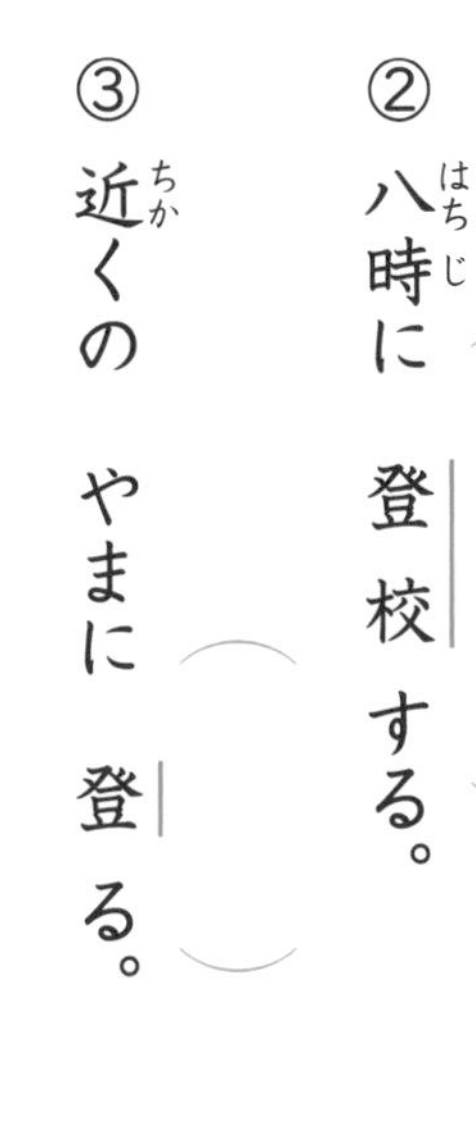

2 （　）には 読(よ)みがなを、□には 漢字(かんじ)を 書(か)きましょう。 【一つ4点〔60点〕】

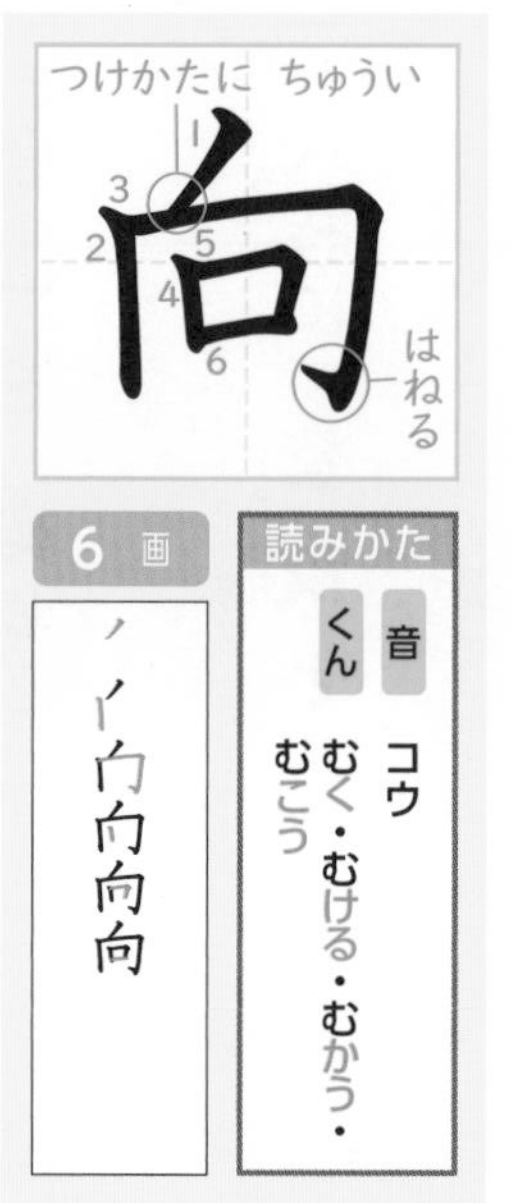

① 左の 方向(　)を 見る。

② 前(まえ)を 向(　)く。

③ 学力の □□(こうじょう)。

＊向じょう…だんだんと よく なる こと。

④ 表(おもて)□(む)きは、きれいだ。

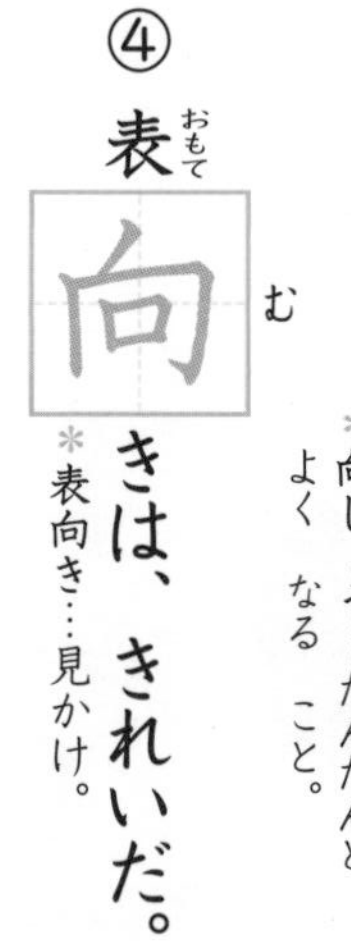

＊表向き…見かけ。

⑤ えきへ □(む)かう。

① 兄(あに)が 中学に 進学(　)する。

② 馬(うま)が 前へ 進(　)む。

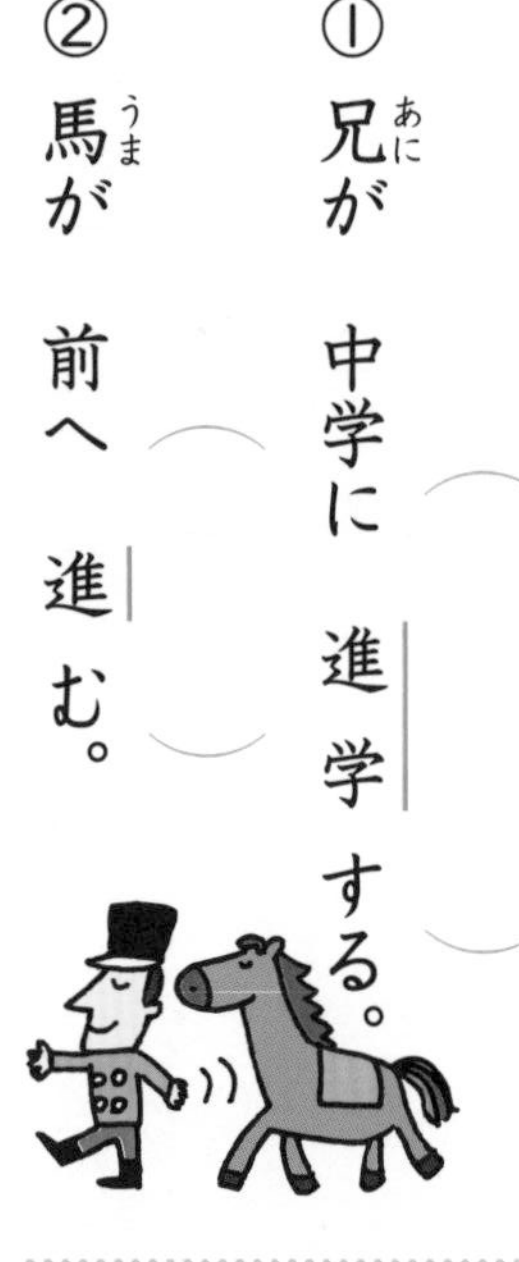

③ 入場(にゅうじょう)□□(こうしん)。

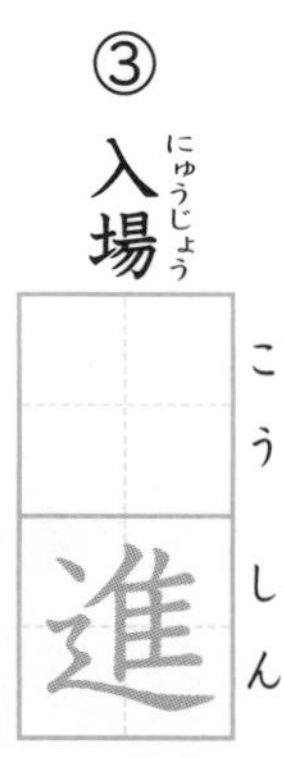

④ 科学(かがく)の □□(しんぽ)。

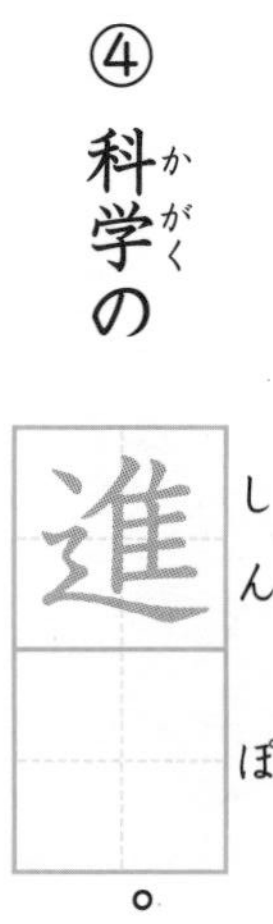

⑤ 車が □□(ぜんしん)する。

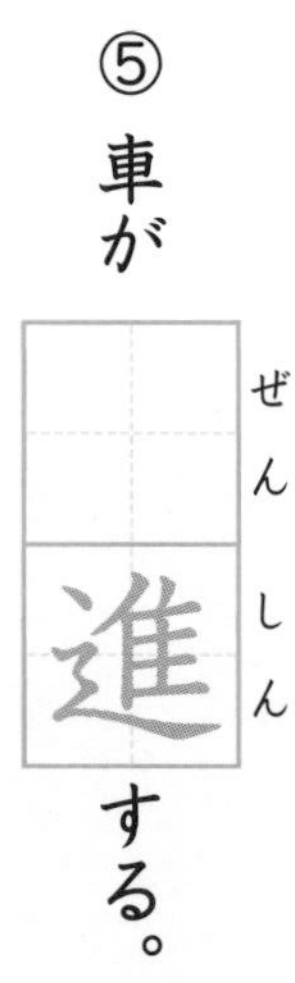

① すぐに 返事(じ)(　)を する。

② 友(とも)だちに 本を 返(　)す。

③ □(へん)しん用(よう)の はがき。

④ □□(へんとう)に こまる。

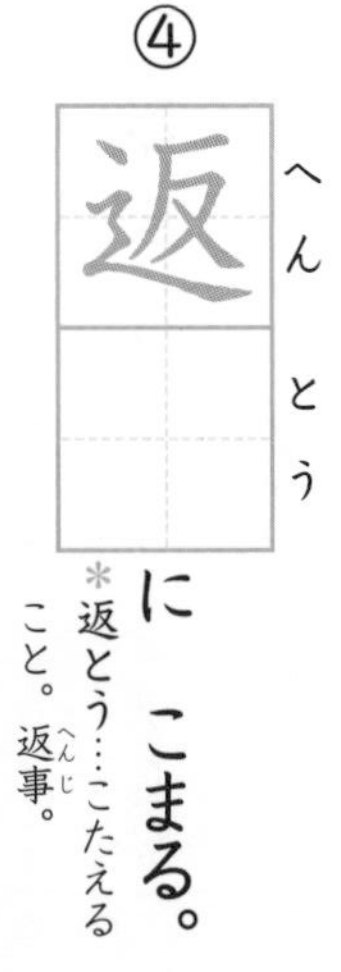

＊返とう…こたえる こと。返事(へんじ)。

⑤ つるの おん□(がえ)し。

こたえ ▶ 95ページ

39 三年の漢字

都・県・駅・路・面

もくひょう 10分　月　日　とく点　点

1 （　）には 読みがなを、□には 漢字を 書きましょう。　一つ4点【40点】

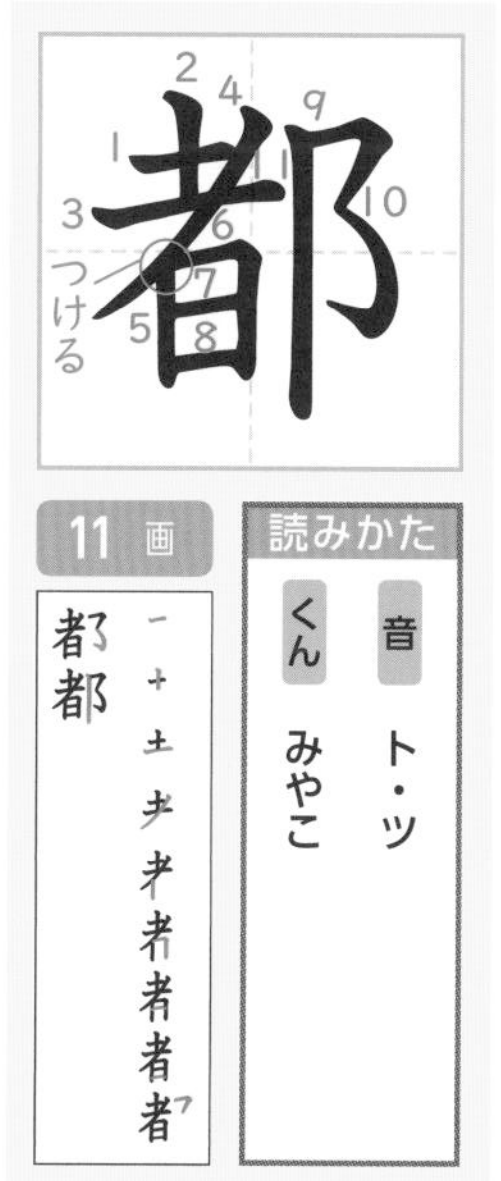

都　11画
一 十 土 耂 耂 者 者 者 者 者 都 都
読みかた　音 ト・ツ　くん みやこ
つける

① 東京は、日本の 首都だ。（　）
＊首都…その 国の 全体を おさめる やくしょの ある 都し。

② 今日は、都合が わるい。（　）
＊都合…ある ことを する ときの 具合。

③ 花の 都、パリ。（　）

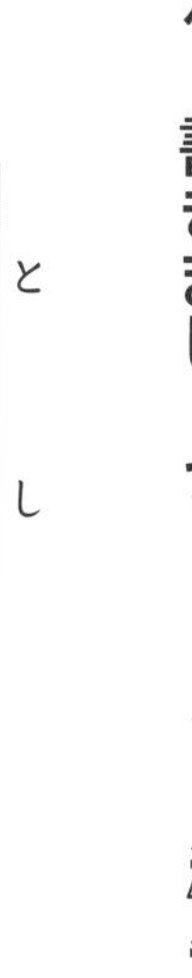

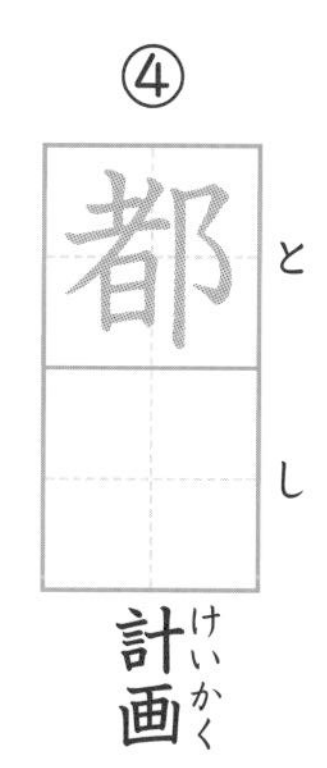

④ 都□（とし） 計画

⑤ 都□（とかい） で くらす。

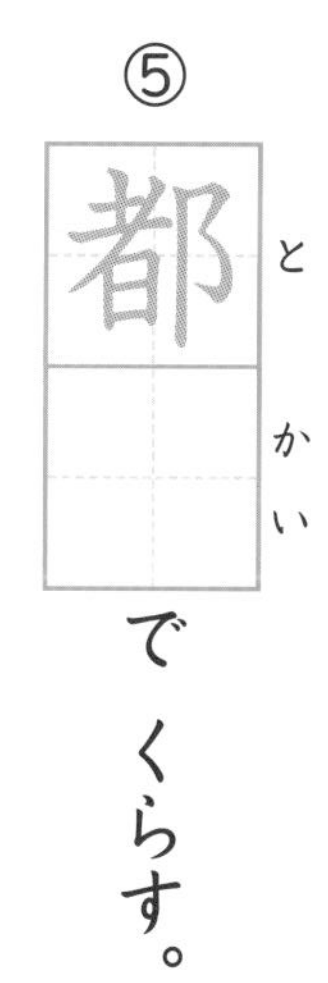

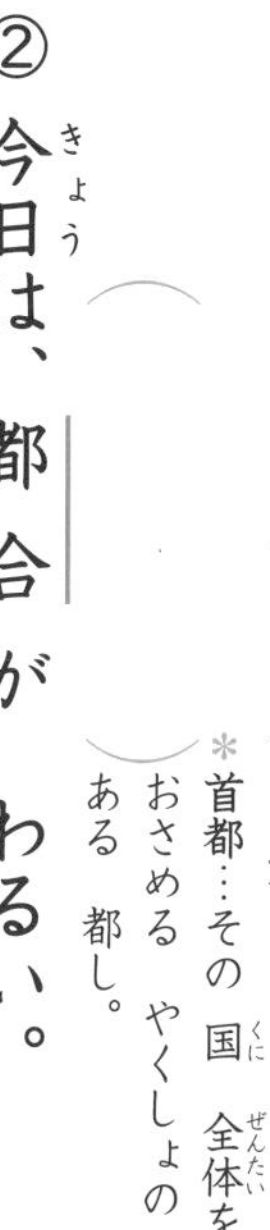

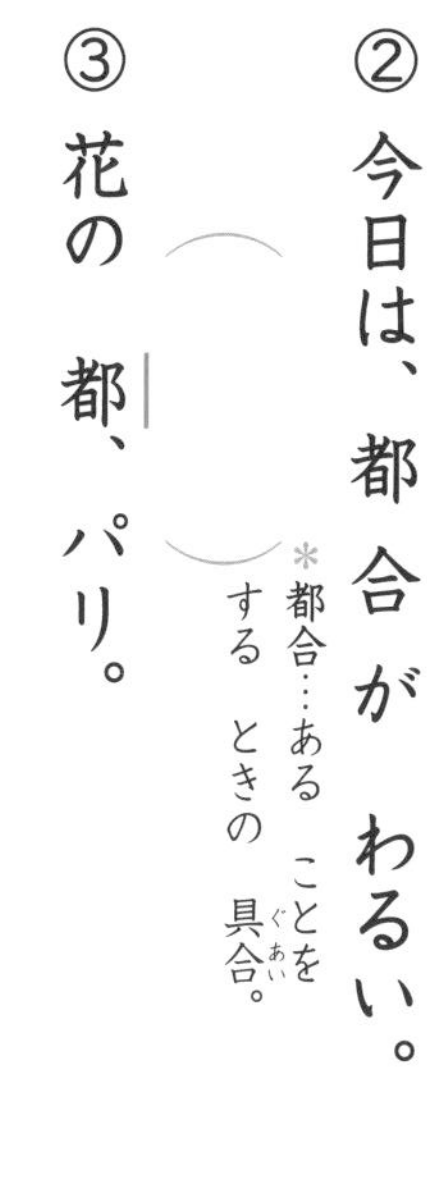

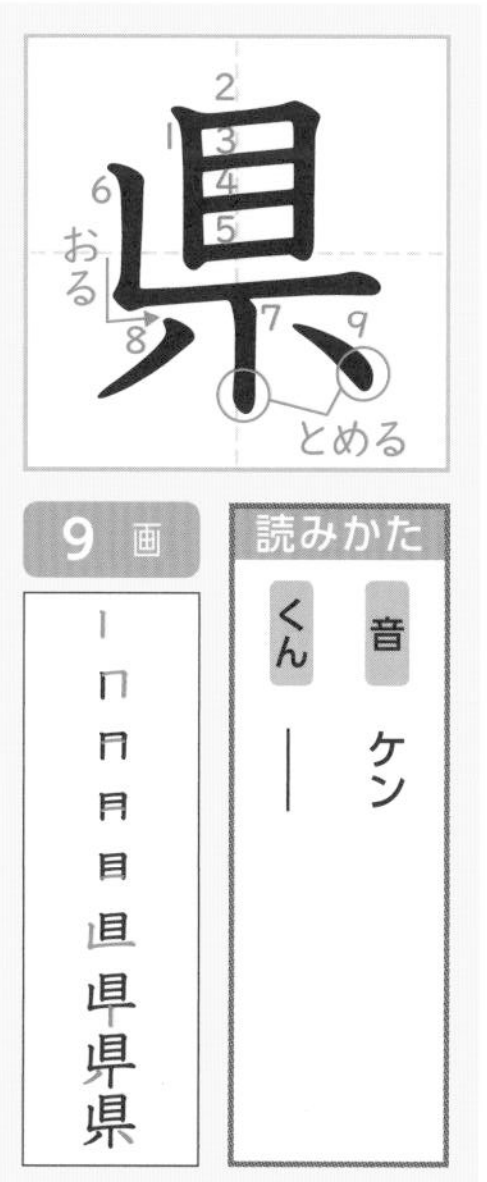

県　9画
丨 冂 冃 月 目 旦 県 県 県
読みかた　音 ケン　くん ―
おる　とめる

① となりの 県に 行く。（　）

② 県外の 学校。（　）

③ 県道を バスが 通る。（　）

④ 県□（けんりつ） 図書館

⑤ □県（きんけん） の 友だち。

「きん県」は、その ところから ちかくの 県だよ。

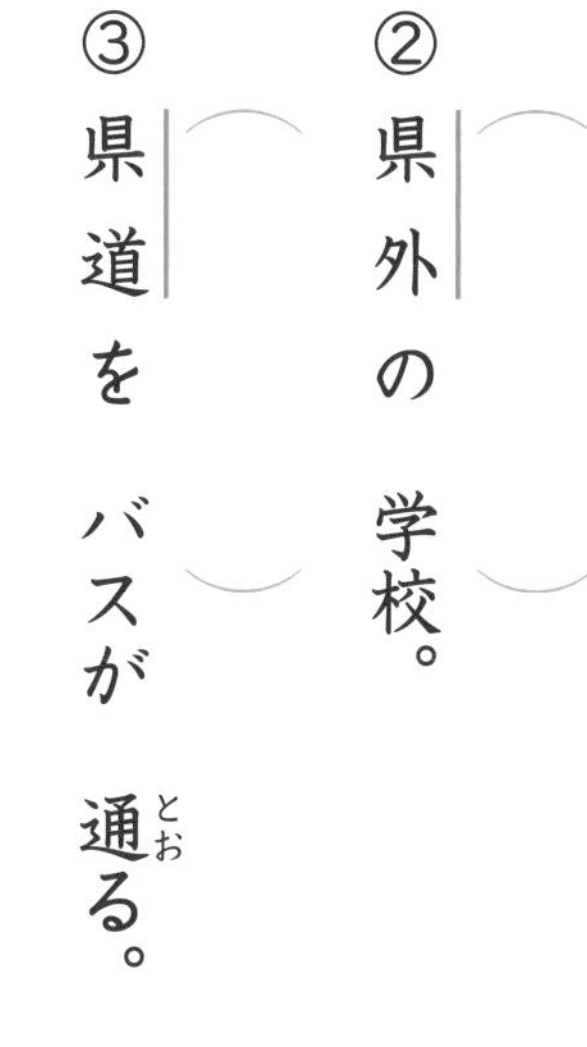

2 （　）には 読みがなを、□には 漢字を 書きましょう。　一つ4点【60点】

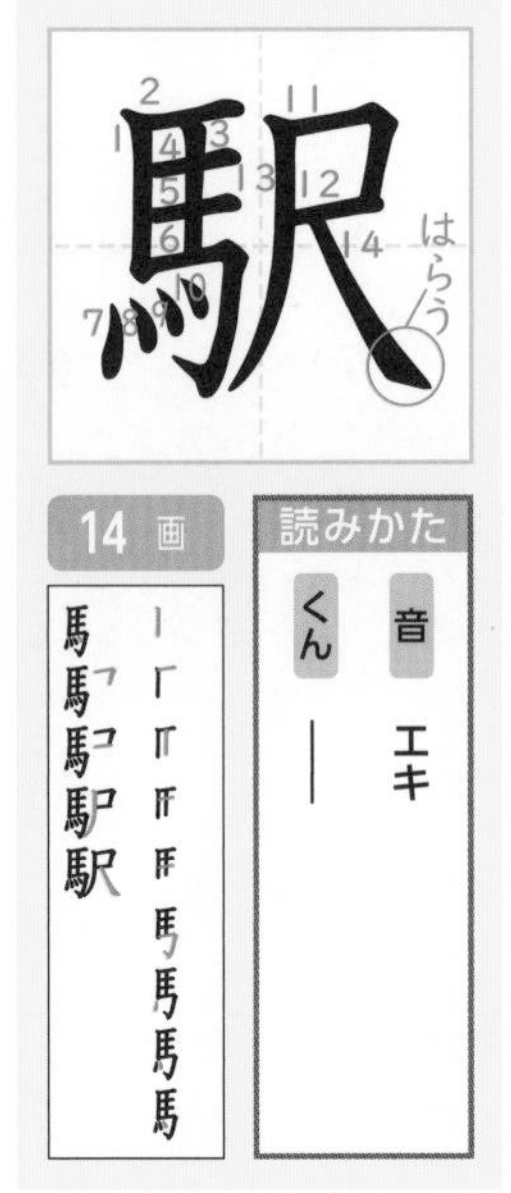

駅 14画

読みかた　音 エキ　くん ―

① 駅（　）で 待ち合わせる。

② 父は 駅長（　）だ。

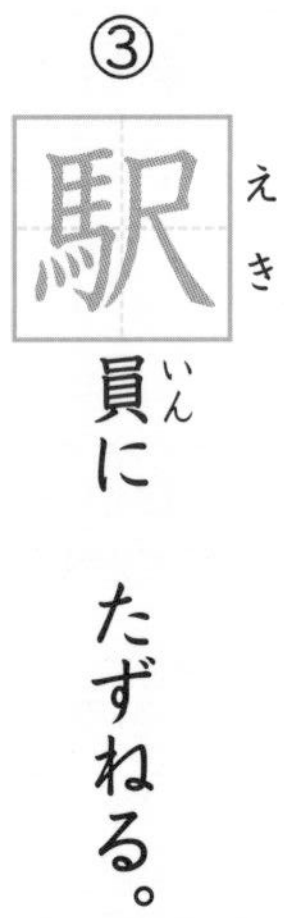

③ 駅（えき）員に たずねる。

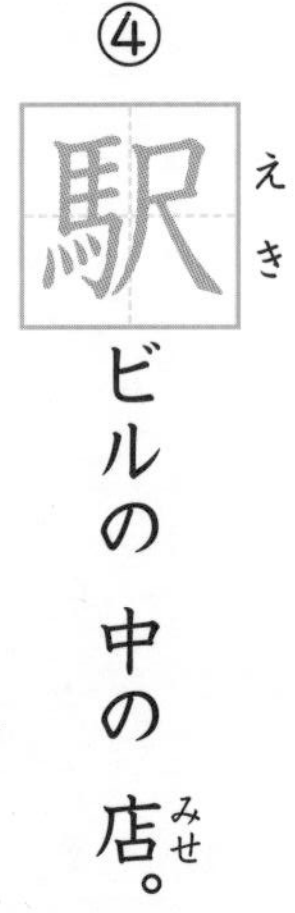

④ 駅（えき）ビルの 中の 店。

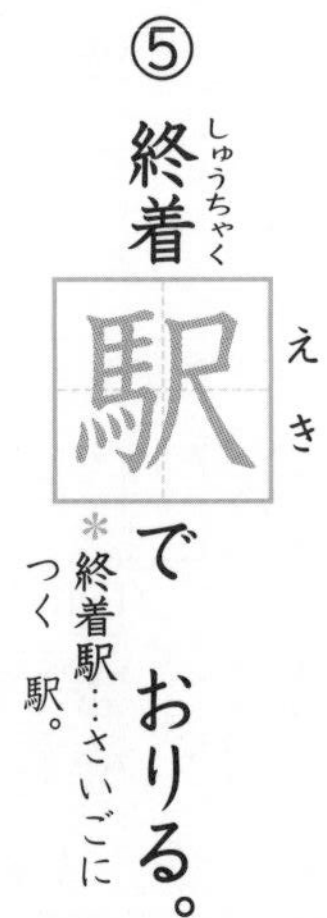

⑤ 終着 駅（えき）で おりる。

＊終着駅…さいごに つく 駅。

路 13画

読みかた　音 ロ　くん じ

① 道路（　）を おうだんする。

② 家路（　）を いそぐ。

＊家路…家へ 帰る 道。

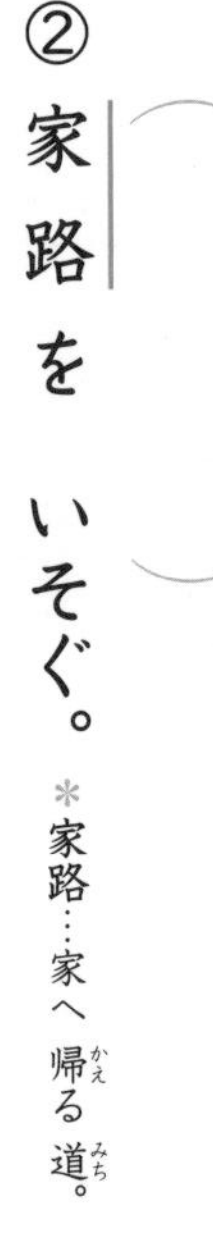

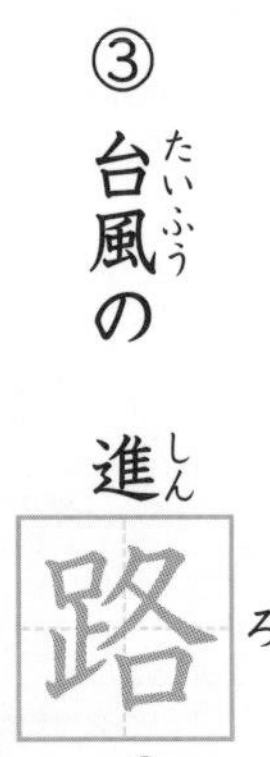

③ 台風の 進路（ろ）。

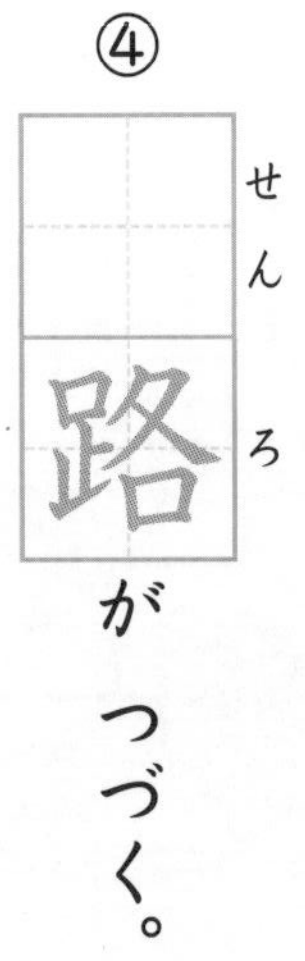

④ 線路（せんろ）が つづく。

⑤ 旅路（じ）に つく。

＊旅路…旅の 道すじ。

面 9画

読みかた　音 メン　くん (おも)・(おもて)・(つら)

① 正面（　）の 山に 向かう。

② 水面（　）に うく。

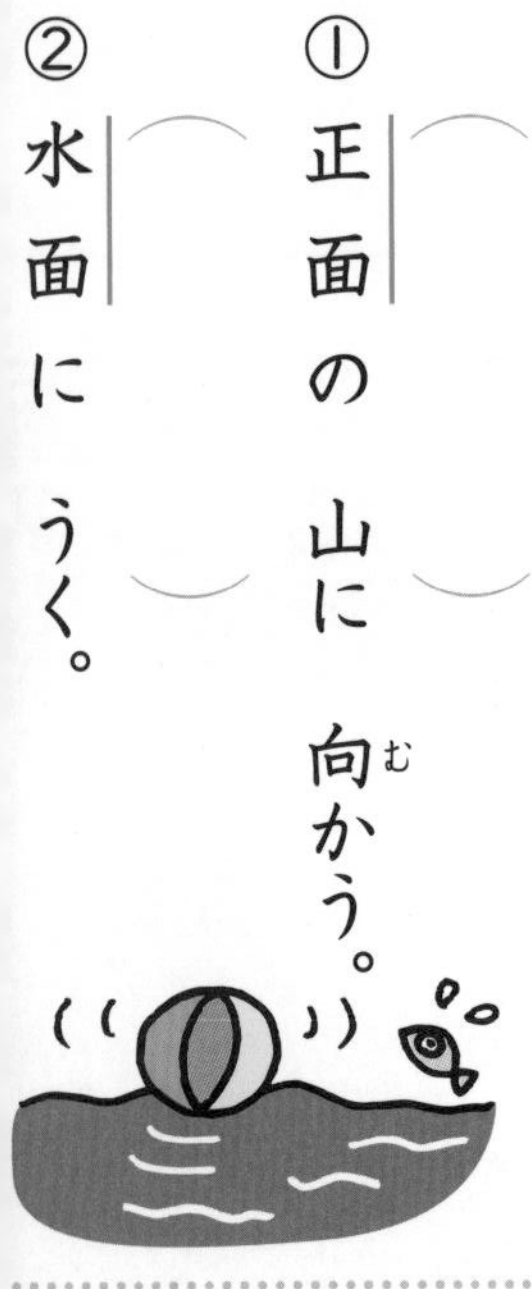

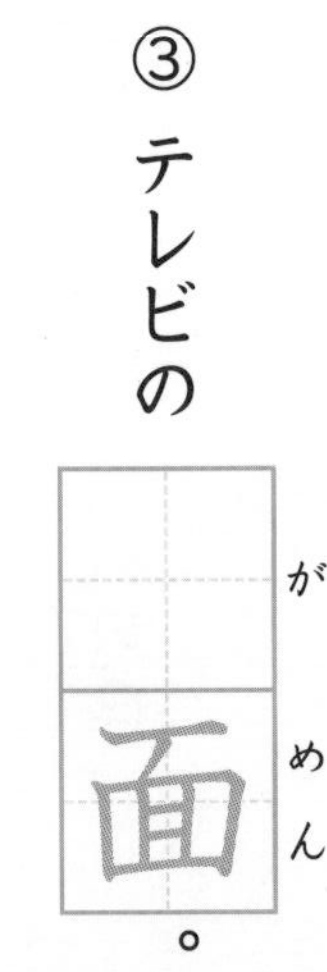

③ テレビの 画面（がめん）。

④ 地面（じめん）を ほる。

⑤ 先生と 面（めん）談する。

答え ▶ 95ページ

島・湖・橋・銀・昔

もくひょう 10分

月 日

とく点

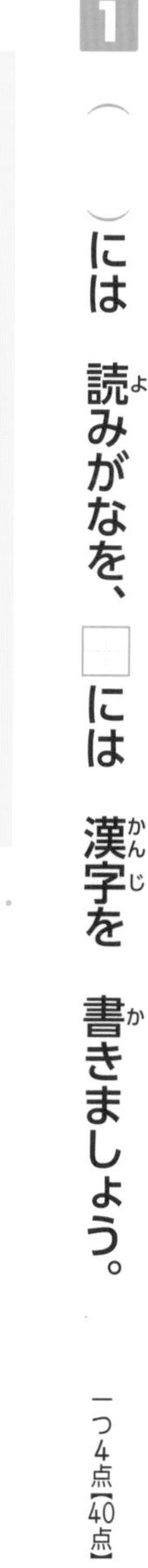

1 （　）には 読みがなを、□には 漢字を 書きましょう。 一つ4点【40点】

島 はねる

10画　丶 亻 户 户 户 自 自 鳥 鳥 島

読みかた　音 トウ　くん しま

① 細長い（ほそなが）半島に すむ。

② 小さな 島が ある。

③ 日本は 島国だ。

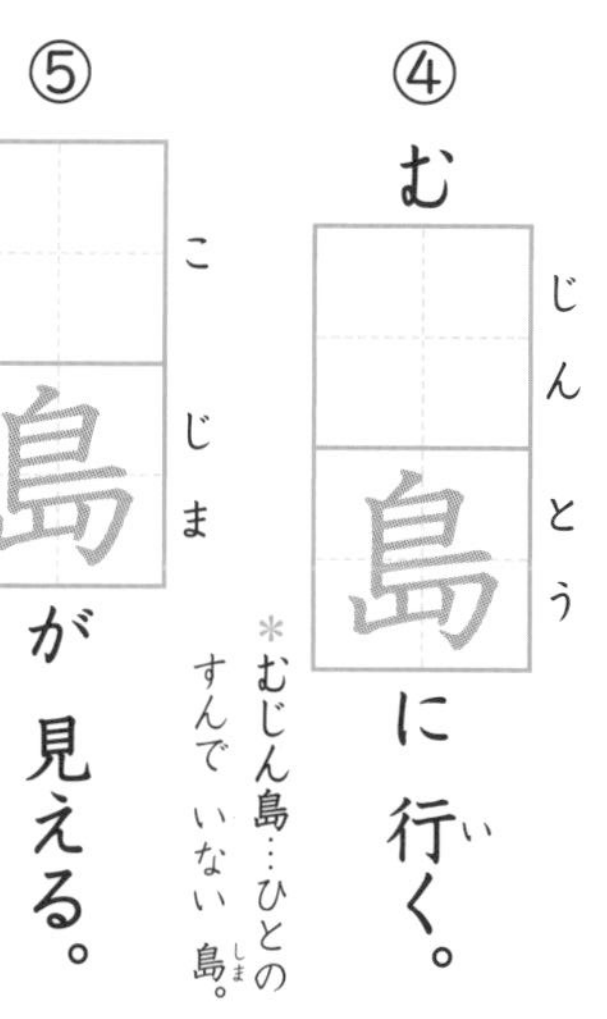

④ む（じんとう）島に 行く。

＊むじん島…ひとの すんで いない 島。

⑤ （こじま）島が 見える。

湖 はねる

12画　丶 丶 氵 氵 汁 汁 沽 沽 沽 湖 湖 湖

読みかた　音 コ　くん みずうみ

① 湖水を くむ。

② 湖岸（がん）を 歩く。

③ 青く 広い 湖を 見つめる。

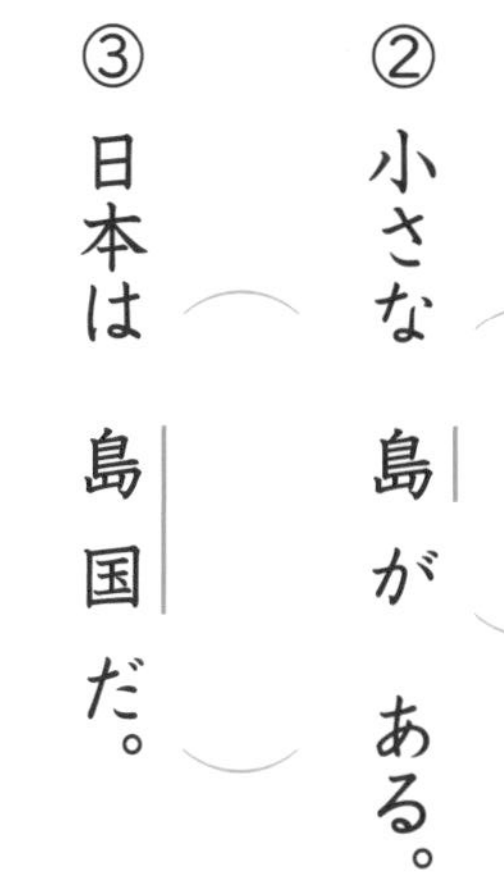

④ （こ）湖面が こおる。

⑤ （こ）湖はんの ホテル。

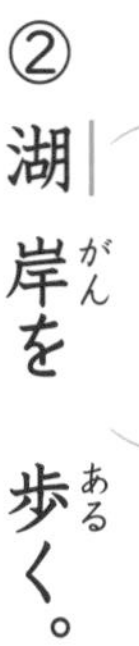

「湖はん」は、湖の ほとりの ことだよ。

2 （　）には 読みがなを、□には 漢字を 書きましょう。

一つ4点【60点】

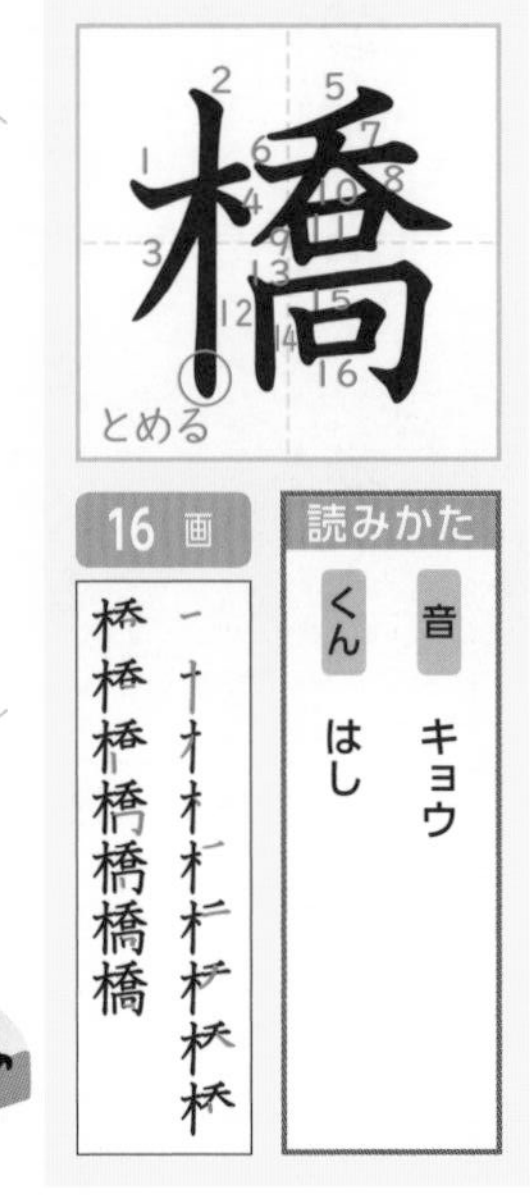

橋　16画
読みかた　音 キョウ　くん はし

①歩道橋を わたる。（　）

②川に 橋を かける。（　）

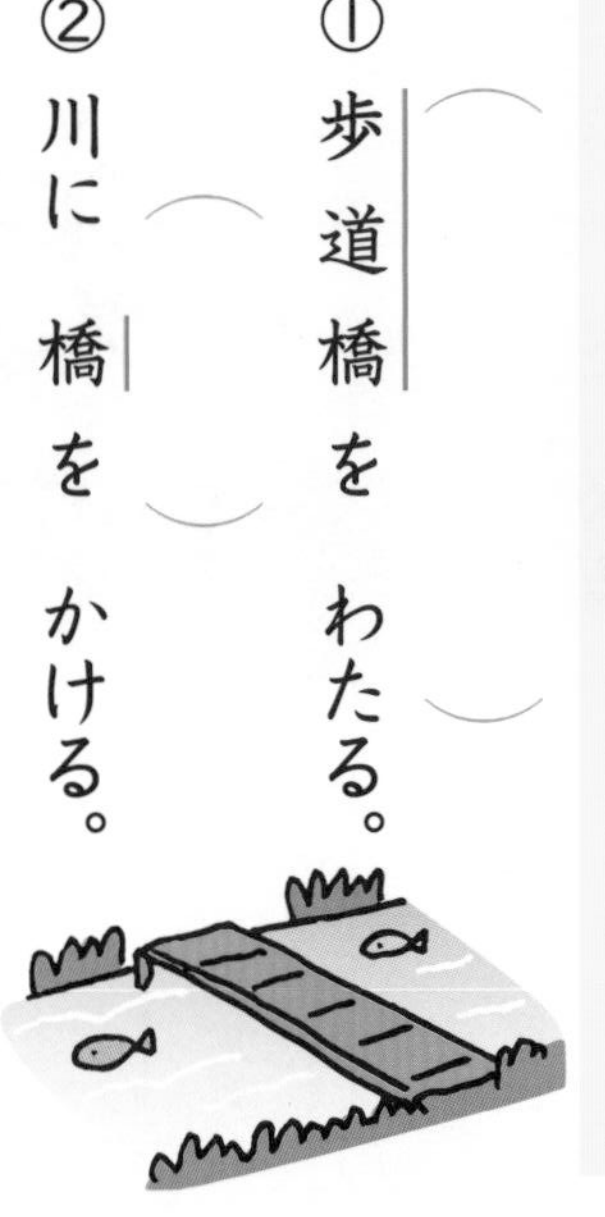

③鉄橋を 車が 通る。（きょう）

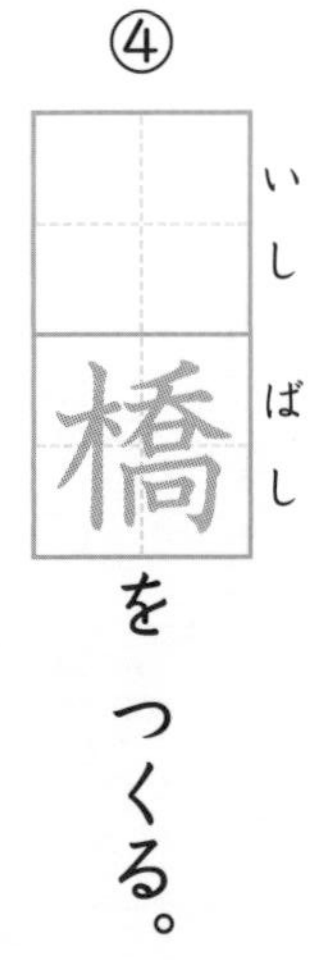

④石橋を つくる。（いしばし）

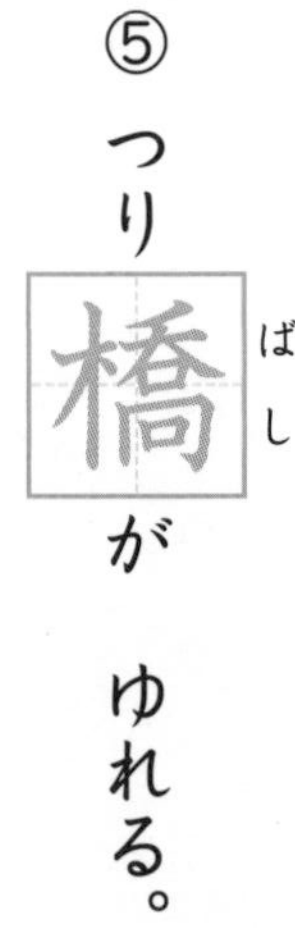

⑤つり橋が ゆれる。（ばし）

銀　14画
読みかた　音 ギン　くん ―

①銀の スプーン。（　）

②銀紙を おる。（　）

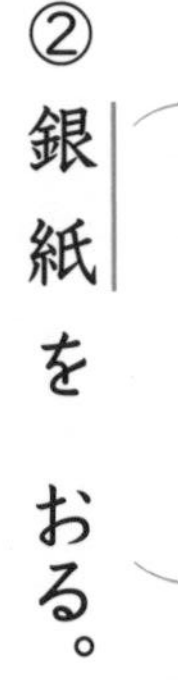

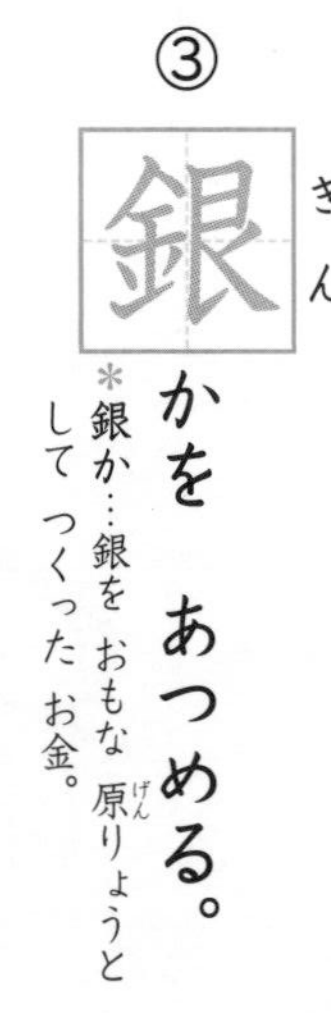

③銀かを あつめる。（ぎん）

＊銀か…銀を おもな 原りょうと して つくった お金。

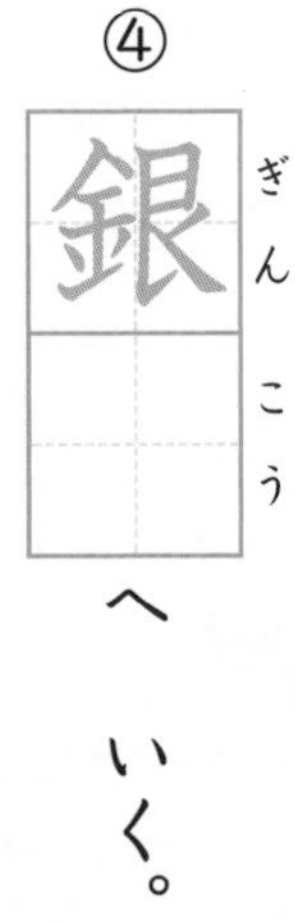

④銀こうへ いく。（ぎんこう）

⑤銀メダルの せん手。（ぎん）

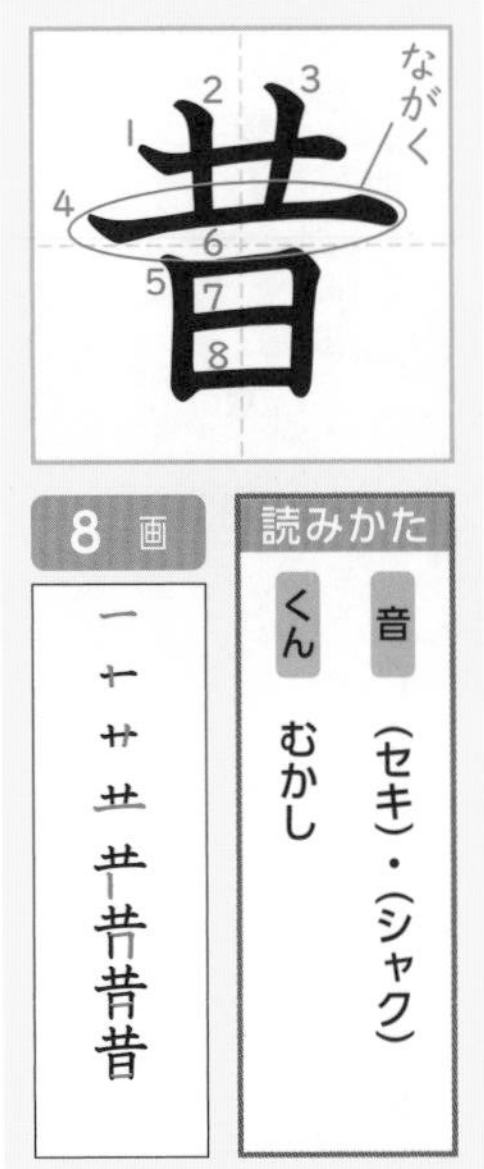

昔　8画
読みかた　音 (セキ)・(シャク)　くん むかし

①遠い 昔を 思う。（　）

②一昔前の 出来事。（　）

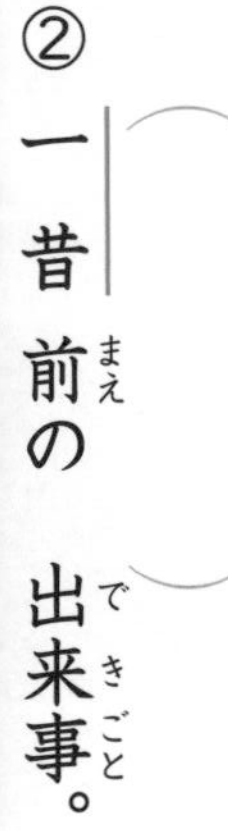

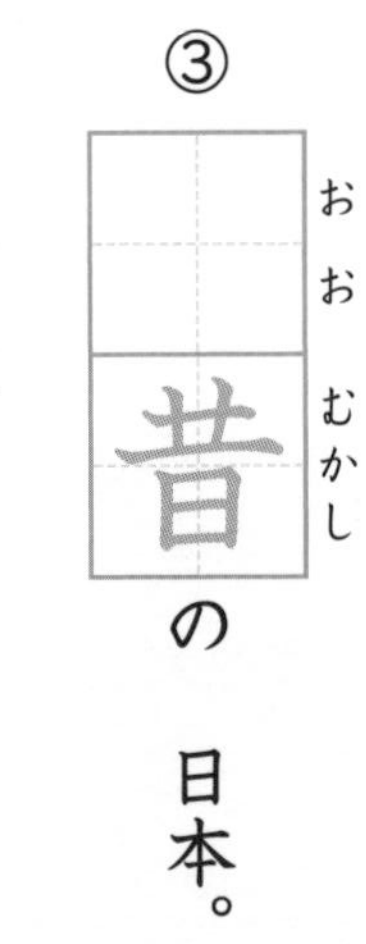

③大昔の 日本。（おおむかし）

④昔話を 聞く。（むかしばなし）

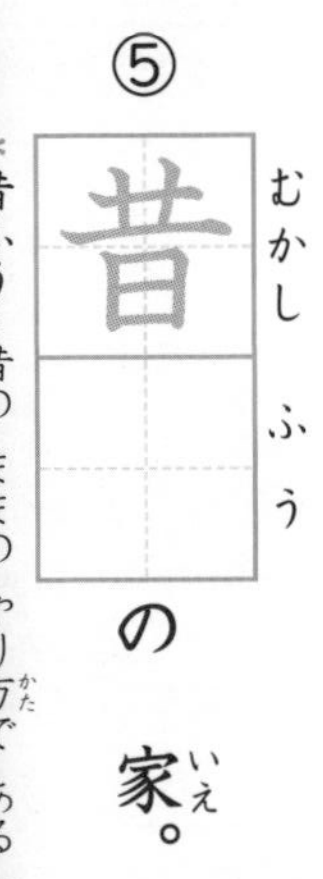

⑤昔ふうの 家。（むかしふう）

＊昔ふう…昔の やり方で ある こと。

答え ▶ 95ページ

41 三年の 漢字 先どりテスト

名前

もくひょう 15分

月

とく点

1 ――の 漢字の 読みがなを（ ）に 書きましょう。 一つ4点【40点】

① テストの 問題を とく。

② 漢字を ノートに 書く。

③ 父は 駅員だ。

④ 外国語を 習う。

⑤ 時計が 三時を 指す。

⑥ 県外の 学校を たずねる。

⑦ 家族で 話し合う。

⑧ 合かくを 期待する。

⑨ 身動きが とれない。

⑩ 路面電車に のる。

＊路面電車…ふつうの 道路に しいた レールの 上を 走る 電車。

2 ――の 漢字の 読みがなを（ ）に 書きましょう。 一つ3点【12点】

① 都会で はたらく。／何とか、都合を つける。

② 全て かたづけた。／全く みごとな 絵だ。

＊全く…本当に。じつに。

3 □に あてはまる 漢字(かんじ)を、□から えらんで 書(か)きましょう。 一つ4点【36点】

① 南(みなみ)の 方角(ほうがく)を □(む)く。

② □(あん)心(しん)して あそぶ。

③ 一歩(いっぽ)、前(ぜん)□(しん)する。

④ お茶(ちゃ)を □(の)む。

⑤ 半(はん)□(とう)に 近(ちか)い 町。

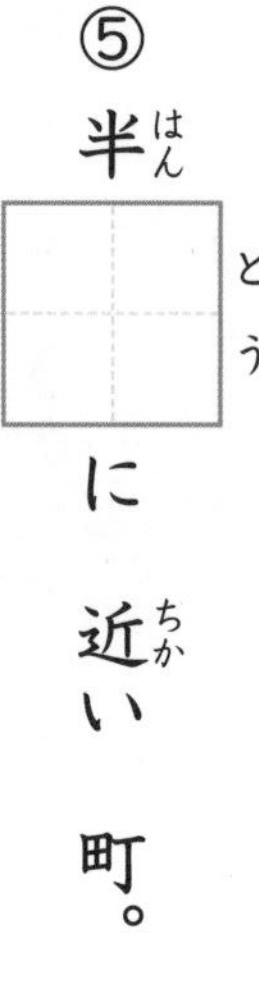

⑥ 主人公(しゅじんこう)が □(とう)場(じょう)する。

⑦ 図書館(としょかん)で 本を □(かえ)す。

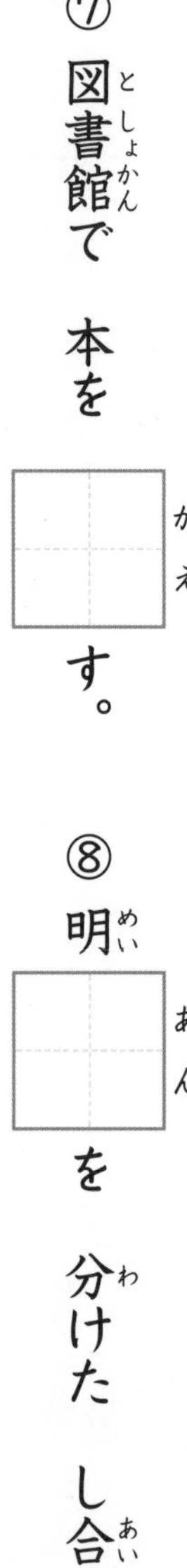

⑧ 明(めい)□(あん)を 分(わ)けた し合(あい)。

⑨ □(しん)海魚(かいぎょ)を しらべる。

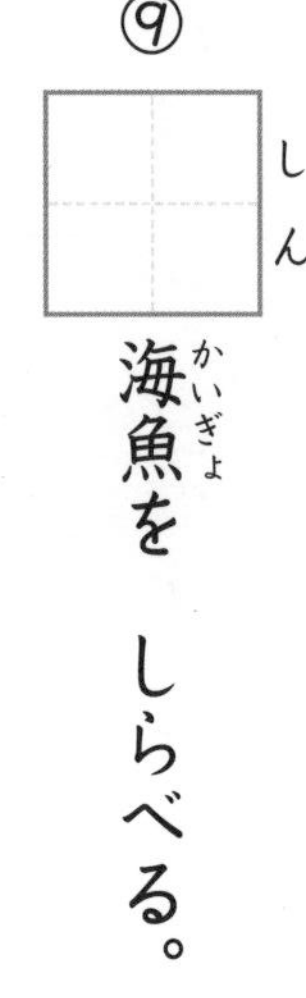

安	深	登	返	飲
暗	進	島	向	

4 ――の 言葉(ことば)を、□の 漢字と おくりがなで 書きましょう。 一つ4点【12点】

① みじかい ぼうを つかう。（　　）

② 息切(いきぎ)れで くるしい。（　　）

③ じこの 原(げん)いんを しらべる。（　　）

苦	調	短

答え ▶ 95ページ

答えとアドバイス

おうちの方へ
▼まちがえた問題は、何度も練習させましょう。
▼アドバイスも参考に、お子さまに指導してあげてください。

1 引・羽・雲・園・遠・何 5〜6ページ

1 ①雲 ②園 ③遠 ④何回 ⑤羽 ⑥引
⑦遠足 ⑧雨雲 ⑨何 ⑩羽音 ⑪公園
⑫引 ⑬何時 ⑭星雲 ⑮羽子 ⑯引力

2 ①引 ②園 ③遠出 ④羽 ⑤何番 ⑥雲海
⑦一羽 ⑧何 ⑨楽園 ⑩遠方 ⑪何 ⑫引
⑬園長 ⑭遠回 ⑮引 ⑯遠 ⑰入道雲

クイズ ③（①・②は「わ」と読む。）

アドバイス

1 ④・⑨・⑬「何」は、はっきりわからないことがらをたずねる言葉です。

2 ⑦「羽」は、鳥を数える言葉です。前に付く数字によって、「一羽（いちわ）」、「三羽（さんば）」、「六羽（ろっぱ）」などのように、読み方が変わります。

2 科・夏・家・歌・画・回 7〜8ページ

1 ①家 ②夏 ③回 ④理科 ⑤歌 ⑥絵画
⑦回 ⑧作家 ⑨夏休 ⑩歌 ⑪計画
⑫教科書 ⑬家 ⑭三回 ⑮校歌 ⑯家来

2 ①夏 ②家 ③回 ④歌手 ⑤回 ⑥画用紙
⑦科学 ⑧国歌 ⑨内科 ⑩夏 ⑪家
⑫図画工作 ⑬夏 ⑭歌声 ⑮生活科
⑯回数 ⑰画数

クイズ ②

アドバイス

1 ①「家」には、「カ・ケ・いえ・や」の四つの読み方があります。「作家（さっか）・家来（けらい）・家（いえ）・空き家（あきや）」の言葉とともに、覚えさせましょう。

3 会・海・絵・外・角・楽 9〜10ページ

1 ①海 ②会 ③絵 ④楽 ⑤三角 ⑥外
⑦大会 ⑧絵画 ⑨外 ⑩音楽 ⑪角 ⑫海
⑬楽 ⑭外 ⑮角 ⑯外国人

2 ①絵本 ②角 ③会話 ④海水 ⑤外出
⑥楽 ⑦出会 ⑧角 ⑨楽 ⑩海 ⑪絵
⑫町外 ⑬会社 ⑭気楽 ⑮海外 ⑯絵日記
⑰方角

クイズ ①

アドバイス

1 ①書き順は、「、 ⺀ 氵 氵 汇 汇 海 海」です。

⑩「音楽」を、「音学（×）」と書き間違えないように、注意させましょう。

4 活・間・丸・岩・顔・汽 11〜12ページ

1 ①丸 ②岩 ③顔 ④生活 ⑤時間 ⑥汽車
⑦顔立 ⑧間 ⑨丸 ⑩岩石 ⑪人間 ⑫活
⑬丸 ⑭間 ⑮顔 ⑯汽船

2 ①岩山 ②空間 ③丸 ④活 ⑤顔
⑥夜汽車 ⑦岩場 ⑧汽 ⑨丸 ⑩間
⑪活気 ⑫顔 ⑬活 ⑭顔 ⑮丸 ⑯間
⑰岩

クイズ ②（①は「かん」、③は「ま」と読む。）

アドバイス

1 ⑬同じ「まるい」の読み方の言葉で、「丸（まる）い」は球のように立体的なものに、「円（まる）い」は皿のように平面的なものに使います。

5 記・帰・弓・牛・魚・京 13〜14ページ

1 ①魚 ②牛 ③帰 ④日記 ⑤弓 ⑥京
⑦子牛 ⑧帰国 ⑨記 ⑩人魚 ⑪東京
⑫弓矢 ⑬帰 ⑭記 ⑮牛肉 ⑯魚市場

2 ①牛 ②小魚 ③記 ④帰 ⑤上京 ⑥弓
⑦金魚 ⑧記 ⑨弓 ⑩帰 ⑪記 ⑫京人形
⑬記入 ⑭魚 ⑮牛小 ⑯日帰 ⑰水牛

クイズ ③（①は「うお」、②は「ざかな」と読む。）

アドバイス

1 ⑤「弓」は、「引」と同じ部分をもつので、合わせて覚えさせましょう。

6 強・教・近・兄・形・計 15〜16ページ

1 ①近 ②強 ③教 ④人形 ⑤兄 ⑥計算
⑦強 ⑧形 ⑨計 ⑩教室 ⑪近 ⑫兄弟
⑬強 ⑭形 ⑮教 ⑯正方形

2 ①兄 ②強 ③計 ④近 ⑤教 ⑥手形
⑦計 ⑧形 ⑨近 ⑩強力 ⑪教 ⑫近
⑬兄 ⑭教頭 ⑮地形 ⑯強気 ⑰会計

クイズ ②(①「てがた」、③「にんぎょう」と読む。)

アドバイス

1 ③・⑮「教える」の反対語は、「教わる」です。送りがなに注意して、読ませましょう。

⑤「兄」は「あに」と読みますが、「兄さん」は、「にいさん」と特別な読み方をします。

2 ⑫「身近」の読み方は、「みぢか」です。「みじか」と書かないように注意させましょう。

7 かくにんテスト① 17〜18ページ

1 ①引 ②夏 ③遠回 ④会 ⑤園地 ⑥三羽
⑦計画 ⑧強風 ⑨近 ⑩生活科

2 ①楽しむ ②外れる ③教える

3 ①うんかい・くもま
②ちょっかく・まちかど
③くうかん・ま
④ずけい・はながた

4 ①歌・夏・科 ②絵・回・会
③岩・顔・丸 ④記・汽・帰

アドバイス

2 ③「教(おし)える」を「教る」と送りがなを間違えないようにさせましょう。

3 ①「雲間」は、「雲が切れて、晴れた空が見えるところ。雲の切れ目」の意味です。

4 ④「汽車」を「気車」と書き間違えないようにさせましょう。「汽」は、「熱した水から出る水蒸気」の意味です。

8 元・言・原・戸・古・午 19〜20ページ

1 ①言 ②古 ③原 ④元気 ⑤午前 ⑥戸
⑦高原 ⑧元日 ⑨方言 ⑩元 ⑪午後
⑫古本 ⑬言 ⑭野原 ⑮一戸 ⑯中古

2 ①古 ②戸 ③原 ④正午 ⑤足元 ⑥言
⑦雨戸 ⑧元 ⑨言 ⑩戸外 ⑪午前中
⑫地元 ⑬言 ⑭古 ⑮言 ⑯古新聞
⑰草原

クイズ ①(②・③は「げん」と読む。)

アドバイス

1 ⑫「古本」は、「古書(こしょ)」とも言います。

2 ⑬「む言」は、「何も言わないこと」の意味です。

9 後・語・工・公・広・交 21〜22ページ

1 ①広 ②国語 ③後 ④工作 ⑤公 ⑥交通
⑦広 ⑧言語 ⑨食後 ⑩公立 ⑪交 ⑫公
⑬後 ⑭語 ⑮交 ⑯大工

2 ①工 ②広 ③交 ④語 ⑤後 ⑥人公
⑦交番 ⑧広 ⑨語 ⑩公正 ⑪広場 ⑫語
⑬工 ⑭公 ⑮交 ⑯後半 ⑰人工

クイズ ③

アドバイス

1 ⑪「交(まじ)わる」を「交じわる・交る」、⑮「交(ま)ぜる」を「交る」と書かないように注意させましょう。

2 ⑥「主人公」は「小説や映画などで、中心となる重要な人物」の意味です。「公」は、人に付けて尊敬や親しみを表す言葉です。

10 光・考・行・高・黄・合 23〜24ページ

1 ①行 ②光 ③高 ④合 ⑤考 ⑥黄色
⑦日光 ⑧高台 ⑨合図 ⑩高 ⑪行 ⑫光
⑬黄金 ⑭合 ⑮行 ⑯考書

2 ①合 ②考 ③高 ④光線 ⑤行 ⑥黄
⑦高音 ⑧考古学 ⑨黄土色 ⑩青光 ⑪行
⑫考 ⑬雪合 ⑭黄 ⑮高 ⑯通行 ⑰合体

クイズ ②

アドバイス

1 ⑤「考(かんが)える」を「考がえる・考る」と書かないように、注意させましょう。また、「考」の書き順は、「一＋土耂耂考」です。

2 ⑨「黄土色」は、「黄色っぽい茶色」のことです。

11 谷・国・黒・今・才・細 25〜26ページ

1 ①黒 ②谷 ③細 ④天才 ⑤今 ⑥外国
⑦今月 ⑧黒山 ⑨才 ⑩細 ⑪国王
⑫谷川 ⑬黒 ⑭国 ⑮今回 ⑯細切

2 ①雪国 ②谷 ③文才 ④黒 ⑤細道
⑥今週 ⑦国土 ⑧竹細工 ⑨黒 ⑩今時
⑪才 ⑫黒 ⑬谷間 ⑭細 ⑮今後 ⑯国内
⑰谷

クイズ ③（①は「こま」、②は「さい」と読む。）

アドバイス

1 ③「細い」を「細そい」、⑯「細かい」を「細い」と、送りがなを間違えないようにさせましょう。

④「天才」は「生まれつきもっている、すぐれた知恵や腕前。それをもつ人」、⑨「才のう」は「物事を巧みにやりとげる力」という意味。

12 作・算・止・市・矢・姉 27〜28ページ

1 ①作 ②矢 ③姉 ④計算 ⑤市長 ⑥止
⑦作文 ⑧朝市 ⑨止 ⑩矢 ⑪算数 ⑫作
⑬中止 ⑭姉 ⑮算 ⑯市町村

2 ①矢 ②手作 ③姉 ④算 ⑤止 ⑥市場
⑦作 ⑧市内 ⑨口止 ⑩算 ⑪市 ⑫作
⑬矢 ⑭市 ⑮通行止 ⑯作 ⑰算

クイズ ②

アドバイス

2 ⑥「市場」には、「いちば」と「しじょう」の二通りの読み方があります。「市場（いちば）」は、「食料品などの店が一か所に集まっている所」で、「魚（うお）市場」や「青物（あおもの）市場」などがあります。「市場（しじょう）」は、「売り手と買い手がいつも決まって取り引きする場所」で、「株式（かぶしき）市場」などがあります。

13 思・紙・寺・自・時・室 29〜30ページ

1 ①時 ②思 ③紙 ④寺 ⑤教室 ⑥自分
⑦手紙 ⑧寺社 ⑨思 ⑩三時 ⑪自
⑫図書室 ⑬思 ⑭自 ⑮新聞紙 ⑯日時

2 ①思 ②山寺 ③室 ④紙切 ⑤自 ⑥一時
⑦室内 ⑧紙 ⑨時 ⑩自 ⑪思考 ⑫自
⑬寺 ⑭白紙 ⑮時 ⑯自 ⑰室外

クイズ ②（①・③は「がみ」と読む。）

アドバイス

1 ③「紙」の部首は「糸（いとへん）」です。同じ部分を持つ漢字には、「絵・線・細・組」などがあります。

⑥「自」は、「白・目」と形が似ているので、注意させましょう。

14 かくにんテスト② 31〜32ページ

1 ①光 ②細 ③国語 ④天才 ⑤黒 ⑥古
⑦広場 ⑧雨戸 ⑨通行止 ⑩今週

2 ①行う ②合わせる ③考える

3 ①じんこう・だいく ②ごご・こうはん
③さく・さ ④ごうけい・がったい

4 ①元・原・言 ②交・高・公
③市・紙・思 ④時・自・寺

アドバイス

1 ①送りがなの付かない「光」は、「ひかり」と読みます。

2 ①「行う（おこなう）」を「行なう」と、送りがなを間違えないようにさせましょう。

②「合わせる」は、「二つ以上のものを一つにする」という意味です。

15 社・弱・首・秋・週・春 33〜34ページ

1 ①首 ②弱 ③春風 ④社長 ⑤今週
⑥秋風 ⑦弱気 ⑧春分 ⑨社会 ⑩週
⑪新春 ⑫首 ⑬一週間 ⑭弱点 ⑮新聞社
⑯秋分

2 ①弱 ②手首 ③社 ④秋晴 ⑤早春
⑥毎週 ⑦社 ⑧足首 ⑨弱音 ⑩週休
⑪強弱 ⑫春先 ⑬首 ⑭秋 ⑮社 ⑯先週
⑰春一番

クイズ ③

アドバイス

1 ⑦「弱気」の反対語は、「強気」です。

2 ⑨「弱音をはく」は、「気の弱いことを言う」という意味の慣用句です。

16 書・少・場・色・食・心 35〜36ページ

1 ①食 ②心 ③書 ④水色 ⑤少 ⑥場
⑦色紙 ⑧食 ⑨読書 ⑩少年 ⑪心 ⑫場
⑬書店 ⑭心 ⑮少数 ⑯色

2 ①少 ②中心 ③出場 ④図書 ⑤食
⑥入場 ⑦少女 ⑧音色 ⑨書 ⑩朝食
⑪多少 ⑫書 ⑬場合 ⑭食 ⑮心
⑯十二色 ⑰気心

クイズ ②（①・③には、「小」が入る。）

アドバイス

1 ⑦「色紙」には「しきし」と「いろがみ」の二通りの読み方があります。「しきし」は、サインなどを書く四角くて厚い紙です。
⑩「少年」を「小年」×と書かないように注意させましょう。

17 新・親・図・数・西・声 37〜38ページ

1 ①親 ②数 ③図書 ④大声 ⑤新 ⑥西日
⑦親子 ⑧音声 ⑨数字 ⑩新学 ⑪声
⑫親切 ⑬合図 ⑭新年 ⑮人数 ⑯西

2 ①地図 ②新車 ③点数 ④声 ⑤西 ⑥親
⑦図 ⑧声 ⑨数 ⑩声 ⑪新 ⑫口数
⑬東西 ⑭新 ⑮親 ⑯図 ⑰親

クイズ ①

アドバイス

2 ②「新」と⑮「親」は、形がよく似ていて、音読みも同じ「シン」です。「新車」を「親車」×、「両親」を「両新」×と書かないように注意させましょう。
⑨「数え歌」は、「一つとせ…」などのように、順番に数を追って歌っていく歌です。

18 星・晴・切・雪・船・線・前 39〜40ページ

1 ①晴 ②船 ③切 ④雪山 ⑤火星 ⑥手前
⑦線 ⑧気晴 ⑨船長 ⑩晴天 ⑪新雪
⑫星空 ⑬船 ⑭大切 ⑮電線 ⑯前後

2 ①風船 ②星 ③雪 ④切 ⑤晴 ⑥白線
⑦前足 ⑧船 ⑨切 ⑩雪原 ⑪晴 ⑫船出
⑬切 ⑭星 ⑮線 ⑯目前 ⑰一番星

クイズ ③（①・②は「せん」と読む。）

アドバイス

1 ②「船」の「ふね」の読みは、⑬下に漢字や言葉が付くときは、「ふな」になります。
例 船旅（ふなたび）・船着き場（ふなつきば）・船出（ふなで）・船乗り（ふなのり）

2 ⑰「一番星」は、「夕方、いちばん早く光り出す星」のことです。

19 組・走・多・太・体・台・地 41〜42ページ

1 ①走 ②太 ③多 ④二台 ⑤体 ⑥土地
⑦赤組 ⑧多用 ⑨体 ⑩走 ⑪太 ⑫地
⑬組 ⑭体 ⑮台風 ⑯土台

2 ①体力 ②多数 ③地 ④番組 ⑤力走
⑥台 ⑦太字 ⑧地 ⑨丸太 ⑩小走 ⑪体
⑫太 ⑬多 ⑭地下 ⑮組 ⑯台 ⑰組

クイズ ②

アドバイス

1 ②「太」は、「大・犬」と形が似ています。「、」の有無・位置に注意させてください。
⑤「体」は、「休」と形が似ているので、注意させましょう。
⑦「組（くみ）」は、学校のクラスやまとまって一つになったグループに使うときは、送りがなは付けません。例 二年一組（いちくみ）・白組（しろぐみ）

20 池・知・茶・昼・長・鳥・朝 43〜44ページ

1 ①長 ②小鳥 ③池 ④昼休 ⑤知 ⑥茶
⑦朝日 ⑧新茶 ⑨昼間 ⑩池 ⑪校長
⑫鳥 ⑬昼食 ⑭白鳥 ⑮早朝 ⑯知人

2 ①茶色 ②昼 ③知 ④茶 ⑤古池 ⑥長
⑦毎朝 ⑧茶 ⑨鳥 ⑩知 ⑪朝夕 ⑫気長
⑬長 ⑭電池 ⑮昼夜 ⑯明朝 ⑰野鳥

クイズ ①（②・③は「ちゅう」と読む。）

アドバイス

1 ①「長」の書き順は、「ｌ ｢ ｢ ｢ 巨 長 長 長」。
⑯「知人」は、「知っている人。知り合い」の意味です。

2 ⑭「電池」を「電地」×と書かないように。「池」と「地」は、音読みも同じ「チ」です。
⑯「明朝」は、「明日（あす）の朝」のことです。

21 かくにんテスト③ 45～46ページ

1 ①太 ②下書 ③体 ④大雪 ⑤直線 ⑥走
⑦前方 ⑧大食 ⑨首 ⑩多

2 ①弱める ②少ない ③新しい

3 ①あいず・としょ ②ふね・ふな
③どだい・たいふう
④せい・とうざいなんぼく

4 ①心・親・新 ②星・声・晴
③知・地・池 ④長・朝・鳥

アドバイス

2 ②「少ない」を「少い」と、送りがなを間違えないようにさせましょう。

③「新しい」を「新らしい」と書かないように注意させましょう。

3 ①「合図（あいず）」は、「合い図」のように送りがなは付けないようにさせましょう。

③「土台」は、建物を建てるための基礎で、特に、建物や橋のいちばん下にあって柱などの上の部分を支える、横木や石のことです。

22 直・通・弟・店・点・電・刀 47～48ページ

1 ①弟 ②通 ③直 ④百点 ⑤店 ⑥刀
⑦電気 ⑧通 ⑨夜店 ⑩電話 ⑪直前
⑫兄弟 ⑬点線 ⑭通行 ⑮正直 ⑯木刀

2 ①電車 ②通学 ③店 ④同点 ⑤弟思
⑥直 ⑦小刀 ⑧電 ⑨点字 ⑩弟 ⑪直
⑫点 ⑬店 ⑭電 ⑮直通 ⑯店番
⑰日本刀

クイズ ③（①・②は「みせ」と読む。）

アドバイス

1 ⑥「刀」は、「力」と形が似ているので、注意させましょう。

⑦「電」と同じ部分を持つ漢字に、「雲・雪」などがあります。

23 冬・当・東・答・頭・同・道 49～50ページ

1 ①当 ②同 ③頭 ④東京 ⑤道 ⑥答
⑦本当 ⑧冬 ⑨答 ⑩道 ⑪東口 ⑫当日
⑬先頭 ⑭同 ⑮冬 ⑯回答

2 ①歩道 ②手当 ③冬 ④正答 ⑤頭
⑥同時 ⑦東 ⑧当番 ⑨口答 ⑩同
⑪三頭 ⑫道 ⑬店頭 ⑭道 ⑮東日本
⑯合同 ⑰春夏秋冬

クイズ ②

アドバイス

2 ⑨「口答え」は、「目上の人の言いつけや注意などに反対して、言い返すこと」です。

⑩「同い年」は、「同じ年齢。同年」のことで、「同じ年」が変化した言葉です。

24 読・内・南・肉・馬・売・買 51～52ページ

1 ①買 ②子馬 ③牛肉 ④読 ⑤内 ⑥売
⑦南 ⑧読点 ⑨内 ⑩読 ⑪売買 ⑫校内
⑬肉食 ⑭南 ⑮売 ⑯馬力

2 ①肉 ②馬車 ③音読 ④南風 ⑤買 ⑥売
⑦内外 ⑧絵馬 ⑨内気 ⑩買 ⑪南国
⑫肉 ⑬売店 ⑭買 ⑮木馬 ⑯売 ⑰読本

クイズ ③（①は「ま」、②は「ば」と読む。）

アドバイス

1 ③「肉」と⑤「内」は形が似ているので、注意させましょう。

⑪・⑮「売」と「買」は、反対の意味の漢字ですが、音読みは、同じ「バイ」です。⑪「売買」を「買売」、⑮「商売」を「商買」と書かないように、注意させましょう。

25 麦・半・番・父・風・分・聞 53～54ページ

1 ①聞 ②風 ③一番 ④分 ⑤父親 ⑥小麦
⑦半分 ⑧父 ⑨台風 ⑩半 ⑪麦茶 ⑫番
⑬前半 ⑭新聞 ⑮五分 ⑯門番

2 ①麦 ②番 ③分 ④八時半 ⑤風下 ⑥父
⑦聞 ⑧風車 ⑨父 ⑩聞 ⑪半年 ⑫水分
⑬見聞 ⑭麦 ⑮風雨 ⑯番 ⑰五分五分

クイズ ①（②・③は「ちち」と読む。）

アドバイス

1 ⑩「半ば」は、「全体のおよそ半分」という意味。「中ば」と書かないようにさせましょう。

⑯「門番」は、「門のそばにいて、出入りする人を見張る役目をする人」のことです。

26 米・歩・母・方・北・毎・妹 55〜56ページ

1 ①歩 ②妹 ③米 ④北風 ⑤母親 ⑥方
⑦毎日 ⑧白米 ⑨父母 ⑩歩 ⑪妹思
⑫米 ⑬東北 ⑭毎朝 ⑮地方 ⑯歩行

2 ①母 ②妹 ③歩 ④夕方 ⑤毎年 ⑥北国
⑦新米 ⑧毎月 ⑨妹分 ⑩歩 ⑪母校
⑫毎回 ⑬米作 ⑭方 ⑮北上 ⑯方 ⑰北

クイズ ①

アドバイス

1 ⑤・⑨「母」の書き順は、「𠃋口口母母」で、⑦・⑭「毎」の書き順は、「ノ𠂉𠂉每毎毎」です。似ている漢字ですが、「母」は、中が点になっていることに注意させましょう。

⑧「白米」は、「玄米をついて、皮やはい芽などを取り除いた白い米」です。

2 ⑰「北極熊」は、北極地方にすむ、白くて大きい熊で、白熊とも呼ばれます。

27 万・明・鳴・毛・門・夜・野 57〜58ページ

1 ①鳴 ②明 ③毛 ④夜 ⑤百万円 ⑥野
⑦校門 ⑧万一 ⑨明 ⑩毛糸 ⑪入門
⑫夜中 ⑬明 ⑭野山 ⑮今夜 ⑯鳴

2 ①夜明 ②毛虫 ③正門 ④夜食 ⑤鳴
⑥野原 ⑦万年 ⑧明 ⑨耳鳴 ⑩明朝
⑪野生 ⑫月夜 ⑬門家 ⑭鳴 ⑮明
⑯一万年 ⑰毛

クイズ ②（①・③は「や」と読む。）

アドバイス

1 ②・⑨「明」の訓読みの送りがなに注意させましょう。②「明るい」を「明かるい」、⑨「明かり」を「明り」と間違えやすい言葉です。

③「毛」は、「手」と似ているので、注意させましょう。

2 ⑨「耳鳴り」は、「耳の奥で小さな音が続いて鳴るように感じられること」です。

28 友・用・曜・来・里・理・話 59〜60ページ

1 ①来 ②友 ③用心 ④話 ⑤月曜日 ⑥里
⑦学用 ⑧理 ⑨会話 ⑩親友 ⑪用
⑫来年 ⑬友 ⑭金曜日 ⑮理 ⑯千里

2 ①理 ②話 ③友人 ④日曜日 ⑤里 ⑥来
⑦里帰 ⑧理 ⑨手話 ⑩話 ⑪友 ⑫来
⑬用 ⑭理 ⑮曜日 ⑯来店 ⑰用

クイズ ③

アドバイス

2 ②「話し声」の「話し」は、動詞「話す」の連用形なので、「し」を送ります。⑩「昔話」の「話」は、名詞なので、送りがなを付けません。

⑦「里帰り」は、「嫁に行った人が、(初めて)自分の生まれ育った家に帰ること」です。

⑫「行き来」は、「行ったり来たりすること」で、「ゆきき」ともいいます。

⑯「来店」は、「客が店に来ること」です。

29 かくにんテスト④ 61〜62ページ

1 ①点 ②肉体 ③話 ④電気 ⑤用 ⑥風通
⑦来週 ⑧野外 ⑨一同 ⑩十五夜

2 ①直ちに ②明るい ③分かれる

3 ①ばしゃ・えま ②どく・とうてん
③ぼし・ははおや ④はくまい・べいこく

4 ①刀・東・冬・頭・当・答
②文・分・聞 ③明・鳴・名

アドバイス

2 ①「直ちに」を「直に」と書かないようにさせましょう。「直」の訓読みには、「直す・直る」もあるので、注意させてください。

③「分かれる」を「分れる」と書かないようにさせましょう。同じ読み方の言葉に、「別れる」がありますが、これは「一緒だった人が離れて別々になる」の意味です。「別」は、四年生で習う漢字です。

3 ②「読点」は、文の中の意味上の切れ目に付ける印で、「、」で表します。「どくてん」と読まないようにさせましょう。

④「米国」は、アメリカ合衆国のことで、略して「米」ともいいます。アメリカを「亜米利加」と書いたことからできた言葉です。

4 ③「名」は、一年生で習った漢字です。

30 二年の 全漢字テスト① 63〜64ページ

1 ①引 ②谷間 ③生活科 ④光 ⑤食後
⑥会 ⑦活 ⑧元気 ⑨強 ⑩絵日記
⑪手作 ⑫冬 ⑬思 ⑭電池 ⑮会社 ⑯直
⑰読書 ⑱新 ⑲星空 ⑳二年一組

2 ①読 ②麦茶 ③顔 ④新米 ⑤方角
⑥一万円 ⑦計画 ⑧親友 ⑨遠回
⑩魚市場 ⑪矢 ⑫西日 ⑬古本 ⑭食
⑮広 ⑯今週 ⑰黄色 ⑱時間 ⑲天才
⑳正方形

アドバイス

1 ⑥「会う」と同じ読み方で形も似ている言葉に、「合う」があります。短文で、意味の違いと使い方を覚えさせるとよいでしょう。

会う…人と顔をあわせる。例 友だちに会う。
合う…①二つ以上のものが一つになる。
例 二つの川が合う。
②ぴったり当てはまる。
例 答えが合う。気が合う。

31 二年の 全漢字テスト② 65〜66ページ

1 ①二羽 ②国内 ③夏休 ④考 ⑤海
⑥空間 ⑦言 ⑧帰 ⑨教 ⑩外国語 ⑪当
⑫算数 ⑬通行 ⑭知 ⑮強弱 ⑯少 ⑰走
⑱親切 ⑲晴天 ⑳画用紙

2 ①内 ②三頭 ③点字 ④歩 ⑤校長 ⑥明
⑦体力 ⑧用 ⑨風船 ⑩十時半 ⑪馬車
⑫京 ⑬台風 ⑭汽車 ⑮楽 ⑯校門 ⑰回
⑱村里 ⑲何人 ⑳東西南北

アドバイス

1 ⑪「当てる」は、「当る」と書かないように注意させましょう。

⑮「強弱」は、「強さと弱さ。強さの程度」のことで、意味が反対の漢字の熟語です。

⑱「親切」を「新切」と書かないように。

2 ③「点字ブロック」は、目が不自由な人のために出っ張りの形で停止や進行方向を知らせる、道路上などにあるブロックです。線は「進め」を、まるは「止まれ」を表します。

32 二年の 全漢字テスト③ 67〜68ページ

1 ①黒 ②作家 ③行 ④人工 ⑤絵本 ⑥丸
⑦高原 ⑧弓 ⑨近 ⑩入道雲 ⑪止
⑫東京 ⑬寺 ⑭兄弟 ⑮多 ⑯手首
⑰茶色 ⑱出場 ⑲切 ⑳図画工作

2 ①南 ②細 ③合図 ④番 ⑤父母 ⑥鳴
⑦午後 ⑧交 ⑨計算 ⑩水曜日 ⑪姉
⑫同 ⑬電気 ⑭台 ⑮図書室 ⑯声
⑰野鳥 ⑱中心 ⑲白線 ⑳春夏秋冬

アドバイス

1 ④「人工」を「人口」と書かないように意味の違いに注意させましょう。

⑪「止める」を「止る」と書かないように。

2 ⑧「交」の訓読みは、「交わる・交える・交じる・交ざる・交ぜる」と多くあるので、送りがなに注意して区別させてください。

⑳「春夏秋冬」や「東西南北」は、一字ずつの漢字が対等に並んでいる組み立ての四字熟語です。

33 二年の 全漢字テスト④ 69〜70ページ

1 ①歌 ②兄 ③公園 ④高 ⑤雨戸 ⑥今回
⑦岩石 ⑧外出 ⑨牛肉 ⑩公立 ⑪自分
⑫答 ⑬店 ⑭秋風 ⑮色紙 ⑯昼休 ⑰太
⑱口数 ⑲雪山 ⑳市町村

2 ①来 ②肉 ③父親 ④理 ⑤売 ⑥地方
⑦毛 ⑧毎朝 ⑨分 ⑩夜明 ⑪話 ⑫手前
⑬地下 ⑭野原 ⑮買 ⑯早朝 ⑰妹思
⑱歩道 ⑲新聞 ⑳日本刀

アドバイス

1 ②「兄・姉・父・母」にそれぞれ「さん」が付くと、「兄さん・姉さん・父さん・母さん」と特別な読み方をします。

⑱「口数」は、「ものを言う回数。言葉の数」の意味です。

⑳「市町村」は、一字ずつの漢字が対等に並んでいる組み立ての三字熟語です。

2 ⑤「売る」の反対語は⑮「買う」で、二字が組み合わさった「売買」の熟語があります。

34 漢・習・問・調・筆 71〜72ページ

1 漢…①かんじ ②かんぶん ③かんぽう ④漢 ⑤漢
習…①しゅう ②しゅう ③なら ④習 ⑤習

2 問…①もん ②と ③問 ④問 ⑤問
調…①ちょうし ②しら ③調 ④調理 ⑤調
筆…①ぴつ ②ふで ③筆 ④毛筆 ⑤筆

アドバイス

1 漢 ③「漢方薬」は、漢方（中国から伝わった医術）で使う薬で、草の根や木の皮などからつくります。
習 「習」は、上の部分が「羽」です。「ヨ」と書かないように注意させましょう。

2 問 「問」は、「間」「聞」と形が似ています。
筆 「筆」は、上にくる漢字によって、読み方が変わります。例 絵筆（えふで）・毛筆（もうひつ）・えん筆（えんぴつ）

35 安・全・期・待・陽 73〜74ページ

1 安…①あん ②あんしん ③やす ④安 ⑤安売
全…①ぜん ②ぜんりょく ③すべ ④全国 ⑤全

2 期…①きかん ②き ③期日 ④時期 ⑤期
待…①たい ②ま ③待 ④待 ⑤待
陽…①たいよう ②ようき ③陽気 ④陽光 ⑤陽春

アドバイス

1 安 「安い」と「高い」は反対語なので、合わせて覚えさせましょう。
全 「全」は、「金」と形が似ているので、注意して書かせましょう。

2 陽 「陽」は、「場」と形が似ているので、注意させましょう。②・③「陽気」は、人の場合は「ほがらかで明るい様子」を表し、自然の場合は「暑さ・寒さなどの天候。気候」を表します。

36 身・息・指・族・飲 75〜76ページ

1 身…①しんちょう ②ぜんしん ③みぢか ④自身 ⑤身内
息…①きゅうそく ②いき ③いきぎ ④生息 ⑤息

2 指…①し ②ゆび ③指名 ④指 ⑤指
族…①かぞく ②ぞく ③一族 ④親族 ⑤水族
飲…①いんしょくてん ②の ③飲 ④飲 ⑤飲

アドバイス

1 身 「身」は、書き順に注意させましょう。④「自身」は、「自分」の意味です。「自分自身」は、「自分」を強めていう言葉です。

2 族 ②「みん族(民族)」は、「同じ土地から起こり、同じ言葉を使い、同じような暮らし方をしている人々の集まり」です。
飲 「飲」は、「食」と同じ仲間です。「食」は、「へん」になると、「飠」の形になります。

37 苦・短・深・暗・秒 77〜78ページ

1 苦…①く ②くる ③にが ④苦 ⑤苦心
短…①たんじかん ②みじか ③きみじか ④短 ⑤手短

2 深…①しんや ②ふか ③深海魚 ④深 ⑤水深
暗…①あんき ②くら ③明暗 ④暗 ⑤暗
秒…①びょう ②ろくじゅうびょう ③五秒 ④秒 ⑤秒読

アドバイス

1 苦 ②「苦（くる）しい」を「苦い」と書かないように注意させましょう。「苦い」は、「にがい」と読みます。
短 ③「気短」は、「気が短い様子。短気」のことで、反対語は「気長」です。④「短所」の反対語は、「長所」です。

2 秒 ⑤「秒読み」は、「残り時間がわずかになったとき、一秒ごとに時間を読み上げていくこと」です。

38 動・登・向・進・返 79〜80ページ

1 動…①どう ②じどう ③うご ④動会 ⑤動
登…①と ②とうこう ③のぼ ④登場 ⑤山登

2 向…①ほうこう ②む ③向上 ④向 ⑤向
進…①しんがく ②すす ③行進 ④進歩 ⑤前進
返…①へん ②かえ ③返 ④返答 ⑤返

アドバイス

1 登 ③「登る」と同じ読み方の言葉に「上る」があります。短文を覚えて、使い方の違いに注意させましょう。

登る…高い所にあがる。
例 山に登る。木に登る。
上る…上の方へ行く。
例 坂を上る。階段を上る。

2 進 ⑤「前進」と同じ読み方の言葉（同音異義語）に「全身」があります。

39 都・県・駅・路・面 81〜82ページ

1 都…①しゅと ②つごう ③みやこ ④都市 ⑤都会
県…①けん ②けんがい ③けんどう ④県立 ⑤近県

2 駅…①えき ②えきちょう ③駅 ④駅 ⑤駅
路…①どうろ ②いえじ ③路 ④線路 ⑤路
面…①しょうめん ②すいめん ③画面 ④地面 ⑤面

アドバイス

2 駅 「駅（えき）」は、音読みであることに注意させましょう。

路 ③「進路」は、「進んで行く方向。道」の意味です。④「線路」の漢字を入れかえた「路線」は、「電車やバスなどの交通機関が通っている道筋」の意味になります。

面 書き順に注意させましょう。

40 島・湖・橋・銀・昔 83〜84ページ

1 島…①はんとう ②しま ③しまぐに ④人島 ⑤小島
湖…①こすい ②こ ③みずうみ ④湖 ⑤湖

2 橋…①ほどうきょう ②はし ③橋 ④石橋 ⑤橋
銀…①ぎん ②ぎんがみ ③銀 ④銀行 ⑤銀
昔…①むかし ②ひとむかし ③大昔 ④昔話 ⑤昔風

アドバイス

1 島 「島」は、「鳥」と形が似ているので、注意させましょう。

湖 ④「湖面」は、「湖の水面」の意味です。

2 銀 「銀」の部首の「金（かねへん）」は、金属や鉱物などと関係のある漢字につきます。

昔 「昔」は、「音」と形が似ているので、上の部分に注意して書かせましょう。

41 三年の 漢字 先どりテスト 85〜86ページ

1 ①もん ②かんじ ③えき ④なら ⑤さ ⑥けんがい ⑦かぞく ⑧きたい ⑨みうご ⑩ろめん

2 ①とかい・つごう ②すべ・まった

3 ①向 ②安 ③進 ④飲 ⑤島 ⑥登 ⑦返 ⑧暗 ⑨深

4 ①短い ②苦しい ③調べる

アドバイス

2 ②「全」の訓読みは、「まったく」と「すべて」の二つがあります。送りがなに気をつけて正しく読ませましょう。

3 ⑥「登」の音読みは、「トウ」と「ト」の二つあります。「ト」と読む熟語は、「登山（とざん）」を覚えさせておくとよいでしょう。

⑦「返す」と同じ読み方の言葉に「帰す」があります。「返す」は、「物をもとにもどす」という意味で、「帰す」は、「人を、もとの所にもどす」という意味です。